अन्यथा

विचार और सम्भावना

अन्यथा

विचार और सम्भावना

सम्पादक

कृष्ण किशोर

राजकमल प्रकाशन

ISBN : 978-81-19159-09-3

मूल्य : ₹199

पहला संस्करण : 2023

प्रकाशक : राजकमल प्रकाशन प्रा.लि.
1-बी, नेताजी सुभाष मार्ग, दरियागंज
नई दिल्ली-110 002
शाखाएँ : अशोक राजपथ, साइंस कॉलेज के सामने, पटना-800 006
पहली मंजिल, दरबारी बिल्डिंग, महात्मा गांधी मार्ग, प्रयागराज-211 001
वेबसाइट : www.rajkamalprakashan.com
ई-मेल : info@rajkamalprakashan.com

मुद्रक : बी.के. ऑफसेट
नवीन शाहदरा, दिल्ली-110 032

VICHAAR AUR SAMBHAVANA
Edited by Krishna Kishore

क्रम

सम्पादकीय : कविता के क्षितिज	**कृष्ण किशोर**	7

विचार और सम्भावना

विचारधारा मुक्त विचार की शक्ति	**मृदुला गर्ग**	21
भाव, विचार और विचारधारा	**अरुण कमल**	29
विचारधारा : एक अपर्याप्त टिप्पणी	**विश्वनाथ त्रिपाठी**	33
स्वायत्तता या मूल्यहीनता से आगे का रास्ता	**सुखजोत**	37
औपनिवेशिक आधुनिकता और हिन्दी साहित्य	**राजकुमार**	43
संसार में प्रजातंत्र : अपेक्षाएँ और उपेक्षाएँ	**विभूति नारायण राय**	51
अनेकधारा : भाषागत विविधिता	**रमाकान्त अग्निहोत्री**	57
हाऊ इज द जोश! : आज का सिनेमा	**रवि बुले**	61
मानवता की सहजात है करुणा	**नन्दकिशोर आचार्य**	76
एक स्त्रीवादी यूटोपिया की तलाश	**सविता सिंह**	83
तकनीकी तीव्रता और दैनिक जीवन की व्यर्थता	**गगन सेठ**	87
जौहर की गत जौहरी जाने	**मीना बनर्जी**	93
जनआन्दोलन में बॉब डिलन के गीतों की भूमिका	**भवी सिंह**	105

सृजन और सम्भावना

पाँच कविताएँ	**अरुण कमल**	115
बाघ, एक रात	**रवि बुले**	120
झूठे थे वे माफ़ीनामे!	**मधु कांकरिया**	136
ए पार बांग्ला ओ पार बांग्ला	**मधु कांकरिया**	148
पाँच कविताएँ	**सविता सिंह**	154
रघुवंश	**कालिदास**	159
पंडित जी	**विभूति नारायण राय**	163
दो कविताएँ	**कृष्ण किशोर**	166

कविता के क्षितिज

कृष्ण किशोर

लिखी जाने से पहले, पढ़ी जाने से पहले, अपनी अनंतता में बहती हुई कविता हमेशा से थी, वातावरण में ही थी। उस वातावरण में जिस ने भी प्रवेश किया, वह भीतर ही भीतर कवितामय हो गया। न भाषा, न विषय, न वस्तु। बस एक वातावरण और एक लय। भाषा, शब्द इत्यादि सब बाद की बनावटें हैं। केवल अर्थ—जो गूँजता है भीतर, सुनाई देता है सिर्फ़ स्वयं को। अर्थ को मिलता है एक अस्तित्व का माध्यम और व्यक्त होता है हमारे भीतर के अँधेरों, उजालों, परिवर्तनों, उल्लासों, उदासियों, जिज्ञासाओं, और अन्तिम निरर्थकताओं में। जीवन समाप्त हो जाता है। अपनी समस्तता में कविता मौजूद रहती है वहीं, उसी वातावरण में।

हमारे भीतर यह स्थिति हमेशा थी और आज भी है। केवल इतना है कि निःशब्द कविता को शब्द मिल गए है। यह एक पद्य मन:स्थिति है। इसी पद्य मन:स्थिति में कविता होती है। कविता लिखने, कहने-सुनने के लिए इसी पद्य मन:स्थिति की जरूरत होती है। इसी के समानान्तर एक गद्य मन:स्थिति है, वह भी अपनी निःशब्द यात्रा में लगभग उतनी ही आदिम है। और गद्यमय कुछ भी रचने, सुनने, पढ़ने के लिए उसी गद्य-मन:स्थिति में आना पड़ता है। अच्छा पद्य और गद्य अपनी अनुरूप स्थिति में ही पैदा होता है। उद्यम काम नहीं करता। कोशिश की जबरदस्ती नहीं चलती।

कविता लिखने, सुनने के लिए अप्रयासता ही सृजन स्थिति रही है अधिकतर। लेकिन कविता सिर्फ़ मन के उदगार ही नहीं होते कि एक अनुकूल वातावरण मिलते ही कुछ भी कविता के रूप में प्रस्फुटित हो जाए। एक पूर्वाभास, पूर्व चिन्तन और भावसिक्तता बनी रहती है कुछ देर, शब्द रूप मिलने से पहले। अपनी प्राचीनता में कविता ही हमारे सभी दर्शनों, जीवन मूल्यों, दैनिक विधानों और संस्कृतियों का आधार बनी। और कोई माध्यम था ही नहीं। बहुत बाद में गद्य आया।

कविता का शरीर यानी शब्द संयोजन सिर्फ़ दिखने में कविता लगे, यह बिलकुल काफी नहीं। उस के भीतर एक संयोजन है जो अर्थ की दृढ़ता और एक-आयामिता

से मुक्त करता है, एक तरलता प्रदान करता है, वही उसे कविता बनाता है। वहाँ अनुभव करने का अर्थ सिर्फ़ छूकर देखना नहीं रह जाता। छूकर जो देखा, वास्तव में वह तो है ही नहीं। एक दृष्टि है, जो उस वस्तु को इस संसार से जोड़ती है। लेकिन ठीक उस तरह नहीं जैसे हम अपनी गद्य मन:स्थिति में जोड़ते हैं। इसका अर्थ यह नहीं कि गद्य में कल्पना, कला, संवेदना, उपमा, प्रतीक, अनुभव की वायविक प्रवृत्ति या प्रकृति नहीं है। बल्कि गद्य में किसी विचार या तर्क या भाव को तमाम कोणों से देखने के लिए, वास्तविकता को ढूँढ़ने, परखने, स्वीकार या अस्वीकार करने के लिए यह तत्त्व सबसे अधिक सहायक बनते हैं। विशेषकर उपन्यास के फैलाव का समुद्र इन मोतियों, सीपियों से भरा पड़ा है। विचार साहित्य का भीतर बाहर भी इन्हीं उपकरणों से निर्मित होता है।

यह सब औज़ार हैं बाहरी स्वरूप गढ़ने के लिए। पद्य या गद्य हमारे भीतर का बाहरी स्वरूप है। एक ओर अर्थ की संज्ञात्मकता है, वस्तुकरण है। दूसरी ओर अर्थ की अनेकात्मकता है, बहुआयामिता है, भाव की निरन्तरता, अगोचरता है। कल्पना का दूरस्थ लेकिन सम्बद्ध वस्तुकरण है। संवेदना का दिशाहीन चतुर्दिक फैलाव है। आकृति का असंयम है। विचार की कारुणिकता है, तरलता है। केवल एक मन:स्थिति है, जिसमें सब कुछ हमारे अस्तित्व को अनस्तित्व में बदले हुए है। भाव, कल्पना विचार, संवेदना, प्रकृति, आदि अनादि एक समुचित मानस की रचना करते हैं। उसी मानस के क्षितिज में कविता का उदय होता है—सूर्योदय, सूर्यास्त की तरह। वास्तव में क्षितिज एक तथ्य नहीं है। लेकिन हमारा कवि—सत्य अवश्य है।

स्थितियों की फोटो कापियाँ कविता के अन्त:सदन में नहीं होतीं। हालाँकि कक्ष स्थितियों से भरा रहता है। एक स्थिति केवल एक स्थिति नहीं रहती। उसका सन्दर्भ व्यापक हो जाता है। अपनी आसपास की सभी स्थितियों का रंग रूप उस स्थिति के दर्पण में दिखाई देता है। उसे प्रमाणित करने के लिए कोई स्थानीय तर्क हमारे पास नहीं होता। हो भी तो, काम नहीं करता। बस एक स्वीकृति है और वही स्वीकृति हमें आगे ले जाती है। Wasteland (T.S. Eliot) की पहली पंक्ति, 'April is the cruelest month' कैसे साबित की जा सकती है? John Keats की Grecian Urn की अन्तिम पंक्तियाँ 'Truth is beauty and beauty is truth. That's all you know on earth and that's all you need to know.' कैसा तर्क है? जयशंकर प्रसाद की कामायनी की, 'हृदय की अनुकृति बाह्य उदार, एक लम्बी काया उन्मुक्त। कौन सा तर्क या भावुकता है जिसे हम गद्य में लिख कर उसी तरह का अशरीरी वातावरण पैदा कर सकते हैं। इन सब का उत्तर आज के प्रसिद्ध गायक कवि Bob Dylan के एक गीत की पंक्ति में है; The answer is blowing in the wind.

गद्य का तर्क कविता के तर्क से बिलकुल अलग महसूस होता है। कविता की आन्तरिकता और शक्ति हमेशा तर्कातीत रही है। सपाट बयानियाँ, साफगोइयाँ, जमीनी तर्क भी कविता में आए हैं और हमेशा आएँगे। लेकिन उनका सम्प्रेषण, सम्बोधन, शब्द चयन, और वातावरण ऐसा रहा कि कल्पना और संवेदना की संवाहन शक्ति ने उन सपाट बयानियों के लिए हमारे मन के सारे दरवाज़े खोल दिए। जहाँ शब्द-चयन अर्थसिक्त न हो, वहाँ सम्प्रेषण कोई रास्ता नहीं खोलता, बल्कि रास्ते पर एक दरवाज़ा लगा देता है। भीतर को भीतर, बाहर को बाहर रहने देता है। पद्य और गद्य को उनकी अन्तिम परिणिति यानी प्रभाव, शब्द-संयोजन, विषय या भाव की एकात्मता से महसूस किया जा सकता है। यह महसूस किया जा सकता है कि किसी पद्य-पथ से गुजरे हैं या किसी गद्य यात्रा से होकर आए हैं। गद्य और पद्य अपने स्वभाव में विरल हैं। किसी गद्य की शैली पद्यात्मक हो सकती है लेकिन ऐसे गद्य की अपनी सीमाएँ हैं। और लिखने-पढ़ने की एक मिलीजुली स्वभाविकता है जिसका हर साहित्य में खूब प्रयोग हुआ है। गद्य गीत की बात यहाँ नहीं कर रहे। एक लम्बी रचना भी उस शैली में घटित हो सकती है।

असली बात है कि जो भी स्थिति हो उसे हाथ पकड़कर दिखाने की जरूरत नहीं होनी चाहिए। पाठक स्वयं उस स्थिति में आएगा और वही प्रभाव ग्रहण करेगा जो रचना रचती है। अगर हम कविता पढ़ रहे हैं तो लगे कि कविता ही पढ़ रहे हैं। उसका आदि, मध्य और अन्त कविता में ही होना चाहिए। बहुत सी कविताओं की पंक्तियों को अगर आप गद्य रूप में लिखकर फैला दो और पाठक को अन्तर पता ही न चले, वह उसे साधारण गद्य रामझकर पढ़ जाए तो वह कविता नहीं है। किस बात ने यह अन्तर पैदा किया कि कविता को गद्य भाव से पढ़ गए और वह मन:स्थिति पैदा नहीं हुई जो कविता करती या कर सकती थी। इसमें पाठक की मानसिकता या समझ का दोष नहीं है वह किस स्थिति से होकर आया था जब उसने कविता पढ़ी, इसका भी अन्तर नहीं है। उरा पाठक के पास कविता के लिए कोई मन ही नहीं है, ऐसी बात भी नहीं। लेकिन कविता पढ़ने के बाद पाठक का अनुभव गद्य पढ़ने के अनुभव से अलग अगर नहीं है, तो उसे कविता कहने से झिझक होगी, असमंजस होगा। वरना कविता लिखी ही क्यों जाए। शब्दों को वह आकृति दी ही क्यों जाए और उसे जबरन कविता कहा ही क्यों जाए। उस कविता और कवि की आत्मीयता, सृजन मानसिकता, अतीन्द्रिय अनुभवशीलता में कुछ कमी है। और यह कमी उस क्रम की नहीं जिसमें शब्द रख दिए जाते हैं कि देखने से वह शब्द प्रबन्धन कविता जैसा दिखे। बल्कि उस मानसिकता की है जिसमें कविता लिखी गई, रची गई। लेखक उस समय कवि नहीं था, जब वह कविता लिखी गई। वह अपनी पद्य मानसिकता में था ही नहीं।

महान कवियों की पंक्तियों का व्याकरण अधिकतर गद्य में है, लेकिन कुछ

भी इधर उधर करने से अनर्थ हो सकता है। वह केवल व्याकरण में गद्य है। केवल शब्दों के क्रम में गद्य है, अर्थ की समग्रता में सम्पूर्ण कविता। टीएस एलियट का The Love song of J Alfred Prufrock ऐसे शुरू होता है :

Let us go then, you and I
When the evening is spread out against the sky
Like a patient etherized upon a table

और हमारे नागार्जुन :

नए गगन में नया सूर्य जो चमक रहा है,
वह विशाल भूखंड आज जो दमक रहा है,
उस में मेरी भी आभा है

और केदारनाथ सिंह :

बिजली चमकी पानी गिरने का डर है
वे क्यों भागे जाते हैं जिनके घर हैं

और फैज़ अहमद फैज़ :

बोल कि सच ज़िन्दा है अब तक
बोल जो कुछ कहना है कह ले
बोल कि लब आज़ाद हैं तेरे
बोल जुबां अब तक तेरी है

कविता का शब्द चयन और शब्द संयोजन जब तक एक ऐसा वातावरण नहीं रचते जो पाठक को स्वीकार और अस्वीकार की स्थिति से ऊपर उठाकर विश्वास की स्थिति में नहीं ले आते, एक आन्तरिक लय और बहाव पैदा नहीं करते जिसमें पाठक हाथ पैर मारना छोड़ दे—तब तक सच यही रहेगा कि पाठक ने ऊपर से नीचे जाती हुई कुछ पंक्तियाँ पढ़ी और आगे निकल गए। उस शब्द क्रम को हम कविता नहीं कह सकते। हम यहाँ किसी Meter या Rhyme Scheme की बात नहीं कर रहे, अर्थ की आन्तरिक संवेदनशीलता से पैदा होने वाली लय की बात कर रहे हैं।

हमारे महत्त्वपूर्ण लोकप्रिय कवि अरुण कमल की कविता है, 'सेवक'। उस कविता की भावात्मकता और संवेदनशीलता एक विश्वस्त उदाहरण के तौर पर ज़ेहन में टिक जाती है। उसे चाहे जितनी बार पढ़ लो, उसी मन:स्थिति में पहुँच जाते हैं। यहाँ पद्य और अर्थ की लय एक दूसरे में समाहित है। एक स्थिति है, एक

वातावरण और संवेदना की संवाहन शक्ति है जो पाठक को एक भावात्मक आर्द्रता से भिगो जाती है। इस कविता की कुछ पंक्तियाँ :

लगता है अभी भी वह साँस मेरे भीतर घूम रही है
वही डूबती आँख मुझे पीछे से ताक रही है
और मेरे कदम तेज़ हो जाते हैं

...जिसके माथे पर हाथ धरे तुम रात भर जागते हो
उसके लिए तुम्ही हो सबसे करीबी जिसकी देह तुमने धोई पोंछी
रक्त के सबसे नजदीक,
पुराने अखबारी कागज सी देह
सुबह जब उठकर जाने लगता
तब वे इस तरह देखते
जैसे उनका जहाज छूट रहा हो...

कविता थोड़ी लम्बी है, उस कविता की कुछ ही पंक्तियाँ हैं ये। सभी पंक्तियों का सारा वातावरण पद्यसिक्त है। स्थिति का बहाव है। वातावरण ऐसे संवेदनासिक्त है कि स्वयं अपना आप अशरीरी सा लगने लगता है। उड़कर स्वयं वहीं, उसी कक्ष में पहुँच जाते हैं, जहाँ की यह स्थिति है।

कविता का सत्य कभी-कभी सत्य न होकर भी सत्य होने का आभास रचता है। जैसे क्षितिज सत्य होने का आभास देता है, लेकिन रात्य है नहीं। हम स्वीकार करके उसे आत्मसात करते हैं। यह केवल कविता का प्रसाधन मात्र नहीं है। ऐसे कितने ही क्षितिज-सत्यों का सहारा लेना पड़ता है, कविता को अपनी बात कहने के लिए। लेकिन इन सब अनुभवों के पीछे अगर कोई ठोस मानवीय सन्दर्भ नहीं है तो मात्र प्रसाधन को हम स्वीकार नहीं करते। जीवन का सत्य अगर कँटीले झाड़-झँखाड के जंगल जैसा होता है, तो कविता का रूप भी उसी तरह कँटीले झाड़-झँखाड़ के वन की तरह हो जाता है। हमारी हिन्दी कविता में एक ऐसा समय रहा है जब किसी विशेष मानसिकता के तहत झाड़-झँखाड़ वनों की सिर्फ़ कागजी पेंटिंग की गई। वहाँ सिर्फ़ रंग थे, लहू की एक बूँद भी नहीं थी। इसीलिए उस तरह का आलाप ज़्यादा देर टिका नहीं। कविता अपनी मानवीय संवेदना और जीवनार्थ में लौट आई, जहाँ सम्भावनाएँ ही सम्भावनाएँ हैं। जहाँ सृजन और विनाश एक दूसरे के विरोधी नहीं है, बस स्थितियाँ हैं एक अनन्त तक पहुँचने की।

अभी कुछ पहले तक कविता को एक लय से गा कर या पढ़ कर सुनाने का रिवाज था। छंदबद्धता ज़रूरी नहीं थी। बेशुमार गीतकार थे उन दिनों। हर छोटे-बड़े शहर में कवि सम्मेलन होते थे। जिन्हें कविता का कोई शौक भी नहीं था, वे भी

वहाँ मौज़ूद होते थे। हर वर्ष लाल किला पर हिन्दी कवि सम्मेलन और मुशायरा हुआ करता था। पचासियों हजार लोग वहाँ मौज़ूद रहते थे। इतनी कविता उन मंचों से बरसती थी कि श्रोता उस बारिश में भीगते रहना चाहते थे। समय रुक जाता था। ऐसी बात नहीं कि सिर्फ़ गाकर ही पढ़ी जाती थी कविता उन मंचों से। लेकिन लयबद्धता अवश्य रहती थी। पद्यात्मकता अवश्य रहती थी। उन सभी कविताओं को अच्छी कविता कहकर हम महिमामंडित नहीं करना चाहते। अच्छी कविता, ऊँची कविता के और भी आयाम होते हैं।

कविता में आर्थिक, राजनीतिक और सामाजिक मुद्दों—हर विषय पर समृद्ध तर्कशीलता का वातावरण रहा है। दैनिक जीवन भी उसी विमर्श का हिस्सा रहा है। प्रकृति का सौन्दर्य और मानव स्वभाव का भी संगम रही है कविता। जीवन दर्शन तो केन्द्र में था ही। वैदिक साहित्य जीवन दर्शन से भरा पड़ा है। धार्मिक कट्टरता वहाँ नहीं है। सिर्फ़ उस समय के विश्वास दर्ज हुए हैं वहाँ। आकाशी संगीतात्मकता में उनका ऊँचे स्वर में पाठ हमें अपनी भौतिकता से काटकर कहीं और स्थापित कर देता है। उनमें विचार भी हैं, जीवन दर्शन भी है, संगीत भी है और किसी बात की कट्टरता नहीं है। विषय वस्तु तो अपने समय का ही होता है। उस समाज को आज से जोड़कर तो देखा नहीं जा सकता। लेकिन कबीर, तुलसी, सूर तो ज़्यादा पुराने नहीं हैं। कविता के अर्थ का बहाव उन्होंने किसी भी कारण से नहीं छोड़ा। उनके तर्क समय संगत भी हैं और समयातीत भी, जैसे साहित्य के सत्य होते हैं। तुलसी ने राम कथा के माध्यम से जिस अतुलनीय साहित्य की रचना की है, वह अद्वितीय है। तर्क देखिए :

दामिनी दमक रही घन माही
खल की प्रीत यथा थिर नाही

कविता में मानव और प्रकृति मिलकर कैसे एक जीवनसत्य रचते हैं, उस का यह एक सहज और सरल उदाहरण है। मन चलते चलते रास्ते पर ठहर जाता है। एक पंक्ति में चित्रण, दूसरी पंक्ति में ऐसा तर्क जिसे स्वीकार करने के लिए आगे पीछे नहीं देखना पड़ता।

ग्रीक, लैटिन भाषा में उसी तरह अर्थ की लयात्मकता थी, जैसे हमारी प्राचीनता में थी। Homer का The Odyssey (नवीं या आठवीं सदी B.C) :

Of all creatures that breathe
and move upon the earth
Nothing is bred
That is weaker than man

लगभग 3000 साल पहले वही गूँज सुनाई देती है, वही कथन की संक्षिप्त अर्थपूर्णता यहाँ भी है, वहाँ भी। इधर भी है, उधर भी। 2700 साल पहले Sappho (सातवीं सदी B.C) का एक प्रेमगीत। कहाँ अन्तर है सिर से पैर तक अदैहिक हो जाने का, रक्तिम हो जाने का प्रेम में—

If I meet you suddenly
I can't speak
My tongue is broken
A thin flame runs under my skin seeing nothing

यह सब ग्रीक या लैट्रिन से अनुवाद हैं। कुछ काव्य गरिमा तो अनुवाद में बिखर जाती है। अर्थ भी वैसा सम्प्रेषित नहीं होता। अनुवाद भी बेशुमार लोगों के हैं। कौन अच्छा, कौन कम अच्छा—कौन जाने! दूसरी बात यह कि दो-तीन पंक्तियाँ अधिक बोल नहीं सकती। इससे अधिक देना यहाँ सार्थक नहीं होगा।

इन कवियों का समय हमारे वैदिक काल से कुछ ही बाद का है। उन सब समयों की साहित्यिक समृद्धि, बौद्धिकता, सहृदयता, जीवन दर्शन के हम ऋणी हैं। हमारे अचेतन में और कहीं-कहीं चेतन में उनका प्रभाव अनायास ही प्रकट हो जाता है। अगर वह इस स्मरणशील विधा में न होता, तो आज वह हजारों साल पुराना काव्य हमारे साथ न होता। हमारा संस्कार न बनता। प्रयत्नहीन पठनीयता (Effortless reading) पद्य और गद्य, दोनों की शक्ति बनती है। एक पूर्वाभास और पूर्व चिन्तन की स्वाभाविकता से यह प्रयत्नहीनता पैदा होती है जहाँ शब्द-प्रपात एक जल-प्रपात जैसे महसूस होते हैं।

हर क्षेत्र के विचार हमेशा ही कविता के केन्द्र में रहे हैं और रहेंगे। लेकिन एकांगिकता अपंगता बन जाती है। प्रखर वैचारिकता और समय सत्यों की करुण और तीव्र धाराएँ छायावाद के बाद हिन्दी कविता में देर तक बहीं। कुछ अन्तराल के बाद मुक्तिबोध सरीखे कवियों की संवेदनात्मक विचारशीलता और एक तीव्र धाराप्रवाह शक्ति ने हिन्दी कविता को केवल तरल मानसिकता की फिसलन से बाहर निकाल कर एक ऐसी जमीन पर खड़ा किया, जिसकी शक्ति चुभे भी और हमारा आधार भी बने। विचार दृश्यों की तरह साकार घूमते हैं ज़िन्दगी की धधकती लपटों में या फिर उन अँधेरों में, जिन्हें काटने के लिए स्वयं आग लगानी पड़ती है। उससे पहले की असहाय स्थिति का एक दृश्य जो आधार बनता है उससे लड़ने का।

दिखता है सामने ही अन्धकार स्तूप सा
भयंकर बरगद

सभी उपेक्षितों, समस्त वंचितों
गरीबों का वही घर, वही छत
...
हाँ वहीं रहता है, सिरफिरा एक जन

—अँधेरे में, भाग 4

मुक्तिबोध ने जैसे कविता को एक सम्बोधन बना दिया जिसे चाहे लोगों की भीड़ चौराहों पर इकट्ठे होकर सुने। मुक्तिबोध के समकालीन और बाद के कवियों ने समय की नब्ज़ पर हाथ रखा और कविता को उन मानसिक सरोकारों से जोड़ा जिनकी अत्यन्त आवश्यकता थी। हमारे पैरों के नीचे एक विश्वास की धरती और सिरों पर उम्मीद का आकाश भी रचा। पंजाबी के प्रमुख आधुनिक कवि सुरजीत पातर की पंक्तियाँ :

जे आई पतझड़ तां फिर की ऐ
तू अगली रुत ते यकीन रखीं
मैं लभ के ल्योणा कितों कलमां
तू फुलां जोगी ज़मीन रखीं

साधारणजन की महत्त्वपूर्ण स्थिति सबसे पहले उपन्यास में ही उदय हुई यानी पंद्रहवीं शताब्दी तक किसी भी साहित्य में साधारणजन केन्द्र में नहीं रहा। आधुनिक कविता ने आम जन को अपने अन्तस में स्थापित किया। और उनकी हर स्थिति से एक आत्मिक परस्परता स्थापित की। उनकी प्रत्येक स्थिति, प्रेम, वेदना वासना, आकांक्षा, संघर्ष, द्वंद्व, प्रकृति यानी सब कुछ आधुनिक कविता के वृत्त का हिस्सा बना। कविता का प्रमुख सरोकार मानव की स्थितियों और उनके कारणों पर सिमट गया। कारणों से भी अधिक स्थितियों के वर्णन ने संवेदना अर्जित और प्रसारित की। उन्हीं स्थितियों पर चिन्तन माध्यम बना कविता में राजनीतिक, सामाजिक विमर्शों का। यही सरोकार प्रमुख रहा लम्बे समय से और आज भी है। लेकिन कविता को हम सिर्फ़ इन मुद्दों तक सीमित करके नहीं देख सकते। इस धरती, आकाश में और शायद उससे भी परे—हमारी कल्पना का सारा फैलाव, मानसिक और ऐन्द्रिक विस्तार, कविता में हमारे अस्तित्व के अर्थ—विस्तार की तरह हमेशा रहा है और हमेशा रहेगा।

सरोकार केवल स्थितियों तक सीमित नहीं किए जा सकते। हमारा आन्तरिक, मानसिक और अशरीरी अन्तस भी हमें उसी तरह उद्वेलित करता है—जैसे बाहरी स्थितियाँ, बल्कि ज़्यादा। और फिर कल के सरोकार आज नहीं है, आज के सरोकार कल

बदल सकते हैं। स्थाई महत्त्व केवल इसी बात का है कि मानव किस रूप में कविता के फैलाव में अपना स्थान रखता है।

हम प्राचीन कविता से परिचित हैं, मध्ययुगीन कविता से भी परिचित हैं। साधारण जन इनके केन्द्र में नहीं था। लेकिन साधारण जन के केन्द्र में होने के कुछ और आयाम भी हैं। केवल स्थितियों और उनकी परिणीति से जुड़े होने के अतिरिक्त कुछ और भी है—जो इनसान की भौतिक परिधि के भीतर प्रवेश करता है, उसे अपने ही चेतन के आभास से भर देता है। ऐसी ही तृप्ति हमें शेक्सपियर के नाटक देते हैं, जो अधिकतर कविता में हैं। शेक्सपियर के नाटकों की कविता सिर्फ़ एक कहानी ही नहीं कहती, केवल हमारा मनोरंजन मात्र नहीं करती, राजाओं, विदूषकों तथा उनकी महत्त्वाकांक्षाओं अहंकारों, संघर्षों, आत्मतृप्तियों का वर्णन मात्र ही नहीं करती। साधारणजन के सरोकारों की भरपूर उपेक्षा के बावजूद भी वे नाटक आज भी सबसे अधिक उद्धृत हैं। उन नाटकों की कविता सिर्फ़ मानव स्वभाव को ही परिभाषित नहीं करती, बल्कि जीवन की सार्थकताओं, निरर्थकताओं, प्रेरणाओं और अन्तिम परिणीतियों को इतने सहज ढंग से उद्घाटित करती है कि बार-बार हम उन्हें उद्धृत करना चाहते हैं। शेक्सपियर के और भी समकालीन Christopher Marlow, Ben Johnson इत्यादि उस समय उतने ही प्रभावशाली थे, लेकिन सबसे अधिक याद रहे शेक्सपियर। उनकी अभिव्यक्ति की शक्ति ही पंक्तियों के अर्थ को लोगों की स्मृति में आरोपित करती है। इनसान को इतनी मानसिक और आत्मिक तृप्ति देना, एक समय-आयोजित सरोकार नहीं है। बल्कि हमारे चेतन अवचेतन को हमारी हथेली पर रख देने जैसा है कि हम उसे देख भी सकें, छू भी सकें।

To be, or not to be: that is the question:
Whether 'tis nobler in the mind to suffer
The slings and arrows of outrageous fortune,
Or to take arms against a sea of troubles,
And by opposing end them? (Hamlet)
We are such stuff that dreams are made on
(The Tempest)

केवल इन पंक्तियों से हम तृप्त नहीं हो सकते। लेकिन कहाँ तक और कितनी पंक्तियाँ उद्धृत करें।

उन्नीसवीं सदी के रोमांटिक कवियों या बीसवीं सदी के आरम्भिक वर्षों में हमारे छायावादी कवियों की पंक्तियाँ आज भी हमें वही तृप्ति देती है। मीर, गालिब, Wordsworth, Coleridge, Keats, Emerson, Victor Hugo, Baudelaire,

प्रसाद, पन्त, निराला, फैज़, ये सभी उन्नीसवीं-बीसवीं सदी में पृथ्वी और आकाश की परस्परता के उज्ज्वल स्तम्भ हैं। असली मानवीय सरोकारों के अलमबरदार। इनसान की ठिगनी-सी हस्ती को एक आसमानी बुलन्दी देने वाले। हमारी रूह और जिस्म की तफ़रीक को ख़ारिज करने वाले। ज़िन्दगी के तिलिस्म को सितारों की तरह हमारे सिरों पर रोशन करने वाले यह जादूगर किन सरोकारों के मोहताज हैं? ज़िन्दगी के किस बन्द दरवाजे को, हमारे लिए खोला नहीं, मुक्कफ़ल रहने दिया। अपनी रोजाना की ज़िन्दगी के मसायल लेकर हम इनकी कुर्बत में सिर्फ़ शर्मिंदा ही हो सकते हैं।

इन सारी महाशक्तियों के बावजूद भी, इनकी मानवीय दार्शनिकता के बिगुल के बावजूद भी, इसी समय के दौरान या थोड़ा आगे पीछे—पहला विश्वयुद्ध (1914-19) हुआ। फिर बीस साल बाद दूसरा महायुद्ध! औद्योगिकरण, सांस्कृतिक ह्रास तथा विघटन। ऐसा लगा कि जिन महान हस्तियों की बात हमने की है, क्या उन्होंने ही इनसानियत को इतनी जल्दी होने वाली त्रासदियों से बेख़बर कर दिया था। इतना आदर्श और इतना विनाश एकदम आगे-पीछे चल रहा था, किसी को ख़बर तक नहीं हुई। इन दुर्घटनाओं ने उस आदर्श और विश्वास के चिथड़े उड़ा दिए। इनसान को नए सिरे से सोचने पर मजबूर किया। एक खालीपन, एक अविश्वास, Disillusionment से ज़िन्दगी डगमगा गई। उसी Disillusion और Cultural decay की उपज बनी, The Wasteland (1922)। टी एस एलियट सिर्फ़ उस अर्थहीन वातावरण का चित्रण करते हैं अलग-अलग समय और कृतियों के उदाहरण देकर। Wasteland उसी अर्थहीनता की अर्थपूर्ण उपज हैं। अनेक ऐतिहासिक, धार्मिक व साहित्यिक सन्दर्भ और उनके चरित्रों के माध्यम द्वारा एलियट अपने समय और संस्कृति के ह्रास का वर्णन करते हैं। हमारे आत्मिक, यौनिक और सांसारिक मूल्यों का ऐसा ह्रास और ऐसा बिखराव, कि ज़िन्दगी के बिखरे हुए टुकड़े इकट्ठे करके किसी कोने में रख दो और तृप्ति खोजो कि ये हम थे। उससे अध्यात्म(धर्म नहीं) की शरणागतता ही पैदा होगी, जो वेस्टलैंड की अन्तिम पंक्तियों में व्यक्त होती है। क्रिस्चियन और प्राचीन सन्दर्भों से भरपूर Wasteland अन्त होती है उपनिषदिक उच्चारण से :

I sat upon the shore
fishing with the arid plane behind me
Shall I at least set my lands in order?
London bridge is falling down, falling down, falling down
...

These fragments I have shored against my ruins...
Why then Ile fit you, Hieronymo's mad engine.
Datta, Dayadhvam, Damyata
Shanthi! Shanthi! Shanthi!
दत्ता, दयाध्वम, दम्यता
शान्ति शान्ति शान्ति!

आधुनिकता का और उस साहित्य का महत्त्व है अर्थ की तलाश में। जीवन के बिखराव को समेटना और किसी समुचित दृष्टि की तलाश करना। उस समस्तता की तलाश करना जो औद्योगीकरण के बाद टूट सी गई थी। शारीरिक और भीतरी दुनिया का संगम स्थल ढूँढ़ना जहाँ अपने पूरे अस्तित्व पर विश्वास किया जा सके। शायद सब से अधिक आधुनिक महत्ता की कविता 'वेस्टलैंड' कही जा सकती है। Walt Whitman, Robert Frost, Pablo Neruda प्रारम्भिक आधुनिक कवि हैं। व्हिटमन की Song of Myself और फ्रॉस्ट की कविता Road Not taken उस शारीरिक उजास और अनिश्चय में प्रवेश करने की स्वभाविकता के उदाहरण हैं। यह तो आरम्भिक स्थिति की आधुनिकता थी जो उन्नीसवीं और बीसवीं सदी के दोराहे पर खड़ी थी। हमारे महत्त्वपूर्ण आधुनिक कवि निराला, मुक्तिबोध, कुँवर नारायण इत्यादि उसी आधुनिक आकाश के कुछ सितारे हैं। फ़ैज़ अहमद 'फ़ैज़' एक शक्तिशाली आधुनिक शायर हैं। कुछ संक्षिप्त उदाहरण जरूरी हैं इस प्रभाव को अर्जित करने के लिए :

There was never any more inception than there is now
Nor any more youth or age than there is now
....
Urge and Urge and Urge
Always the procreant urge of the world

(Whitman, Song of myself)

इसके विपरीत अनिश्चितता में प्रवेश :

Two roads diverged in a wood and
I took the less traveled by and
That has made all the difference
(Frost, Road not taken)

सारे बिखराव से होकर अपने आप में लौट आने का आश्चर्य हमारी आधुनिक

कविता की शक्ति रही है। बिखराव में अपनी तलाश और अर्थहीनता में सार्थकता की निर्मिति हमारी आधुनिक कविता की पहचान रही है।

आज सारे दिन बाहर घूमता रहा
और कोई दुर्घटना नहीं हुई
आज सारे दिन सच बोलता रहा
और किसी ने बुरा न माना
और सबसे बड़ा चमत्कार तो यह
कि घर लौटकर मैंने किसी और को नहीं
अपने ही को लौटा हुआ पाया

(कुँवर नारायण, एक अजीब दिन)

आधुनिक कवियों की विशेषता इस बात में रही कि उन्होंने नए विषय, अभिव्यक्ति और सरोकार लेकर केवल अपने समय के ही नहीं, आने वाले समय में झाँकने वाली दृष्टि का भी विस्तार किया। उत्तर आधुनिकता में जो एक आन्तरिक तर्कहीनता, बिखराव और अनिश्चितता या आत्म विच्छेदन है, वहाँ भी छटपटाहट उसी खाई को पाटने की है, जो इस अन्तराल की निरर्थकता ने पैदा की। अन्ततः कविता मानवार्थ को अपनी संक्षिप्तता, पूर्णता और स्मृतिग्रह्यता के बल पर स्थापित करने की कला रही है, हमेशा रहेगी।

जिस तरह हवा और रोशनी की किलेबन्दी नहीं की जा सकती, इसी तरह कला के सरोकारों को किसी निश्चित उद्देश्य या परिस्थिति मात्र के लिए सीमित नहीं किया जा सकता। हर समय और स्थिति की प्रेरणाएँ किसी 'Wasteland' को जन्म देंगी, तो किसी 'कामायनी' को भी जन्म देंगी या 'अँधेरे में' जैसी आधुनिक रचना को भी जन्म देंगी। किसी भी विषय संकीर्णता को जल्दी ही वक़्त के हाथों ख़ारिज होना पड़ा।

ज़िन्दगी दस्ते-तहे-संग रही है बरसों
ये ज़मीं हम पे बहुत तंग रही है बरसों

—वकील अख़्तर

विचार और सम्भावना

विचारधारा मुक्त विचार की शक्ति

मृदुला गर्ग

मनुष्य एक विचारशील जीव है। पशु और मनुष्य में यही अन्तर है कि पशु सब काम अन्त:प्रज्ञा से करते हैं। जबकि मनुष्य हर प्रश्न को भावात्मक और वैचारिक दोनों नज़रियों से देख परख कर निर्णय लेने की सामर्थ्य रखता है। यही उसे पशु से अलग जीव बनाता है। ऐसा नहीं है कि वह अन्त: प्रज्ञा से काम करता ही नहीं। करता है। सतत विचार करने के अभ्यास से ही यह सहज प्रवृत्ति विकसित हो जाती है और कई काम हम इतनी सहज वृत्ति से करते हैं कि अनायास होते जाते हैं। रोज़मर्रा के काम करते हुए जैसे खाना बनाते हुए, हम क़रीब क़रीब, बिना सोचे अभ्यास से एक के बाद एक काम करते जाते हैं। इसे आम बोलचाल में अन्दाज़ से बनाया गया भी कहा जाता है। पर वही व्यंजन को स्वाद बख्शता है, जो किसी के हाथ में होता है, किसी के हाथ में नहीं। कलाकृति या साहित्यिक कृति रचते हुए भी, कृतिकार अनायास रचना करता है पर उसकी प्रज्ञा पशु की अन्त:प्रज्ञा से भिन्न रहती है क्योंकि उसके मूल में वर्षों के विचार और मनन से उत्पन्न ज्ञान रहता है। एक ऊँचाई पर पहुँच कर विचार ज्ञान में तब्दील हो जाता है। मतलब यह है कि रचना करते समय हमें रुक रुक कर एक ख़ास विषय के बारे में विचार नहीं करना पड़ता, क्योंकि वह हमारे मानस का अंग बन चुका होता है। वही उसे निर्मिति न बना कर कृति बनाता है।

इसका सर्वोत्तम दृष्टान्त है व्हिसलर की मशहूर पेंटिंग 'व्हिसलर्स मदर' की कहानी। शायद आपने सुनी हो। फिर भी उसे सुनाना ज़रूरी है। जब पेंटिंग बन कर तैयार हो गई तो तय खरीदार ने उसका मूल्य इतना कम लगाया कि विह्सलर ने पेंटिंग देने से इंकार कर दिया। मामला अदालत में चला गया। अदालत में जज ने पूछा, पेंटिंग बनाने में कितना समय लगा। व्हिसलर ने कहा दस घंटे।

"बस! दस घंटे! दस घंटे के काम के लिए आप इतनी कीमत माँग रहे हैं?"

"जी नहीं, यह कीमत दस घंटों की मेहनत की नहीं, पूरे जीवन में अर्जित ज्ञान की है।"

जीवनपर्यन्त स्वयं अपने लिए सोचते रहने से ही वह ज्ञान उत्पन्न होता है, जो सहज ही दूसरों को भी अपने लिए सोचने के लिए प्रेरित कर देता है।

मेरे साथ भी अस्सी के दशक में एक दिलचस्प घटना हुई थी। मेरा नाटक 'एक और अजनबी' आकाशवाणी से पुरस्कार प्राप्त करने के बाद राष्ट्रीय नाटक श्रेणी में आने से सभी भारतीय भाषाओं में अनेक बार प्रसारित हुआ था। पर जब उसे दूरदर्शन पर दिखलाने की पेशकश हुई तो अन्तिम दिन दूरदर्शन महानिदेशक ने उस पर प्रतिबन्ध लगा दिया। उसमें राष्ट्रीय नाट्य विद्यालय के कई नामी अभिनेता भाग लेने वाले थे। सबके इसरार पर मैं महानिदेशक से मिली और उनसे प्रतिबन्ध लगाने का कारण पूछा। पहले तो उन्होंने कहा, वह विवाह संस्था के खिलाफ़ हैं। जब मैंने उनका ध्यान हाल में प्रसारित कई बचकाने पर स्पष्ट रूप से विवाह संस्था के खिलाफ़ बोलने वाले नाटकों की तरफ़ दिलवाया तो उनका तत्काल आया उत्तर काफ़ी मानीखेज़ था। उन्होंने कहा, "उनकी बात और है। वे केवल मनोरंजन करते हैं। आपका नाटक लोगों को सोचने पर मजबूर करता है।" आप समझ सकते हैं मेरे लिए नाटक न खेले जाने की नाउम्मीदी से कहीं बढ़कर यह जानने की खुशी थी कि सत्ता को लोगों के सोचने से डर लगता है।

पर पिछले काफ़ी समय से लगने लगा है कि वह समय बीत गया। अब तो हमारे यहाँ कानून की हालत यह हो गई है कि कोई भी बहाना बना कर, बल्कि समाज में बदलाव लाने का ही डर दिखला कर, हर विचार को जेल में डाला जा सकता है। यह एक भयावह परिणति है!

जब अनेक लोगों के विचार मेल खाते हैं तो कई बार होता यह है कि आपस में विचार विमर्श के दौरान, वे इतने क़रीब आ जाते हैं कि एक या अनेक विचारधाराओं का जन्म हो जाता है। इसमें कोई बुरी बात नहीं है। विचारधारा का जन्म होने पर ही राजनीतिक पार्टियाँ बनती हैं, जो सरकार बनाने के लिए चुनाव लड़ती हैं और एक राजीनीतिक तंत्र विकसित होता है। उसके अनुसार सत्ता के सिद्धान्त, उनका रंग रूप और रूपरेखा निर्धारित होती है। चाहे लोकतंत्र हो अथवा तानाशाही, उसके मूल में एक विचारधारा रहती ही है, जो उसके कानून, विधि विधान आदि निर्धारित करती है।

दिक़्क़त तब पैदा होती है जब यह विचारधारा रूढ़ होने लगती है, इस हद तक कि उसमें न किसी बदलाव की गुंजाइश रहती है न वैविध्य की। विचार एक सतत प्रवाहमान प्रक्रिया है, जिसे हर व्यक्ति अपने सोच के मुताबिक गति और दिशा देता है। उस वैविध्य से ही प्रगति के बीज अंकुरित होते हैं। जैसे ही इस वैविध्य या स्वतंत्र चेतना का ह्रास होता है, वह प्रवाह के बजाय एक ठहरा हुआ जलकुंड बन जाती है, जिसमें धीरे-धीरे काई-कीच जमने लगती है, जो हर दिशा में हर प्रकार की प्रगति अवरुद्ध कर देती है। जैसे-जैसे कुछ बलशाली सत्तासीन दल उस पर काबिज़ होते जाते हैं, वह ऐसा वाद बन जाता है, जो हर नागरिक पर जबरन थोपा

जाने लगता है। कुछ लोग स्वयं समर्पण कर देते है यानी सत्तासीनों के अर्ध सत्यों या अतिश्योक्तियों को अन्तिम सत्य की तरह स्वीकार कर लेते हैं।

कुछ लोग प्रतिरोधी विचार व्यक्त करते हैं पर सत्ता उन्हें किसी न किसी प्रकार प्रताड़ित और पीड़ित करने में सफल हो जाती ही है। अधिकतर भेड़चाल चल रहे जन उनसे किनारा कर लेते हैं और धीरे-धीरे वह वाद सर्वत्र लागू हो जाता है; उसका विरोध करना कठिन से कठिनतर होता जाता है। वाद कोई भी हो सकता है। जो खतरनाक है, वह अपने में वाद नहीं बल्कि उसका निर्विवाद सत्य की तरह स्वीकार किया जाना। तालिबानी इस्लाम हो, हिन्दुत्ववाद हो, मार्क्सवाद, या कोई भी कट्टरपन्थी सोच, इस मोड़ पर आ कर हर वाद तानाशाही में तब्दील हो जाता है। यह सिर्फ़ तालिबान शासित अफ़गानिस्तान का सच नहीं है। साम्यवादी रूस, चीन, उत्तर कोरिया, म्यांमार या उसके विपरीत दिशा में सोचने वाले पूँजीवादी अमरीका का भी सच है। कहीं तानाशाह सरकार होती है तो कहीं, कॉरपोरेट जगत। जब तक वाद लचीला रहता है, वह लोकहित में काम करता है और लोक को सत्ता में जगह देता है। जैसे 1991 में अमरीकन हस्तक्षेप से पहले का समाजवादी युगोस्लाविया या काफी संघर्ष और ज़ुल्म कर लेने के बाद का प्रगति करता क्यूबा। पर अधिकतर राजतंत्रों के नागरिक स्वतंत्र विचार करने की हिम्मत ही नहीं, तर्क बुद्धि भी खो देते हैं।

जब एक घोषित लोकतंत्र में जहाँ चुनाव की प्रक्रिया का चलन है, जनता स्वयं चुन कर एक ऐसे इनसान या इनसानों के हाथों में सत्ता थमा देती है, जिसमें/जिनमें भावी तानाशाह बनने के तमाम चिह्न विद्यमान होते हैं तो उस जाल से बाहर निकलना सबसे कठिन हो जाता है। ज़ाहिर है जिन्होंने वोट देकर उन्हें चुना होता है, वे अपने चयनित मुखिया को भगवान का दर्जा देने की भूलकर लेते हैं। यानी वे उसके द्वारा प्रचारित विचारधारा का इस तरह आन्तरीकरण कर लेते हैं कि उससे पृथक हर मुक्त विचार को बिना सोच विचार, पहले से ख़ारिज करने को तैयार बैठे रहते हैं। वाद शासित राजतंत्र, राज को राष्ट्र घोषित कर देता है और हर स्वतंत्र विचार को राष्ट्रद्रोह।

हर मुल्क को अपने गिरेबान में झाँक कर देखना चाहिए कि उसके यहाँ यह स्थिति तो नहीं बन रही। अगर बन रही है पर चुनाव प्रक्रिया अब भी चालू है तो विचारधारा मुक्त विचार की आवृत्ति ही उसकी रक्षा कर सकती है। पर उसके लिए एक प्रकार की क्रान्ति की आवश्यकता होती है। यानी मुक्त विचार करने वालों को भी एकजुट होना पड़ता है और अलग विचारधारा विकसित करनी पड़ती है। यानी उसी बिन्दु पर लौटना पड़ता है जहाँ से चले थे। फिर शुरू होती है, वही विचार को मुक्त रखने की कशमकश।

जब जब तानाशाही का विघटन हुआ है जैसे सोवियत संघ में तो इसके पीछे

शब्द को अर्थ से विलग कर सत्य को प्रचारित या विज्ञापित सच बनाने का बहुत बड़ा हाथ रहा है। जब हर शब्द अपना अर्थ खो कर निरर्थक हो जाता है तो आम जन, हर अतिश्योक्ति के पीछे छिपा झूठ पकड़ने में सफल होने लगता है। राजतंत्र या तानाशाह के ऊपर से उसका विश्वास टूट जाता है और वह मुक्त विचार की महत्ता को समझने लगता है। अतिश्योक्ति युक्त विज्ञापन या प्रचार के बिना तानाशाह या विचार की नाकद्री करने वाले सत्तासीनों का काम नहीं चलता। यही उसकी मजबूरी है और इसी में उसका नाश छिपा हुआ है। बहुमुखी या बहुआयामी सत्य को समाप्त कर एकांगी सत्य को स्थापित करने के चक्कर में वह उसी बहुआयामी प्रतिभा को जाग्रत कर देता है, जिसे नेस्तनाबूद करने चला था। ऐसा होगा ही, हम नहीं कह सकते पर यही एक सम्भावना है जो हमारे पास बची रहती है।

सोवियत संघ के विघटन के बाद कुछ वर्षों तक रूस में पूँजीवादी व्यवस्था, खुला बाजार, अभिव्यक्ति की स्वतंत्रता आदि क़ायम करने की कोशिश हुई। पर कुछ ही बरसों में, पुतिन के प्रमुख बनने के बाद तानाशाही दोबारा क़ायम हो गई। अब तो पुतिन ने खुद को आयु पर्यन्त प्रमुख घोषित कर दिया है, यानी तमाम चुनाव रद्द हो गए हैं। आजकल तो यूक्रेन पर हमला बोल उसे नेस्तनाबूद करने का नापाक काम चल रहा है। और पूरी दुनिया चुपचाप तमाशा देख रही है। अणु हथियारों के रहते तृतीय विश्व युद्ध की सम्भावना से सब डर कर चुप बैठे रहते हैं। दूसरी सम्भावना बेहद ख़तरनाक है। जैसे नात्ज़ी जर्मनी और फ़ासिस्ट इटली का पतन तब हुआ जब वहाँ विदेशी हस्तक्षेप हुआ या बाक़ायदा विदेशी ताक़तों (मुल्कों) ने उसके विरुद्ध युद्ध छेड़ा। उसके भयंकर परिणाम जापान में अमरीका द्वारा हिरोशिमा और नागासाकी में अणु बम फेंके जाने तक सीमित नहीं थे।

1948 में फ़िलिस्तीन का विभाजन करके एक हिस्से को इस्राइल का नया राष्ट्र घोषित कर दिया गया। अमरीका ने तुरन्त उसे मान्यता दे दी। दरअसल 1947 में संयुक्त राष्ट्र संघ ने फ़िलिस्तीन का विभाजन करके एक हिस्से को यहूदी राष्ट्र इस्राइल बनाने की पेशकश की थी। यद्यपि अरब देश ने उसे अस्वीकार कर दिया, फिर भी 1948 में यह काम हो गया। येरुशलम को फ़िलिस्तीन और इस्राइल दोनों अपनी राजधानी मानते हैं। इसके बावजूद उसे इस्राइल की राजधानी घोषित कर दिया गया। इस काम में अमरीका ने अहम भूमिका निभाई। इससे फ़िलिस्तीनियों या अरब मूल के निवासियों का कमोबेश वैसा ही शोषण हुआ जैसा नात्ज़ी जर्मनी में यहूदियों का हुआ था। कोन्संट्रेशन कैम्प भले न बने हों पर युद्ध की स्थिति निरन्तर बनी रही। अमरीकन ताक़त के ज़ोर पर फ़िलिस्तीन पर बराबर हमले होते रहे और उसके निवासियों को युद्ध बन्दियों के से हालात में जीना पड़ा। कहने का तात्पर्य यह है कि विदेशी हस्तक्षेप, खतरनाक सर्जरी की तरह मरीज़ को स्वस्थ करने के बजाय, पूरी तरह खत्म कर सकती है।

इसके विपरीत संसार में जो नवाचार आया है, प्रगति हुई है, नई तकनीक विकसित हुई है या मानवीय व सामाजिक सम्बन्धों में जो बदलाव आए हैं, सब किन्हीं दो चार स्वतंत्रचेता विचारकों के माध्यम से आए हैं। चाहे वह सीधे सीधे टेलीफ़ोन, वायरलैस या पेनीसिलिन का आविष्कार हो या फ़्रायड तथा जुंग आदि विचारकों द्वारा मनोवैज्ञानिक विश्लेषण के नए औज़ारों की इजाद। या इतिहास और वर्गों के बीच के अविरल चल रहे युद्ध की मार्क्स द्वारा अभिनव पड़ताल। बाद में व्यवहारिक स्तर पर मार्क्स के विश्लेषण का राजनीतिक उपयोग किया जाने लगा। अन्ततः तानाशाह नेताओं की तदबीरों से, वह एक ग़ैर लचीली विचारधारा में तब्दील हो गया, पर इसमें शुबहा नहीं है कि वह ऐसा क्रान्तिकारी सोच था, जो एक विचारधारा मुक्त मस्तिष्क की उपज था। जैसा मार्क्स ने स्वयं कहा था, मैं मार्क्सिस्ट नहीं हूँ।

राजतंत्र के संचालन में मार्क्सवाद भारत के दो प्रदेशों में प्रयुक्त हुआ पर एक दूसरे से विपरीत तरीके से और उसका प्रभाव भी उतना ही विरोधाभासी था। पश्चिम बंगाल में विचार पूरी तरह से विचारधारा के प्रभुत्व में आ गया और अपने प्रदेश के उद्योग या प्रगति के बारे में सोचने के बजाय, जनता सोवियत संघ का डंका पीटने में लगी रही। कितने ही प्रतिभावान नवयुवकों की हत्या हुई या संविधान के विरुद्ध उन्हें जेल में डाल दिया गया, सिर्फ़ इसलिए कि वे स्वतंत्र रूप से विचार विमर्श करने की हिम्मत कर रहे थे। इसी लकीर पीटने के चक्कर में या नौकरशाही की जकड़ के कारण आर्थिक प्रगति के क्षेत्र में पश्चिम बंगाल कमोबेश शून्य रहा।

केरल में सरकारी अमला भी प्रगति को कारगर करने में प्रवृत हुआ तो समुदायों और वर्गों के बीच समानता लाने में काफ़ी हद तक सफल हुआ। केरल में ग्रामीण विकास के लिए कई नए कानून बने और देश के अन्य हिस्सों के मुक़ाबले वहाँ के किसानों को अपनी फसल के लिए सरकार निर्धारित उचित दाम मिले। गोदामों का भी काफ़ी हद तक वाजिब इंतज़ाम हुआ। यानी ग्रामीण आर्थिक तंत्र में भी नगरों की तरह विस्मयकारी प्रगति नज़र आई। केवल सामाजिक, राजनीतिक अथवा आर्थिक क्षेत्रों के विचार या विमर्श ही समाज या संस्कृति का मार्गदर्शन नहीं करते। जैसा मैंने शुरू में ही कहा था, मुक्त विचार करने की प्रेरणा देने के कारण, हर बदलाव के पीछे एक वायवीय सा लगता पर दूरगामी हस्तक्षेप साहित्य और कला का रहता है। इसीलिए हर तानाशाह तंत्र में लेखकों और कलाकारों और ख़ास तौर पर कार्टूनिस्ट पर प्रतिबन्ध लगाए जाते हैं। यानी हर तानाशाह उनसे ख़ौफ़ खाता है। याद कीजिए बंगाल की मुख्यमंत्री ममता बनर्जी ने अपना कार्टून बनाने वाले को जेल भिजवा दिया था। उसके विपरीत लोकतंत्र में आस्था रखने वाले प्रधानमंत्री पंडित नेहरू ने कार्टूनिस्ट शंकर से पूछा था, "अरे भाई आजकल मेरे कार्टून कम क्यों बनाने लगे। क्या मैं इतना बोरिंग हो गया?"

मैंने 1979 में अपने उपन्यास चित्तकोबरा में लिखा था, कोई सभ्यता कितनी आज़ाद खयाल या निडर है, उस समय के कार्टूनों को देख कर मालूम होता है। इस सच में आज भी मेरा यक़ीन क़ायम है। रूस में, पूर्वी जर्मनी में, चेकोस्लोवाकिया आदि देशों में समाज साहित्यकारों, कवियों की ज़बरदस्त इज़्ज़त करता था। पर कम्युनिज्म के आते ही लेखकों पर हर मुमकिन प्रतिबन्ध लगाए जाने लगे। बॉरिस पास्तर्नाक को तो नोबेल पुरस्कार लेने की अनुमति भी नहीं मिली। मिलान कुंडेरा, सोलज़नित्सन जैसे लेखक मुल्क छोड़ने पर मजबूर हुए। जो तथाकथित मार्कसिस्ट विचारधारा को अभिव्यक्ति देने वाला साहित्य था, उसी को प्रश्रय मिला। पर चूँकि रूसी संस्कृति और मानसिकता साहित्यकार को हमेशा से नायकत्व प्रदान करती रही थी, इसलिए अपने बचाव के लिए, सत्तासीनों ने क्लासिक प्रतिष्ठित लेखकों को तिरस्कृत नहीं किया। उन्हें नायकों का दर्जा और पहले जैसा सम्मान मिलता रहा। उनके नाम से जानी जाने वाली सड़कों के नाम बदले नहीं गए; न सार्वजनिक स्थलों से उनके बुत हटाए गए। यानी इतिहास को एक नई विचारधारा के तहत परखने के प्रयास के बावजूद, सम्मानित क्लासिक साहित्यकारों को उस इतिहास से बहिष्कृत नहीं किया गया। क्योंकि सत्ता जानती थी कि इसे जनता किसी हाल क़ुबूल नहीं करेगी। बेहतर होगा कि उसे सम्पूर्ण विश्व में कम दाम पर उपलब्ध करवा कर सोवियत साहित्य का डंका बजवाया जाए। वही हुआ! पूरा विश्व रूसी साहित्य का क़ायल हो गया।

कभी कभी सरकार की नीति पर साहित्य का एकदम सीधा असर भी देखा जाता है यद्यपि इसके उदाहरण कम हैं। उनमें चार्ल्स डिकंस के उपन्यास लाजवाब उदाहरण हैं। उन्होंने इंग्लैंड में औद्योगिक क्रान्ति के बाद आम रूप से प्रचलित बाल श्रम की शर्मनाक और भयावह स्थिति के यथार्थ को इतने सम्पूर्ण और स्पष्ट रूप से विस्तार में बयान किया कि सारा देश हिल गया। उसका असर सरकार पर भी पड़ा। कानून बनाए जाने लगे जिन्होंने बाल श्रम को तो समाप्त किया ही, मुफ्त और अनिवार्य शिक्षा को भी कानून का दर्जा दे दिया। धीरे धीरे सभी मुल्कों में वह वेलफेयर स्टेट का प्रतीक बन गया। मगर हमारा देश इस मामले में बांग्लादेश और श्रीलंका से भी पिछड़ा हुआ है।

ऐसा नहीं है कि लेखक इस विषय पर लिख नहीं रहे। लिख रहे हैं, पर हमारे देश में साहित्य या गम्भीर पत्रकारिता पढ़ने का चलन नहीं है इसलिए जो स्वयं एकटिविस्ट नहीं हैं, उन्हें छोड़ कर कम ही जन उससे विचलित होते हैं। हों भी तो हमारी सरकार जनता की भावनाओं को उतना महत्त्व नहीं देती। वह जानती है कि वह चुनाव का मुद्दा नहीं बनेगा। भले कैलाश सत्यार्थी को "आर्थिक मुनाफे के लिए किए जा रहे बच्चों के गम्भीर शोषण के खिलाफ़ आन्दोलन" करने के लिए नोबेल पीस प्राइज़ मिल चुका है—पर उसका भी सरकार या कानून पर विशेष प्रभाव

नहीं हो पाया है। कानून बनते हैं तो वे कागज़ी नियम भर रहते हैं, उनका पालन नहीं होता। कैलाश जी की प्रशस्ति में 'गम्भीर' शब्द का प्रयोग हुआ था, पर हम जानते हैं कि बाल श्रम शोषण हमारे यहाँ गम्भीर नहीं, हौलनाक है।

निहितार्थ यह है कि जब तक समाज में आर्थिक स्थिति मानवीयता की निम्नतम शर्तें पूरी नहीं करतीं और प्रचार द्वारा जनता का ध्यान, जाति, धर्म आदि पर एकाग्र करने में सफलता मिल जाती है तो मुक्त विचार खामख्याली बनकर रह जाता है। सशक्त लोकतंत्र के अभाव और सामाजिक विषमता से आक्रान्त समाज में विचारधारा मुक्त विचार केवल चन्द बुद्धिजीवियों और आन्दोलनकारियों तक सिमट कर रह जाता है।

फिर भी जब जब कोई अन्तर आया है तो इसी मुक्त विचार के फलस्वरूप आया है।

ग्राम्शी को सजा सुनाते हुए इटली की फ़ासिस्ट अदालत ने कहा था, यह ज़रूरी है कि इस दिमाग़ को कम से कम बीस साल तक काम करने से रोक दिया जाए। यानी वह मुक्त निडर विचार की शक्ति को पहचान रहे थे। पर जैसा मैंने पहले कहा, अन्ततः इटली में फ़ासिज़्म का अन्त विदेशी हस्तक्षेप से ही हुआ हालाँकि इटली के भीतर औद्योगिक कर्मचारियों के सशस्त्र विरोध ने भी उसमें काफ़ी अहम भूमिका निभाई। यानी विचारधारा मुक्त विचार को समाज में परिवर्तन लाने में बहुत लम्बा समय लग जाता है। असल विडम्बना यह है कि राज्य किसी भी तर्कहीन विचाधारा का सहारा ले कर, कानून प्रणाली को तोड़ मरोड़ कर, बरसों बरस स्वतंत्र विचार को राष्ट्र के खिलाफ़ षडयंत्र बतला कर कुचलता रह सकता है। राज्य को राष्ट्र बतलाना हर उस विचारधारा का अंग रहता है, जो रूढ़ होकर तानाशाही या फ़ासिस्म में परिवर्तित हो जाए।

सोशल मीडिया ने सरकार का काम और आसान कर दिया है। ज़्यादातर स्वतंत्रचेता जन उस पर सरकार पर मारक व्यंग्य करके अपने कर्तव्य की इतिश्री कर लेते हैं। हालाँकि उनमें सड़क पर उतर कर आन्दोलन करने की भरसक प्रेरणा रहती है और वक्ता के लिए पर्याप्त ख़तरा भी। पर जब बाक़ी बुद्धिजीवी उस पर सैंकड़ों लाइक या "बहुत खूब" नुमा टिप्पणियाँ देकर इतिश्री कर लेते हैं। तब उसकी हालत वैसी ही हो जाती है जैसे उन नाटकों की, जिनके लिए दूरदर्शन महानिदेशक ने फ़रमाया था, उनकी बात और है, वे सिर्फ़ मनोरंजन करते हैं! यानी सोचने के लिए प्रेरित करने वाले वक्तव्यों को भी सोशल मीडिया अपने मूल स्वभाव के कारण भोथरा बना देता है या केवल मनोरंजन की वस्तु!

वरना हमारे यहाँ नब्बे प्रतिशत विकलांग साईबाबा को यूपा के अन्तर्गत सज़ा सुनाते हुए अदालत ने यही कहा था, देह काम न करती हो तो क्या, दिमाग़ ख़ूब तेज़ है। यानी वही विचार से डर का प्रदर्शन किया था! पर जब इस डर का

नतीजा यह हो कि न्यायालय भी न्याय के अनुपालन को अस्वीकार कर राजतंत्र के हाथ मज़बूत करने लगे तो विचार की गति जेल में पड़े रहने की होकर रह जाती है। हम इसी निष्कर्ष पर पहुँचते हैं कि अन्ततः विचार की जीत तभी हो सकती है जब समान विचार रखने वाले एकजुट होकर विरोध करें। बहुत चाह कर भी मैं कोई युटोपियन निष्कर्ष नहीं दे पा रही हूँ तो इसीलिए कि सच से मुँह नहीं मोड़ पा रही।

भाव, विचार और विचारधारा

अरुण कमल

> विचार-प्रसार के भीतर ही भाव-प्रसार भी होता है। —रामचन्द्र शुक्ल
> कविता शब्दों से लिखी जाती है, विचारों से नहीं। —मलार्मे
> किसी भी घटना को नियंत्रित करने वाले नियमों के मुक़ाबले कहीं अधिक सम्पदा स्वयं घटना में होती है। —लेनिन
> विचार सूख जाते हैं, परन्तु जीवन का वृक्ष हरा रहता है। —गोयथे

अकसर भाव और विचार को परस्पर विरोधी और विलोम माना जाता है। कुछ दार्शनिक पद्धतियों और साहित्य आन्दोलनों में भाव की स्वायत्त श्रेष्ठता मानी जाती है और विचार को हीनतर अथवा अवान्तर माना जाता है। ख़ास कर रोमान्टिक आन्दोलनों में। कविता के सम्बन्ध में यह सही भी लगता है। क्योंकि कविता मुख्य रूप से भावों का खेल है, भावों से बनी और हृदय को सम्बोधित। कविता के पास हम विचारों के लिए नहीं जाते। विचार तो दूसरी जगहों पर ज़्यादा गठे हुए मिल सकते हैं। कविता में और कला में भाव ही प्रधान होते हैं। अगर ऐसा नहीं होता तो सारे विचारक बड़े कवि होते जो कि अकसर वे नहीं हो पाते। कविता भावों का भूगोल है। अनेक भाव अकेले या एक दूसरे के साथ मिलकर व्यक्ति के आन्तरिक जीवन को तथा व्यक्तियों के परस्पर सम्बन्धों को उद्घाटित करते हैं। एक साधारण मनुष्य अपने जगत को ज्ञानेन्द्रियों के माध्यम से जानता है। एक वस्तु के सम्पर्क में आने पर उसकी इन्द्रियाँ प्रतिक्रिया व्यक्त करती हैं, संवेदित होती हैं और यह संवेदना उसे उद्वेलित करती है जिससे वस्तु के प्रति एक प्रतिक्रिया उत्पन्न होती है या कहें कि भाव उत्पन्न होते हैं। यानी भाव इस भौतिक जगत के प्रति व्यक्ति की, या किसी भी प्राणी की, सबसे पहली, प्रामाणिक और प्राकृतिक प्रतिक्रिया है जो अभी अभी निकले अंडे की तरह उष्ण, तरल और अनाकार होता है जो जल्दी ही अपना निश्चित आकार प्राप्त कर लेता है। कवि उस भाव की बिलकुल आरम्भिक

अवस्था को जानता है। एक अकेले भाव को और भावों के गुच्छ या भाव-शबलता को भी। जब अनेक भाव एक साथ उत्पन्न होते हैं तो कविता में जटिलता आती है। लोक गीतों में भाव प्राय: इकहरे होते हैं जबकि लिखित काव्य में और बड़े कवियों में शबल या संश्लिष्ट। ऑथेलो में प्रेम, ईर्ष्या, क्रोध, घृणा ये सारे भाव एक साथ आते हैं। वाल्मीकि रामायण में जब राम भरत को वापस अयोध्या लौटने को कहते हुए बोलते हैं कि तुम लौट जाओ, मैं भी घने वन की ओर चलता हूँ, मेरी रातें अब और भी लम्बी होंगी, तो यहाँ अनेक भाव एक साथ प्रगट होते हैं—प्रेम, हताशा, क्षोभ, विराग सब एक साथ-साथ पंक्ति में। यह भाव-शबलता श्रेष्ठ काव्य का और जीवन की जटिलता का द्योतक है। इसे किसी भी विचार-घट में अँट नहीं सकता। कविता मनुष्य के आन्तरिक जगत का उत्खनन करती है जिसमें कई बार स्वप्न लोक भी शामिल होता है। स्वयं रामायण में अनेक स्वप्न वृत्तान्त हैं और शुभ संकेतों या अपशकुनों की दृश्यावलियाँ जो भावों का ही संकेत या अवलम्बन हैं। प्रगीत या मुक्तकों में प्राय: एक भाव की केन्द्रीयता होती है। निराला की 'मैं अकेला आ रही मेरे दिवस की सांध्य वेला' को देखा जा सकता है। हालाँकि यहाँ भी जैसे जैसे कविता बढ़ती है कई अन्य भाव भी गोचर होने लगते हैं—'अब नहीं आते यहाँ पिक या शिखी', या 'मैं हूँ पंक्ति वह लिखी' में। कोई भी भाव बिलकुल अकेला या इकहरा नहीं होता। क्या सभ्यता ने हमारे भाव-जगत को भी जटिल बना दिया है। भावों को व्यक्त करने का एक ही साधन है। वो है भाषा। और शब्द। और ध्वनियाँ। और अन्तराल या शब्दों का रोमहास। यही कवि का कर्म है, कवि का शिल्प जहाँ, जैसा कि मलार्मे ने कहा, कोई विचार काम नहीं देता, केवल शब्द ही साथ देते हैं। भाव के बराबर की ध्वनियों की खोज ही कवि की साधना है जो सबसे कठिन है। *पुरुरवा पुरस्तं परेहि दुरापना वात इवाहस्मि*—यह अंश हवा के हलकेपन और पकड़ में न आने के स्वभाव को शब्दों और ध्वनियों के विशिष्ट संयोग से व्यक्त करती है। उर्वशी उसी हवा की तरह है। यह अंश उर्वशी और पुरुरवा के अनेक सम्बन्धों और सम्बन्धों से जनित भावों को छिपाए हुए है। यही कविता की भूमि है।

जब हम विचार की कठोरता कहते हैं तो आशय शायद यह होता है कि विचार का चौखटा भावों के प्रसार को रोकता है। यह उस तख़्ते की तरह होता है जिस पर लिटा कर पहले क़ैदी को सजा दी जाती थी, जो भी हिस्सा बाहर होता उसे काट दिया जाता। विचार भी शायद उस तख्ते की तरह होते हैं जो भावों की तरलता को जमा देते हैं। एक दूसरी तरह से भी ये काम कर सकते हैं। भावों को संकीर्ण बनाकर। विचारों की संकीर्णता भावों को बढ़ने से रोकती है। शायद यही कारण है कि संकीर्णता और कट्टरता कभी भी महान कविता के लिए मुफ़ीद नहीं रही। और हर बार इसके बरक्स एक प्रतिरोधी विचार-शक्ति आई जिसने कविता के लिए नई ज़मीन तैयार की। भक्ति आन्दोलन और सूफी आन्दोलन इसके प्रमाण हैं। इससे यह

भी लगता है कि कुछ विचार-प्रणालियाँ कविता के लिए और कविता में भावों के प्रकाशन के लिए ज़्यादा मुफ़ीद या सहयोगी होती हैं। रामचन्द्र शुक्ल की उक्ति का अर्थ यहाँ खुलता है। विचार-प्यार में ही भाव-प्रसार भी होता है। कुछ विचार हमें अधिक संवेदनशील, सहानुभूति सम्पन्न और कारुणिक बनाते हैं जैसे स्वयं बौद्ध दर्शन। जैसे जाति-व्यवस्था विरोधी विचार। जैसे ही हम जानते हैं कि हमारे दुःख किसी भगवान या भाग्य या पूर्व जन्म के फल नहीं हैं वैसे ही हमारा भाव-जगत बदल जाता है। शम्बूक वाल्मीकि में है, भवभूति में है, पर बाद में नहीं है। इसका कारण कवियों के विचार जगत में होने वाला बदलाव है। पश्चिम में शेक्सपीयर पहले कवि हैं जहाँ भाग्य या धर्म की कोई भूमिका नहीं है और इस कारण एक नई कविता, नया भाव जगत और नए चरित्र आते हैं जो पहले सम्भव नहीं थे। और दॉस्तोव्स्की अपने धार्मिक विश्वासों के बावजूद पूछ पाते हैं, इतना नन्हा बच्चा क्यों मरा, क्या यह पूर्व जन्म का फल है?और हिन्दी में प्रेमचन्द पहले लेखक हैं जो धर्म के विचारों और बेड़ियों से मुक्त हैं और इससे एक नए भाव-संसार का जन्म हुआ। साथ ही, यह विचार कि समाज और सभ्यता के केन्द्र में राजे महाराजे नहीं बल्कि साधारण लोग हैं, इसने भी होरी, घीसू और धनिया जैसे पात्र दिए। अगर हम पश्चिम के साहित्य पर नज़र डालें तो पाते हैं कि बर्गसां, फ्रायड के विचारों ने कथा की नई दृष्टि और शैली को जन्म दिया, जिनके बग़ैर प्रूस्त या ज्वायस सम्भव नहीं होते। एनलाइटेन्मेंट से असहमति और तर्क के परे किसी सत्य की सम्भावना में विश्वास ने जादुई यथार्थवाद की नींव रखी। किन्तु इतना कहते हुए भी यह जोड़ना जरूरी है कि साहित्य के निर्माण में विचारों की भूमिका परोक्ष होती है। वास्तविक शक्ति स्वयं लेखक का जीवनानुभव होता है। मार्खेज कहते हैं, यथार्थ का स्थानापन्न कुछ भी नहीं। यह यथार्थ ही नए भावों, कथाओं और चरित्रों का निर्माण करता है। विचार भी जीवन के अनुभवों से ही बनते हैं। नए अनुभव और जीवन में हो रहे नए बदलाव नए विचारों को जन्म देते हैं जो फिर नए भाव-जगत को बनाने में सहायक होते हैं। भाव और विचार का यह द्वंद्वात्मक सम्बन्ध है। विचारों का ठोस हिम जीवन के ताप से पिघल कर भाव का जल बन जाता है।

भाव और विचार के सम्बन्धों पर सोचते हुए मुझे हमेशा लगता है, और मैंने बार बार लिखा भी है, कि एक कवि के लिए विचारधारा से बड़ा है दर्शन और दर्शन से भी बड़ी है जीवन-दृष्टि जो हर कवि को स्वयं आयत्त करनी पड़ती है। कविता न तो विचार से बनती है न विचारधारा या दर्शन से। ये कविता के बाहरी उपस्कर हैं। एक समय में मार्क्सवाद के कुछ अनुयायियों ने विचारधारा यानी मार्क्सवादी सूत्रों को और उनके अनुसार रचित साहित्य को विशेष महत्त्व दिया। लेकिन मार्क्सवादियों में भी अनेक मत रहे। लुकाच और ब्रेख़्त का विवाद मशहूर है। बेन्यामिन और

फ्रैंकफ़र्ट स्कूल की धारणा भी अलग थी। अर्न्स्ट फ़िशर की किताब आर्ट अगेन्स्ट आइडियालॉजी आज भी प्रासंगिक है। बाद के सिद्धान्तकारों ने जिन्होंने मार्क्सवाद से सम्बन्ध जोड़ा, उनके विचार भी रूढ़ि-विरोधी रहे। स्वयं मार्क्स कविता की स्वायत्तता के हामी थे। फिर भी शीत युद्ध के दरम्यान विचाधारा पर अतिशय बल दिया गया। एक बात और दबा दी गई कि पूँजीवाद की भी एक विचारधारा है, गाँधीवाद की भी, धर्म और जाति और नस्ल की भी। श्रेष्ठ कविता इन सभी संकीर्णताओं का अतिक्रमण करके अपने को सीधे जीवन से जोड़ती है। जीवन की घटना महत्त्वपूर्ण है, घटना को नियंत्रित करने वाले नियम नहीं। हमारे लिए घड़ी द्वारा दर्शाया गया समय महत्त्वपूर्ण है, कील और चक्के या क्वाट्र्ज या बैटरी नहीं, हालाँकि वे होंगे ही। दिलचस्प यह है कि दुनिया में अब तक ऐसी कोई श्रेष्ठ रचना नहीं बनी जिसकी जड़ संकीर्ण विचारधारा में हो। कविता हमेशा उदात्त की अभिव्यक्ति है। न तो भारत में न अमेरिका में कोई लेखक धुर दक्षिणपन्थ का समर्थक है, न हिंसा या नफ़रत का। समस्त विश्व की कविता का उत्स करुणा और प्रेम में है, आदिकवि वाल्मीकि के क्रन्दन और व्याधे को शाप में। हर कविता बधित क्रौंच पक्षी के पक्ष में व्याधे को शाप है। जीवन से बड़ा कुछ भी नहीं।

विचारधारा : एक अपर्याप्त टिप्पणी

विश्वनाथ त्रिपाठी

हाल ही में कुछ वर्षों से विचारधारा की बात कम की जा रही है। आन्दोलनों को विचारधारा से आवश्यक तौर पर जोड़ा जाता था। मुझे लगता है कि अब विचारधारा में चिन्तन से ज़्यादा जोड़ा जाता है, आन्दोलन से कम। इसका कारण यह कि अब सामाजिक दृश्य पर आन्दोलन कम होते हैं, चिन्तन ज़्यादा होता है। उदाहरण के लिए भारत में ही देखिए तो दलित चिन्तन, स्त्री-चिन्तन तो खूब होता है यानी लिखा-पढ़ा बोला जाता है, किन्तु आन्दोलन कम। अब जुलूस समारोह पहले जैसा बहुत कम होते हैं, पत्रिकाओं में लेख, परिचर्चा आदि जरूर खूब होते हैं। आज देखें तो मालूम पड़ता है कि तीव्र अन्तर्विरोध के बावजूद अम्बेडकर का आन्दोलन स्वाधीनता आन्दोलन का ही एक अंश था, जब नेता के आह्वान पर हजारों की संख्या में लोग नीयत जगह पर भाषण सुनने, लाठी-मार खाने, जेल जाने के लिए इकट्ठा हो जाते थे। हाल ही में किसान आन्दोलन तो हुआ लेकिन उसका विचारधारा का पक्ष उतना उजागर नहीं हुआ।

विचार सकर्मक होते हैं भाव की तीव्रता से। विचार तो आपको बोध कराता है, विचारधारा किसी स्थिति को विचार एवं सन्दर्भ या व्यवस्था में समझ देती है। समझ स्तब्ध होकर निष्क्रिय भी बनी रह सकती है। विचार राह दिखाने या काम कर सकता है भाव की तीव्रता से सकर्मक व्यक्ति या समूह के सक्रिय होने पर। विचार जानकारी देता है, राह को संकेत करता है, वह सन्तुलित करता है, भाव विचलित करके, सक्रिय बना देता है। हिन्दी में एक शब्द आजकल बहुत प्रचलित है—भावबोध। ज़्यादातर इसका प्रयोग अँग्रेज़ी के शब्द 'सेंसीबिलिटी' के अर्थ में किया जाता है। वस्तुत: भावबोध दो शब्दों—भाव और बोध का संयोग है। भाव और बोध एक-दूसरे के समानार्थक या पर्याय नहीं। भाव विचलित करता है, बोध जानकारी देता है। जरूरी नहीं कि बोध संघर्ष करने का भी काम करे। वह एकेडेमिक रहकर ही अपना काम पूरा कर सकता है।

मध्यवर्ग विचार और चिन्तन करने में बहुत रुचि लेता है। निम्न वर्ग चिन्तन या वैचारिकी में ज़्यादा रुचि नहीं ले सकता। उसके पास इतना अवकाश नहीं होता। लेकिन उसके पास भाव राशि कम नहीं होती। वह अपनी भावनाओं को दबा कर रखने का अभ्यास करता रहे, यह अलग बात है। मध्य वर्ग का चिन्तन या विचारधारा उसकी भावनाओं को सामूहिक तौर पर तीव्र कर देते हैं। वह आन्दोलन में प्रवृत्त हो सकता है, जाता है। इसीलिए आन्दोलनों में जनसंख्या निम्न वर्ग के लोगों की ज़्यादा होती है, अनुयायी निम्नवर्ग के होते हैं और नेता मध्य वर्ग के।

समाजवाद को मध्यवर्ग भी मान्यता देता है बोध के धरातल पर। वह भी मानता है कि आर्थिक उन्नति के अवसर समान होने चाहिए। यह बात तो उच्च वर्ग के भी अनेक व्यक्ति मान लेते हैं किन्तु इस विचारधारा के प्रति भावात्मक लगाव निम्न वर्ग का कहीं ज़्यादा होता है बोध होने पर। क्योंकि उसकी अभावग्रस्त स्थिति, उसकी गरीबी, मोहताजी उसकी स्थिति में वास्तविक परिवर्तन का स्वरूप दिखलाई पड़ता है समाजवादी विचारधारा में। यही बात दलित स्त्री और किन्नर चिन्तन और विचारधारा में भी लागू होती है। दलित के लिए दलित विचारधारा जमीनी हक़ीक़त है केवल दिमागी खैर नहीं, स्त्री के लिए स्त्री चिन्तन या आन्दोलन उसके जीवन में मुक्ति का सन्देश है केवल विचार या बोध नहीं। और फिर विचारधारा और भाव के क्षेत्र में बनी स्थिति या प्रभाव भी अपनी-अपनी वर्गीय स्थिति के अनुसार पड़ता है। स्त्री मुक्ति का आन्दोलन मध्यवर्ग, उच्च वर्ग और निम्न वर्ग की स्थितियों के लिए समाज प्रेरणा नहीं देता।

सोवियत संघ का विघटन होने के बाद मार्क्सवाद का जनान्दोलन रूप ढीला पड़ गया है। सोवियत संघ में कम्युनिस्ट पार्टी की सत्ता कम्युनिस्ट विचारधारा और आन्दोलन का साक्षात् रूप था। उसके ढह जाने का प्रभाव विचारधारा की दृढ़ता पर भी पड़ा लेकिन बहुत गहरा प्रभाव जनान्दोलन पर पड़ा। विचारधारा की अचूकता और अपराजेयता पर पड़ा। समाजवादी सत्ता की निरंकुशता, भ्रष्टाचार, व्यक्ति पूजा की बात पहले भी होती थी किन्तु इन सभी आरोपों का उत्तर था पूँजीवादी सत्ता के प्रतीक अमरीका की प्रतियोगिता में। मार्क्सवादी विचारधारा की शक्ति सत्ता का प्रतीक सोवियत संघ। कहने को हम कहते रहे कि सत्ता जाने से विचार नहीं समाप्त होता। विचार समाप्त नहीं होता। किन्तु शक्ति उसकी भी चली जाती है। आख़िरकार सोवियत संघ मार्क्सवादी विचारधारा का प्रथम वास्तविक दिखलाई पड़नेवाला निर्माण था।

विचारधारा—विचार-व्यवस्था है लेकिन उसका प्रचार-प्रसार या आन्दोलनात्मक रूप ऐतिहासिक स्थितियों से जुड़ा होता है। अस्तित्ववाद का वैचारिक प्रवर्तन तो किर्मेगई ने ही कर दिया था किन्तु बहुवैचारिक कुछ लोगों के अनुसार दार्शनिक आन्दोलन भी द्वितीय विश्वयुद्ध के बाद बना। उसके प्रचार-प्रसार का गहरा सम्बन्ध फ्रांसीसी बुद्धिजीवियों की गहरी निराशा से है—हिटलर की निरंकुश बमबारी को

देखकर सार्त्र कहते थे कि हमें यह जानकर राहत मिलती है कि हम सब मरणधर्मा हैं। ऐसा विश्वास भारत में नहीं हुआ इसलिए अस्तित्ववाद भारत में बुद्धिजीवियों और कलाकारों के बीच ही वह भी आंशिक रूप से बहुत कुछ फैशन के रूप में दिखलाई पड़ा। हिन्दी साहित्य में अस्तित्ववाद की विसंगति, अनिश्चय अभावग्रस्त जीवन में ज़्यादा प्रभावी ढंग से दिखाई पड़ती है। वह कबीर, तुलसी, गालिब, निराला, मुक्तिबोध के यहाँ अपने रूपों में दिखाई पड़ती है। हिन्दी साहित्य का अस्तित्ववादी उपयोग तो प्रतिरोधात्मक और व्यंग्यात्मक होकर प्रगतिशील आन्दोलन का ही एक आयाम है और अज्ञेय के 'अपने-अपने अजनबी' से ज़्यादा प्रभावशाली है।

सोवियत संघ के विघटन ने कम-से-कम भारत में समाजवादी आन्दोलन को नुकसान पहुँचाया। राजनीतिक, वैचारिक सहायता के साथ-साथ प्रेरणा का स्रोत भी जैसे क्षीण हो गया। उत्तर आधुनिकता प्रचार-प्रसार बढ़ने का बहुत बड़ा कारण समाजवादी आन्दोलन का ढीला पड़ना है जिसका मुख्य कारण मेरे विचार से सोवियत संघ का विघटन है। चीन और सोवियत संघ के परस्पर विरोध ने इस क्षीणता को क्षीणतर किया है।

उत्तर आधुनिकता प्रारम्भिक और आंशिक रूप से मोहभंग की विचारधारा ही सबसे पहले यह स्पष्ट कर दूँ कि उत्तर आधुनिकता पूरी तरह नकारात्मक विचारधारा नहीं, उसके अनेक संकल्प सकारात्मक हैं। विचारधाराएँ स्वप्निल संकल्प लेकर आती हैं। वे मनुष्य के संकटों, अभावों से मुक्त करने की प्रतिज्ञा करती है। कुछ समय तक लगता है कि वे ऐसा कर भी रही हैं लेकिन अन्ततोगत्वा वे खुद अपनी व्यवस्था और अपनी नियमावली का ही शिकार हो जाती हैं। उदार-से-उदार निस्स्वार्थ-से-निस्स्वार्थ व्यक्ति की भाँति विचारधाराएँ भी लागू होने पर प्रतिबिम्ब बन जाती हैं। उनकी शक्ति और सत्ता उनकी प्रतिज्ञाओं को ओझल कर देती है। सत्ता और शक्ति के संघर्ष में न्याय और आदर्श की अनदेखी हो जाती है। न्याय और अन्याय का भेद मिट जाता है। जिन विचारधाराओं के लिए लोग शहीद होते हैं फिर उन्हीं के विरुद्ध न्याय के लिए संघर्ष करना पड़ता है। अतएव विचारधाराओं के संकल्पों और प्रतिज्ञाओं पर भरोसा नहीं किया जा सकता। हमें सदैव सतर्क और प्रतिज्ञाओं पर संशय करते रहना चाहिए।

उत्तर आधुनिकता चूँकि विचारधाराओं पर अविश्वास करता है इसलिए वह पुरुषवादी प्रतिज्ञाओं, पूँजीवादी प्रतिष्ठानों पर भी अविश्वास करता है। वह समलैंगिक, किन्नर की मुक्ति—उत्कर्ष और सम्मान देने की प्रेरणा देता है। जिन लोगों की आवाज़ अब तक नहीं सुनी गई है उत्तर आधुनिकता उनके साथ खड़ी होती है।

हमारे समय में दलित, स्त्री, समलैंगिक समाजवादी आदि अनेक विचारधारात्मक आन्दोलन हैं। उन सबका पक्ष ही, उनके सरोकार हैं।

इन्हें सकर्मक जनान्दोलन के रूप में एकत्र होकर क्या ऐतिहासिक बदलाव

के रूप में काम करने की जरूरत या सम्भावना है। यथास्थिति को बदल न पाने की स्थिति में ये केवल विचार वैचारिक या एकेडमिक बनकर रह जाएगी। तब ये यथास्थितिवादी बनकर रह जाएगी। केवल अस्मिताओं के रूप बनकर जाएँगी। इसलिए जरूरत अन्तस्सम्बन्धता या उस इंटर कनेक्टिवीटी की है जो इनका संयोजन करके इतिहास की सामरिक शक्ति बने। विभिन्न अस्मिताओं का आग्रह स्वतंत्र मानसिकता का आग्रह है। किन्तु अस्मिताओं को एक दूसरे की पहचान और उनका समादर जरूरी है। वे एक दूसरे का विरोध ही न करें और एक दूसरे को समझें ओर समन्वय भी करें।

हमारे समय के तथाकथित 'विकास' का साधन तकनीक है। तकनीक खुद विज्ञान नहीं, वह जानकारियों का उपयोग या दुरुपयोग है। दिक्कत यह है कि ज्ञान का तकनीकी उपयोग बाजार के जरिए शोषण का बहुत बड़ा साधन बन रहा है। ऐसी स्थिति में ज्ञान-विज्ञान-मानवता विरोधी भी हो जाता है और आज सबसे बड़ा खतरा पर्यावरण को हो गया है। अगर ज्ञान खुद बाजार बनकर हमारे पंच महाग्रहों—आकाश,, अग्नि, वायु, जल, पृथ्वी के लिए संकट बन गया है तो हमें इस विकास के बारे में सोचना चाहिए। कबीरदास ने कहा था हमें ऐसा व्यापार नहीं करना चाहिए जिसमें ब्याज बढ़ता जाए और मूलधन घटना जाए।

ऐसे बनिज सो कौन काम
जेहि घेरे मूल नित बढ़े ब्याज।

पर्यावरण का संकट प्राणियों के अस्तित्व के संकट का मुद्दा है। विचारधाराओं में सहमति-असहमति होती है, होनी चाहिए। जीवन के रहने या न रहने पर सहमति ही होगी तभी हम विचारधाराओं पर भी बात करने के लिए बचे रहेंगे।

स्वायत्तता या मूल्यहीनता से आगे का रास्ता

सुखजोत

विश्व युद्ध के दौरान बच्चों से भरा एक विमान प्रशान्त महासागर के ऊपर से गुजरते हुए एक निर्जन और बीहड़ द्वीप पर दुर्घटना ग्रस्त हो जाता है। छह से बारह वर्ष की उम्र के सब बच्चे, किसी भी तरह की रोकटोक से मुक्त, नाते रिश्तों से मुक्त, किसी भी तरह के नियम, व्यवस्था या क़ानून से मुक्त, केवल अपनी इच्छा से कुछ भी, कभी भी करने को स्वतंत्र हो जाते हैं। एक अकल्पनीय, पूर्ण आज़ादी—जो किसी भी जीव की एकमात्र चाह है। एक स्वायत्त शासन—कोई नियम-मर्यादा नहीं। जहाँ किसी को किसी का कोई डर नहीं। जहाँ कोई बड़ा-छोटा नहीं। विलियम गोल्डिंग के उपन्यास 'Lord of the Flies' की कहानी के अनुसार कुछ समय पा कर वे बच्चे एक दूसरे को ढूँढ़ लेते हैं। "The world, that understandable and lawful world, was slipping away." ...

खाने और ज़िन्दा रहने जैसी ज़रूरतों के पूरा होते ही, शुरु होता है एक द्वंद्व—न सिर्फ़ द्वंद्व, बल्कि एक भयावह अराजकता। एक क्रूर और पशुवत हिंसक प्रवृत्ति, जो कुछ सालों तक एक सभ्य समाज में रह चुके इन बच्चों पर हावी हो जाती है। नैतिक और अनैतिक का भेद समाप्त हो जाता है। हैवानियत की भावना इतनी प्रबल हो जाती है कि एक दूसरे को जान से मार डालने में भी इन बच्चों को गुरेज़ नहीं। एक दूसरे के खून के प्यासे ज़्यादातर बच्चे ख़ूँख़ार, वहशी बने किसी भी तरह की कोमल और सभ्य भावना के अंश से भी दूर, मानो दरिन्दे बन जाते हैं।

> "We did everything adults would do. What went wrong?"
> "Maybe there is a beast... maybe it's only us."
>
> —William Golding (Lord of the Flies)

इस चरम सवाल को खँगालने की कोशिश की है विलियम गोल्डिंग ने कि क्या पूर्ण आज़ादी सिर्फ़ एक भ्रम है? तो क्या मनुष्य एक तरह से पशु ही है, जिसके लिए

सभ्य और संवेदनशील होने का कोई अर्थ नहीं? क्या किसी भी मर्यादा के ख़त्म होते ही हर प्रकार की अच्छाई और सभ्यता का हनन हो जाता है? मासूम से बच्चे एक व्यवस्था के अभाव में ख़तरनाक हैवान में तब्दील हो जाते हैं? इसका अर्थ ये हुआ कि पशुवत व्यवहार अस्वाभाविक नहीं। स्वायत्तता मिलते ही कुछ समय पाकर मूल्यों का ह्रास शुरू हो जाता है। सब गुण या अवगुण इनसान के अन्दर ही मँडराते रहते हैं और दो विपरीत शक्तियों की रस्साकशी भीतर ही भीतर हमेशा विद्यमान रहती है। इन सबके विपरीत कोई तो स्वाभाविक गुण है जिसने सदियों से मनुष्य को सभ्य समाज बनाए रखने की ताक़त बख्शी है।

> "I know there isn't no beast—not with claws and all that, I mean—but I know there isn't no fear, either."
> Piggy paused."
> "Unless—"
> Ralph moved restlessly.
> "Unless what?"
> "Unless we get frightened of people."
>
> —William Golding (Lord of the Flies)

नैतिक और अनैतिक के बीच स्वायत्तता की क्या सीमा हो सकती है, ये सदियों पुराना प्रश्न है। प्राचीन यूनानी दार्शनिकों प्लैटो और अरस्तू ने आत्मनिर्भरता और स्वनियंत्रण को मानवता के साथ जोड़ा। लेकिन जैसे जैसे धार्मिक प्रभाव कम होता गया, राजनीतिक स्वतंत्रता का विचार उदय हुआ, स्वायत्तता का अर्थ बदला। अनेकों दार्शनिकों ने इस विषय पर बहुत लिखा है। कन्फ्यूशियस से लेकर इम्मैनुएल कान्त, जॉन स्टुअर्ट मिल, फ्रीडरिक नीत्ची सबने इसका गहरा मन्थन किया है।

> "He who is unable to live in society, or who has no need because he is sufficient for himself, must be either a beast or god."
>
> —Aristotle, 384-322 BC

जर्मन दार्शनिक कान्त के अनुसार स्वेच्छा ही किसी भी नैतिकता की पूर्वधारणा है। मनुष्य पशुओं से इसलिए भिन्न है कि वह एक तर्क और लक्ष्य के साथ नैतिकता का पालन करने में हर तरह से सक्षम है। किसी भी बाहरी दबाव के बावजूद स्वायत्तता बनाए रखने के लिए नैतिक नियमों का पालन एक कर्तव्यबद्धता से होना चाहिए। इसके विपरीत दूसरे जर्मन दार्शनिक फ्रीडरिक नीत्ची (Fredrich Nietzsche)

का मानना है कि अधिकतर लोग क्या अच्छा है, क्या बुरा में पड़ते हैं। वे उसे Master Morality और Slave Morality कहते हैं। उनका मत है कि समाज में एक धागा, एक Construct होना ज़रूरी है, जिससे स्वायत्तता भी परिभाषित होती है। नैतिकता से आज़ाद होने को वह स्वायत्तता मानते हैं। Jean Piaget स्विस मनोवैज्ञानिक हैं—जा कान्त और फ्रीडरिक नीत्ची के बीच का रास्ता चुनते हैं। उनका कहना है कि दस साल की उम्र के बाद बच्चे समझने लगते हैं कि इनसान के द्वारा बने नैतिक मापदंड गलत हो सकते हैं, उसके बाद वे Autonomous Morality का रास्ता चुन सकते हैं।

वाद विवाद अभी जारी है, दार्शनिक, मनोवैज्ञानिक, समाज शास्त्री, मनोवैज्ञानिक, व्यापार-नीति विशेषज्ञ सभी के अपने-अपने मत हैं। इतना आसान भी नहीं स्वायत्तता और नैतिकता को परिभाषित करना, क्योंकि हर समाज में नैतिकता की अलग परिभाषा है।

स्वायत्तता की चर्चा शिक्षा नीतियों, कानूनी अधिकार, कार्यस्थल वातावरण और चिकित्सा क्षेत्र इत्यादि में अकसर होती है। यह बात सर्वविदित है कि कोई भी अविष्कार, कोई भी बड़ा काम हुआ है तो स्वायत्तता के चलते ही हुआ है। स्वायत्तता के चलते ही मौलिक चिन्तन सम्भव है। कार्य स्थलों पर पूर्ण आजादी सम्भव नहीं है। फिर भी कार्य स्थल पर जहाँ भी नियंत्रण इतने सख्त नहीं और इनसान की मर्यादा का सम्मान किया जाता है, वहाँ सब लोग खुश और ज़्यादा रचनात्मक हो सकते हैं। अगर गूगल या टेस्ला की Innovation lab का ही उदाहरण लिया जाए तो वहाँ के कर्मचारी अपनी मर्ज़ी से किसी भी वक़्त, कितने भी समय के लिए दफ़्तर में आकर अपना काम कर सकते हैं। न कोई वक़्त की पाबन्दी न कोई बॉस और न कोई अधीनस्थ! न कोई आपसे आपके काम का हिसाब माँगेगा! हर कर्मचारी अपने काम का ख़ुद ज़िम्मेवार! दूसरी ओर यही स्वतंत्रता चिकित्सा या कानून के क्षेत्र में नहीं दी जा सकती। वहाँ कार्यस्थल पर मनमर्ज़ी और स्वेच्छा की बजाय एक नियम और क़ायदे के साथ चलना ही दरकार होगा।

वास्तव में स्वायत्तता की बात करते हुए स्वच्छन्दता, स्वतंत्रता, स्वेच्छा और व्यक्तिवाद का फ़र्क़ समझना आवश्यक है। सामाजिक, धार्मिक और व्यक्तिगत आचरण और किसी एक संस्था या राजनीतिक पद्धति के अधीन काम करते हुए स्वायत्तता बनाए रखना अलग बात है। दूसरी ओर निरंकुशता, अराजकता को रोकना भी एक सामाजिक आवश्यकता है।

> "Human rights are a fine thing, but how can we make ourselves sure that our rights do not expand at the

expense of the rights of others...A stable society is achieved not by balancing opposing forces but by conscious self-limitation : by the principle that we are always duty-bound to defer to the sense of moral justice."

—Aleksandr I. Solzhenitsyn

पश्चिम की मूलभूत अवधारणा वैयक्तिक स्वतंत्रता है। छोटे से छोटे बच्चे को भी अपनी मौलिक स्वतंत्रता का पालन सिखाया जाता है। स्वायत्तता का अधिकार धीरे-धीरे आता है बचपन से बड़े होने पर। सुबह से शाम तक छोटे-छोटे रोजमर्रा के काम जैसे कि क्या कपड़ा पहनना है, क्या खाना है, क्या बोलना है, स्वायत्तता के रहते ही सम्भव है। जैसे-जैसे छोटा बच्चा बड़ा होता है, नई चीजें देखता सीखता है, अपनी पहचान बनाने लगता है। यह मूल्य उसके माता-पिता और समाज के दिए होते हैं। किशोरावस्था में एक टकराव मूल्यों और स्वायत्तता का शुरू हो जाता है। इसी टकराव में एक अवसर है। कितना आज़ाद रहने दिया जाए--एक बच्चे और किशोर को। दूसरा मूल्य जो पश्चिम में भरपूर है—एक दूसरे की सहायता करना—वह क्रिश्चियन धर्म से भी आता है। उसके चलते स्वछन्दता कुछ हद तक अपने आप ही निरंकुश नहीं रहती। एक दूसरे का सम्मान करना अपने आप ही रोज़मर्रा की जिन्दगी का हिस्सा बन जाता है। सभी लोग समाज में कानून कायदे का पालन करते हैं। न करने की सख़्त सजा है।

"We've got to have rules and obey them. After all, we're not savages. We're English, and the English are best at everything."

—(Lord of the Flies से)

हमारे यहाँ बचपन से ही मूल्य थोप दिए जाते हैं। हर घर का एक स्वामी है, पिता। पुरुषों या लड़कों की निरंकुशता और दूसरी ओर एक बच्ची या स्त्री के हर अधिकार पर अंकुश। एकतरफा अधिकार। जो समाज अभी तक प्रकृति के नियमानुसार प्रेम या यौन सम्बन्धों की स्वीकृति नहीं देता, वह पितृ-सत्तात्मक समाज कैसे एक स्वायत्त मानसिकता का पोषण होने दे सकता है? जब किसी भी प्राणी के पूरे विश्वास, आत्मसम्मान, और दूसरों से सम्बन्धित सभी इच्छाओं और सोच को अंकुश लगा दिया जाए तो स्वायत्तता का ह्रास तो निश्चित ही है।

आजकल हमारे भारतीय समाज में अपराध इस हद तक बढ़ गए हैं कि अख़बार खोलते हुए डर लगता है। वीभत्स घटनाएँ और हिंसा रोजाना की बात हो गई है। अकसर इन घटनाओं को कानून कायदे की कमी से जोड़ा जाता है। लेकिन सिर्फ़

वही बात नहीं। समृद्धि के साथ साथ एक निरंकुशता, अराजकता और क्रूरता हमारे समाज में आई है। कई कारण हैं लेकिन व्यक्तिगत आज़ादी के नाम पर अपने सभी नैतिक मूल्यों, सामाजिक जिम्मेदारियों को त्याग देना एक स्वायत्त समाज की परिभाषा नहीं बन सकते।

स्वायत्तता को अकसर निरंकुशता या अराजकता के साथ मिलाकर देखा जाता है। इतिहास गवाह है कि जिसके पास भी शक्ति आई, उसने उसका भरपूर गलत इस्तेमाल किया, किसी भी क्रूरता की हद तक। राजनीति में अभी तक कई ऐसे उदाहरण हैं कि रूह काँप जाती है। कितने ही किस्से हैं, हर युग की बात कही जा सकती है। शक्ति आने पर कितने ही आदर्श टूट फूट कर चकनाचूर हो जाते हैं। इसी स्थिति का एक उदाहरण है—George Orwell का अत्यन्त प्रसिद्ध लघु उपन्यास Animal Farm (1945)। एक खेत पर विद्रोह हो जाता है। सभी जानवर अपने मालिक से दुखी हैं। वह इनसान सभी जानवरों को हैवान नजर आता है। सभी आपस में सलाह करते हैं कि ऐसा समाज बनाएँ, ऐसा फार्म बनाएँ जिसमें सभी बराबर हों, खुश हों और समान अवसर मिलें सबको।

The animals were happy as they had never conceived it possible to be. Every mouthful of food was an acute positive pleasure, now that it was truly their own food, produced by themselves and for themselves, not doled out to them by a grudging master...

अन्ततः फिर से वही होता है। नेपोलियन नाम का एक सूअर अराजक बन जाता है और स्थितियाँ पहले से भी ज़्यादा ख़राब हो जाती हैं। नेपोलियन एक डिनर पार्टी करता है। किसानों और सूअरों का गठबन्धन किया जाता है। जो भी क्रान्तिकारी मूल्य स्थापित किए गए थे, उन्हें हटा दिया जाता है। इनसान और सूअर दोनों ही एक दूसरे की प्रशंसा में लग जाते हैं और ताश के पत्ते खेलते रहते हैं। उसमें धोखाधड़ी भी चलती रहती है। नेपोलियन और Mr. Pilkington, की इस खेल में जोर-जोर से लड़ाई हो जाती है। बाहर दूसरे जानवर समझ ही नहीं पाते कि कौन क्या बोल रहा है।

> "Power tends to corrupt and absolute power corrupts absolutely."
>
> —(Lord Acton)

एनिमल फार्म हो या कोई भी अन्य स्थिति, सत्य यही है कि जिसके पास कोई भी शक्ति आई, उसका दुरुपयोग हुआ। किसी भी तरह की सत्ता को सीमित करना, सन्तुलन में रखना किसी भी समाज में निहायत जरूरी है।

सत्ता और शक्तिमत्ता समाज में कहीं भी हो, दूसरे व्यक्ति की स्वायत्तता पर

प्रश्नचिन्ह लगा देती है। भारत में या ऐसे देशों में खासकर, जिस मात्रा में, जो जितना कमज़ोर है उसके पास निजी स्वतंत्रा उतनी ही मात्रा में कम है। आसपास गर्दन घुमाकर देखने से ही पता लग जाता है, शक्तिमता और दोहन दोनों के बहुत से चित्र आम दिख जाते हैं। स्वामित्व, सदाचार, जन्मजात और स्वाभाविक प्रकृति, नैतिकता और चेतना, मानवीय अनुभूति—सब कुछ उघड़ कर सामने साफ़ दिखता है। ख़ासकर हमारे समाज में, बच्चे, स्त्रियाँ, निर्धन, गरीब मजदूर, घरों में काम करने वाले, साधनहीन या किसी हद तक आज भी दलित, जो भी कमज़ोर हैं, उसी की स्वायत्तता कम कर दी जाती है। हमारी संस्कृति का यही मापदंड होना चाहिए कि हम उनकी स्वायत्तता की रक्षा करें। हर आज़ाद, सक्षम, मजबूत इनसान अगर इसी दिशा में सोचे और कानून कमज़ोर का साथ दे, तो एक खुशहाल समाज का निर्माण हो सकता है।

> "The rights of every man are diminished when the rights of one man are threatened."
>
> —John F. Kennedy

औपनिवेशिक आधुनिकता और हिन्दी साहित्य

राजकुमार

यदि मान लें कि आधुनिक युग की शुरुआत उन्नीसवीं सदी में हुई तो फिर यह भी स्वीकार करना होगा कि आधुनिक हिन्दी के निर्माता भारतेन्दु हरिश्चन्द्र हैं। उन्नीसवीं सदी से पहले हिन्दी साहित्य शिष्ट और लोकसाहित्य से संवाद करते हुए विकसित होता रहा। किन्तु उन्नीसवीं सदी में औपनिवेशिक शासन के दौरान शिष्ट और लोक के अतिरिक्त एक अन्य तत्त्व भी जुड़ गया। इसका सम्बन्ध पश्चिमी आधुनिकता से है। उन्नीसवीं सदी में अँग्रेज़ी शिक्षा की शुरुआत के साथ भारतीय प्रबुद्ध वर्ग पश्चिमी आधुनिकता से परिचित हो गया। पश्चिमी ज्ञान और साहित्य का उस पर बहुत गहरा प्रभाव पड़ा। अँग्रेज़ शासकों ने भी उसे अपनी ज़रूरत के मुताबिक ढालने और अनुशासित करने की भरपूर कोशिश की। उन्नीसवीं सदी में हिन्दी ही नहीं, भारत की किसी भी भाषा में शायद ही कोई ऐसा उल्लेखनीय रचनाकार मिले, जिसे अँग्रेज़ी न आती हो। इस प्रकार हिन्दी की जातीय परम्परा में उन्नीसवीं सदी के दौरान गुणात्मक परिवर्तन आया। बांग्ला नवजागरण के वजन पर डॉ. रामविलास शर्मा ने इसे हिन्दी नवजागरण की संज्ञा दी। वस्तुतः उन्नीसवीं सदी में अपने यहाँ जैसी आधुनिकता आई, उसे हिन्दी की जातीय परम्परा का स्वभाविक विकास करना उचित नहीं प्रतीत होता। उसे औपनिवेशिक आधुनिकता कहना ज़्यादा संगत लगता है। भारतीय भाषाओं और भारतीय भाषाओं में लिखे गए साहित्य का मॉडल अँग्रेज़ी भाषा और अँग्रेज़ी साहित्य बन गया। अँग्रेज़ी भाषा और अँग्रेज़ी साहित्य की इस भूमिका को स्वीकार करने में और किसी को संकोच हुआ हो तो हुआ हो किन्तु सुमित्रानन्दन पन्त को कोई संकोच नहीं हुआ। 'पल्लव' की भूमिका में वे लिखते हैं, 'हिन्दी में सत्समालोचना का बड़ा अभाव है। रसगंगाधार, काव्यादर्श आदि की वीणा के तार पुराने हो गए; वे स्थायी, संचारी, व्यभिचारी आदि भावों से जो कुछ संचार या व्यभिचार करवाना चाहते थे, करवा चुके। जब तक समालोचना का समयानुकूल रूपान्तर न हो, वह विश्वभारती के आधुनिक, विकसित तथा परिष्कृत

स्वरों में न अनुवादित हो जाए, तब तक हिन्दी में सत्साहित्य की सृष्टि नहीं हो सकती। बड़े हर्ष की बात है कि अब हिन्दी युनिवर्सिटी की चिरवंचित उच्चतम कक्षाओं में प्रवेश पा गई; वहाँ उसे अपनी बहन अँग्रेज़ी के साथ वार्तालाप तथा हेल-मेल बढ़ाने का अवसर तो मिलेगा ही, उससे घनिष्ठता भी स्थापित हो जाएगी। आशा है विश्वविद्यालय के उत्साही हिन्दी प्रेमी छात्र...हिन्दी में, अँग्रेजी ढंग की समालोचना का प्रचार कर, उसके पथ में प्रकाश डालने का प्रयत्न करेंगे।' 'अँग्रेज़ी ढंग की समालोचना' को रामचन्द्र शुक्ल के 'अँग्रेज़ी ढंग के नॉवेल' के साथ जोड़कर देखें तो यह स्पष्ट हो जाएगा कि हिन्दी साहित्य का विकास अँग्रेज़ी साहित्य के वज़न पर किया गया। सुसी थारू ने अपने लेख 'अरेंजमेंट ऑफ एलायंस' में अँग्रेज़ी और भारतीय भाषाओं के सम्बन्ध को एलायंस की संज्ञा दी है। उल्लेखनीय है कि 'फिल्ट्रेशन थियरी' भी इसी बात की तस्दीक करती है कि अँग्रेज़ी के मॉडल पर भारतीय भाषाओं को 'विकसित' करने का सिलसिला उन्नीसवीं सदी में ही शुरू हो गया था। बीसवीं सदी में यह प्रक्रिया और आगे बढ़ी। इसलिए विचारणीय प्रश्न यह है कि आधुनिक हिन्दी साहित्य को 'अँग्रेज़ी ढंग का साहित्य' कहना उचित है या नहीं। क्या आधुनिक हिन्दी साहित्य अँग्रेज़ी से 'डिराइव्ड' है? या शुरुआत में 'डिराइव्ड' है किन्तु आगे बढ़ने पर इसकी ढब बदल गई। जो भी हो, इतना तो तय है कि हिन्दी की जातीय परम्परा का यह स्वभाविक विकास नहीं है। यह गुणात्मक परिवर्तन है, पैराडाइम शिफ्ट है। स्वयं भारतेन्दु के साहित्य में पूर्व और पश्चिम को एक तरह की रस्साकशी दिखाई पड़ती है। उनके गद्य पर पश्चिमी चिन्तन का गहरा प्रभाव है किन्तु उनके पद्य का हिन्दी की पूर्व औपनिवेशिक परम्परा से सम्बन्ध अभी भी प्रगाढ़ है। पूर्व-पश्चिम का यह द्वंद्व उनके लेखन की भाषा में भी दिखाई पड़ता है। इसीलिए गद्य वह खड़ी बोली में और पद्य ब्रजभाषा में लिखते हैं। एक तरह से भारतेन्दु का व्यक्तित्व विभाजित व्यक्तित्व है जो पूर्व और पश्चिम दोनों ओर खिंचता है; किन्तु झुकता किसी ओर नहीं। विभाजित व्यक्तित्व का यह दोचित्तापन समूचे हिन्दी नवजागरण की विशेषता है। पश्चिमी आधुनिकता की ओर वह आकृष्ट होता है किन्तु भारतीय सांस्कृतिक परम्परा से विमुख नहीं होना चाहता।

2

भारत के सांस्कृतिक इतिहास में सम्भवत: पहली बार साहित्य का सचेत रूप से इस्तेमाल कुछ सामाजिक उद्‌देश्य हासिल करने के लिए किया गया। भक्तिकाल के दौरान अवश्य साहित्य और धर्म को मिलाने की कोशिश की गई थी। वैसे तो भक्तिकालीन कवि साहित्य और धर्म के भेद को समझते थे, इसलिए उन्होंने साहित्य में धार्मिकता को उतना ही मिलाया, जिससे साहित्य की साहित्यिकता क्षरित न हो।

जहाँ इस संयम का निर्वाह नहीं हो पाया, वहाँ साम्प्रदायिक साहित्य तो बन गया किन्तु उसे साहित्य कह पाना मुश्किल है। असल में, भारत में धर्म से स्वतंत्र काव्य की सत्ता का विवेक प्रारम्भ से रहा है। इसीलिए यहाँ काव्यशास्त्र की इतनी सुदीर्घ और समृद्ध परम्परा रही है। काव्यशास्त्र में जिस प्रश्न पर लगातार विचार किया गया है, वह यह है कि साहित्य शास्त्र से कैसे भिन्न है। शास्त्र में धर्मशास्त्र भी शामिल है। काव्यशास्त्र के जितने भी सम्प्रदाय हैं, सभी इस प्रश्न का उत्तर खोजते हैं। वस्तुतः शास्त्र से साहित्य के अन्तर को रेखांकित करने के लिए भारत ने रस की अवधारणा बहुत पहले विकसित कर ली थी। कालान्तर में इस विषय पर और भी गम्भीर चिन्तन किया गया।

वस्तुतः भारतेन्दु हरिश्चन्द्र ने अपने 'जातीय संगीत' नामक लेख में साहित्य का कुछ सामाजिक उद्देश्यों के लिए इस्तेमाल करने की पेशकश की थी। साहित्य के नैमित्तिक; (Inslrumental) इस्तेमाल का जो सिलसिला शुरू हुआ, वह आज तक चल रहा है। ध्यातव्य है कि साहित्य का इस्तेमाल सामाजिक-राजनीतिक मकसद के लिए किया गया और साहित्य की सार्थकता/प्रासंगिकता भी इन्हीं सामाजिक-राजनीतिक उद्देश्यों के आधार पर तय की गई। एक तरह से साहित्य की भूमिका सामाजिक-राजनीतिक विचारधाराओं के सहायक के रूप में निर्धारित कर दी गई। इसी के साथ एक बात और हुई। बीसवीं सदी में जब बाज़ार का बहुत विस्तार हो गया तो उसने साहित्य को भी एक उपभोग की वस्तु में रूपान्तरित कर दिया। यह सही है कि आधुनिकतावादी रचनाकारों ने साहित्य को किसी भी प्रकार के नैमित्तिक प्रयोग से अलग रखने की कोशिश की। उन्होंने ऐसी तरकीबें निकालीं जो साहित्य को उपभोग की वस्तु में रूपान्तरित करने की प्रक्रिया को अवरुद्ध करती सी लगती थी। किन्तु यह प्रयास भी विफल रहा। साहित्य का लोकवृत्त अवश्य सिमट गया। साहित्य की नैमित्तिक भूमिका को साहित्य की सामाजिकता के रूप में स्वीकार कर चलने वाली प्रवृत्ति जब और बढ़ गई तो समाजविज्ञान/विचारधारा और साहित्य का भेद मिटने लगा। समाजवैज्ञानिक या विचारधारात्मक सत्य की कसौटी पर साहित्य की प्रासंगिकता तय की जाने लगी। साहित्य की विचारधारात्मक परिणति से साहित्य की अस्मिता ही सन्दिग्ध हो गई। प्रश्न यह है कि साहित्य की इस विचारधारात्मक परिणति की शुरुआत कब हुई। जैसा कि पहले कहा गया, शुरुआत भारतेन्दु से हुई और यह सिलसिला तब से आज तक किसी न किसी रूप में चलता रहा है।

साहित्य को समाज-निर्माण की परियोजना से जोड़ दिया गया तो यह ज़रूरी हो गया कि उसे इस नई भूमिका के अनुरूप झाड़-पोंछ कर तैयार किया जाय। अब वह 'काव्यशास्त्रविनोद' की चीज़ नहीं रहा, 'ज्ञानराशि का संचित कोष' बन गया। व्यक्तिगत जीवन में भले ही कुछ बातें बहुत आकर्षक लगती हों, किन्तु सार्वजनिक रूप उन्हें नहीं कहा जाता। साहित्य की सार्वजनिक जीवन में प्रतिष्ठा बढ़ गई तो

जो चीजें पहले धड़ल्ले से साहित्य में आ जाती थीं, साहित्य के दरवाज़े अब उनके लिए बन्द हो गए। साहित्य के इस 'मर्यादित' आचरण में प्रेम या शृंगार के लिए ज़्यादा जगह नहीं बची। हिन्दी साहित्य के इतिहास में ही नहीं, लोकसाहित्य में भी जहाँ-जहाँ शृंगार दिखाई पड़ा, उसे हिन्दी के इस नए लोकवृत्त से बाहर का रास्ता दिखा दिया गया। इस 'शुद्धीकरण' के बावजूद, साहित्य का स्वभाव ऐसा है कि उसमें ऐसी बातें आ ही गईं जिन्हें निजी जीवन के दायरे में क़ैद करने की कोशिश की गई थी।

पहले उल्लेख किया गया कि सुमित्रानन्दन पन्त ने 'अँग्रेज़ी ढंग की समालोचना के प्रचार पर बल दिया था और काव्यशास्त्र की भारतीय परम्परा को त्याज्य घोषित किया था। अँग्रेज़ी ढंग के 'नावेल' का अनुमोदन रामचन्द्र शुक्ल कर ही चुके थे। इस तरह छायावाद तक आते-आते 'अँग्रेज़ी ढंग' के साहित्य की प्रतिष्ठा हो चुकी थी। यह अवश्य है कि 'अँग्रेज़ी ढंग' का यह साहित्य पूरी तरह 'अँग्रेज़ी ढंग' का साहित्य नहीं बना। उसमें कुछ भारतीय विशेषताएँ भी उभर आईं। तुलसीदास ने लिखा है—

भूमि परत भा डाबर पानी।
जनु जीवहिं माया लिपटानी॥

लब्बोलुआब यह कि 'अँग्रेज़ी ढंग' के इस साहित्य में भारतीय देशकाल की माया लिपट गई। क़िस्सा तो था यह कि हिन्दी में जिस ढब की आलोचना का विकास बीसवीं सदी में हुआ उसे साहित्यशास्त्र की भारतीय परम्परा का विकास तो नहीं कहा जा सकता। आलोचना की पश्चिमी परम्परा का भारतीयकरण, चाहे तो कह सकते हैं। पहले यह देख लें कि पश्चिमी परम्परा में आलोचना से क्या आशय है। पश्चिमी परम्परा में आलोचना के चार विभाग हैं। चारों के मिलने से आलोचना बनती है। आइए देखें कि ये चार विभाग क्या हैं और इनकी भूमिका क्या है।

1. टेक्सचुअल क्रिटिसिज़्म (Textual Criticism) : इसे हिन्दी में पाठालोचन कहते हैं। पुरानी पांडुलिपियों का सन्धान कर एक प्रामाणिक पाठ तैयार करना पाठालोचन का बुनियादी कार्य है। प्रामाणिक पाठ तैयार हो जाने पर उसके अर्थ का सम्यक् निरूपण भी पाठालोचन में किया जाता है।

2. शोध (Research) : पुरानी पांडुलिपियों और पुराने साहित्य की खोज और अध्ययन शोध का मुख्य कार्य है। नए साहित्य को लेकर भी शोध की सम्भावना रहती है, किन्तु शोध की दृष्टि से अज्ञात या अल्पज्ञात क्षेत्र ज़्यादा उर्वर होते हैं।

3. एनोटेशन (Annotation) : इसे टीका के समतुल्य माना जा सकता है। प्रकाशित रचना का अर्थ-निष्पादन और विभिन्न विद्वानों द्वारा किए गए अर्थ-वैभिन्य का बोध 'एनोटेशन' के दौरान करा दिया जाता है।

4. इंटरप्रेटेशन (Interpretation) : रचना की व्याख्या। विभिन्न आलोचकों

द्वारा की गई व्याख्याओं का उल्लेख करते हुए अपनी व्याख्या प्रस्तुत करना।

आलोचना के इन चारों विभागों में बलाघात का फ़र्क तो है, किन्तु ये पूरी तरह एक दूसरे से अलग नहीं हैं। आलोचना के लिए अँग्रेज़ी में आवश्यकतानुसार कई शब्दों का प्रयोग हुआ है। अलग-अलग कालावधि में आलोचना का स्वरूप और उसकी भूमिका बदलती रही है। आइए देखें कि आलोचना के लिए अँग्रेज़ी में किन-किन शब्दों का प्रयोग हुआ है—

बुक रिव्यू (Book Review) इसे हिन्दी में पुस्तक-समीक्षा कहा गया।

1. लिटरेरी क्रिटिसिज़्म (Literary Criticism) : हिन्दी में इसे साहित्यिक आलोचना या सिर्फ़ आलोचना कहा गया। अँग्रेज़ी में भी प्राय: Criticism शब्द का ही प्रयोग होता है।

2. लिटरेरी थ्योरी (Literary Theory) : हिन्दी में इसका अनुवाद 'साहित्य सिद्धान्त के रूप में किया गया। उल्लेखनीय है कि बीसवीं सदी के उत्तरार्द्ध में साहित्य-सिद्धान्तों का बोलबाला रहा है। इन सिद्धान्तों के अनुरूप साहित्य आलोचना के अनेक सम्प्रदायों का विकास हुआ।

3. व्यावहारिक और सैद्धान्तिक आलोचना (Practical and theoretical Criticsm) :

4. सांस्कृतिक अध्ययन (Cultural Studies) : औद्योगिक लोकप्रिय संस्कृति के अध्ययन हेतु इसका विकास हुआ।

5. लोकविद्या (Folklore) : हिन्दी में प्राय: इसके लिए लोकसाहित्य शब्द का प्रयोग होता है। किन्तु लोकसाहित्य से folklore की व्याप्ति का सम्यक् बोध नहीं होता।

आलोचना के व्यावहारिक और सैद्धान्तिक पक्ष होते हैं, ये भेद भी आत्यन्तिक नहीं हैं, फिर भी बलाघात के फ़र्क़ से आलोचना के ये दो रूप बन जाते हैं। इस प्रकार आलोचना के ये विभाग मिलकर साहित्य का अध्ययन करते हैं। इन सभी विभागों का अपना महत्त्व है। इनमें से किसी का भी महत्त्व किसी से कमतर या बढ़कर नहीं है। भारतीय परम्परा में इस समग्रता का बोध कराने के लिए क्रिटिसिज़्म से ज़्यादा बेहतर शब्द साहित्यशास्त्र है। ऐसा शास्त्र जो साहित्य का अध्ययन करता है। अत: मैं साहित्य के अध्ययन की समग्रता का बोध कराने की दृष्टि से ज़्यादा उपयुक्त शब्द 'साहित्यशास्त्र' के प्रयोग का प्रस्ताव करता हूँ।

बीसवीं सदी के प्राय: सभी रचनाकारों पर अँग्रेज़ी साहित्य का प्रभाव किसी न किसी रूप में अवश्य है। किसी में कम तो किसी में ज़्यादा। लेकिन पश्चिमी प्रभाव से अछूता कोई नहीं बचा। यह बात आलोचकों पर भी लागू होती है। किन्तु जिन दो आलोचकों ने पश्चिम से प्रभाव ग्रहण करने के बावजूद भारतीय परम्परा से अपना

सम्बन्ध बनाए रखा, वे हैं रामचन्द्र शुक्ल और हजारी प्रसाद द्विवेदी। विस्तार में तो चर्चा सम्भव नहीं, किन्तु नमूने के तौर पर मैं दो-एक बातों का उल्लेख कर देता हूँ। पहले रामचन्द्र शुक्ल। रामचन्द्र शुक्ल का प्रसिद्ध कथन है कि 'जिस प्रकार आत्मा की मुक्तावस्था ज्ञान-दशा कहलाती है, उसी प्रकार हृदय की मुक्तावस्था रसदशा कहलाती है। हृदय की इसी मुक्ति की साधना के लिए मनुष्य की वाणी जो शब्द-विधान करती आई है, उसे कविता कहते हैं।' उल्लेखनीय है कि रामचन्द्र शुक्ल ने रस-दशा को ज्ञान-दशा के बराबर मान दिया है। जबकि पश्चिमी परम्परा में ज्ञानोदय के समय से साहित्य और कलाओं को समाजविज्ञान का अनुचर माना गया। साधनावस्था वाले साहित्य को श्रेष्ठ मानने के बावजूद रामचन्द्र शुक्ल 'रसदशा' को 'ज्ञानदशा' के समतुल्य मानते हैं। यह वह बिन्दु है जहाँ रामचन्द्र शुक्ल आधुनिकता-प्रदत्त साहित्य-विवेक को स्वीकार नहीं करते। यहाँ रहकर विचार करना चाहिए कि 'रसदशा' से वस्तुतः रामचन्द्र शुक्ल का आशय क्या है? यदि आप भारतीय दर्शन-परम्परा में पारंगत हैं, तभी इसकी सम्यक् व्याख्या कर पाएँगे। वस्तुतः 'रसदशा' की अनुभूति उसी को हो सकती है जो 'सहृदय' हो। 'सहृदय' की अभिनवगुप्त ने जिस प्रकार व्याख्या की, उसका किंचित उल्लेख समीचीन होगा। अभिनवगुप्त लिखते हैं :

निर्मल मुकुले यद्वद भान्ति भूमिजलादयः।
अभित्रयास्तद्वदेकसूंमिश्चिनाथे विश्ववृत्तयः॥

नामवर सिंह उपर्युक्त पंक्ति की व्याख्या इस प्रकार करते हैं : 'काव्य के अनुशीलन से मन का दर्पण स्वच्छ हो गया है। दुःख के कुहासे से मुक्त। सुख के राग से मुक्त। त्रिगुण का सन्तुलन।...काव्य पढ़ते समय अपने का बोध न हो—अपनेपन का बोध न हो, पर का बोध न हो, तटस्थता का बोध न हो। उसका हृदय विशद होना चाहिए। विशद यानि विमल। निर्मल होना चाहिए। राजस-तामस विकारों से मुक्त।'

'सहृदय' की अवधारणा भारतीय दार्शनिक परम्परा के अनुरूप है। इसकी प्रतीति भरत को रसचर्चा में ही हो जाती है। भरत लिखते हैं :

भावाः विकाराः रत्याद्याः शान्तस्तु प्रकृतिर्मतः।
विकारः प्रकृतेर्जातः पुनस्तत्रैव लीयते॥

आइए एक बार फिर देखें नामवर सिंह उपर्युक्त पंक्ति की व्याख्या कैसे करते हैं : "शृंगार आदि अन्य सब रसों के रत्यादि स्थायीभाव विकाररूप हैं और शान्तरस उन सबका प्रकृतरूप है। विकार अर्थात् शृंगार आदि अन्य सब रस प्रकृति अर्थात् शान्त रस से उत्पन्न होते हैं और अन्त में उसी में लीन हो जाते हैं।...नृत्य-संगीत में विलम्बित द्रुत होता है, पर अन्त शम पर। शम अर्थात शान्त। अतएव शान्त कोई

स्वतंत्र रस नहीं है। नवम रस के रूप में संगति बैठाने के क्रम में अभिनवगुप्त ने माना कि रसों का चरम आस्वाद तो विषयों से उपरति है। इस तरह शान्त सबका आधार है और सभी रसों का आस्वाद प्रायः शान्त के रूप में ही होता है।" कहने की आवश्यकता नहीं कि रामचन्द्र शुक्ल जिस 'रसदशा' की चर्चा करते हैं, उसका वास्तविक सन्दर्भ यही है। 'रसदशा' की प्रतीति तब तक सम्भव नहीं, जब तक व्यक्ति जागतिक अस्मिताओं से बँधा हुआ है। जाति, धर्म, पद, सत्ता और लिंग आयु की पहचान से ऊपर उठकर रसदशा तक पहुँचा जा सकता है। यह भी एक प्रकार की साधना है जिसके परिणामस्वरूप 'मनमुकर' निर्मल हो जाता है। स्पष्ट है कि साहित्य-साधना के क्षेत्र में किसी भी प्रकार का भेदभाव स्वीकार्य नहीं है। संसार में तो है किन्तु साधना के दौरान भी यदि भेद-बुद्धि बची रह गई तो 'रसदशा' की प्राप्ति नहीं होगी। संन्यासी की तरह साहित्य का साधक वह है जिसे 'स्व का बोध न हो, पर का बोध न हो, तटस्थता का बोध न हो।' उल्लेखनीय है कि हिन्दुस्तानी शास्त्रीय संगीत हमारी संवेदना को उस धरातल पर स्पर्श करता है, जहाँ जाति, धर्म, राष्ट्र, विचारधारा, लिंग, काल और आयु की ऊपरी परत की कोई भूमिका नहीं बचती। 'रसदशा' की अवस्थिति भी कुछ ऐसी है, दर्द के हद से गुज़र जाने जैसी।

'रसदशा' की चर्चा एक नमूने के तौर पर की गई। रामचन्द्र शुक्ल के यहाँ ऐसे अनेक सूत्र हैं जिनकी सम्यक् व्याख्या अपेक्षित है। रामचन्द्र शुक्ल के अतिरिक्त बीसवीं सदी के दूसरे आलोचक हजारीप्रसाद द्विवेदी हैं। द्विवेदी जी पर आलोचक की छवि कुछ फबती नहीं, उन्हें भारतीय संस्कृति का अध्येता कहना ज़्यादा उचित लगता है। साहित्य के अतिरिक्त, वे संस्कृति के अनेक आयामों का अध्ययन करते हैं। इसलिए उन्हें संस्कृति का अध्येता या संस्कृति का आलोचक कहना सही होगा। पश्चिम में 'सांस्कृतिक अध्ययन' का विकास लोकप्रिय औद्योगिक संस्कृति के अध्ययन के लिए हुआ। द्विवेदी जी ने संस्कृति के उन आयामों का ज़्यादा अध्ययन किया जिनका भारत के पूर्व औपनिवेशिक अतीत से सम्बन्ध है। इस क्षेत्र में इंडोलोजिस्टों ने बहुत कार्य किया। (उनके द्वारा किए गए अध्ययन की अनेक सीमाएँ हैं और उनके कार्य में अन्तर्विरोध भी कुछ कम नहीं, किन्तु वह एक अलग विषय है और उसकी चर्चा का अवसर नहीं)। हिन्दी में लिखने वाले दो प्रमुख आचार्य हैं, जिनके कार्य का इस दृष्टि से सम्यक् मूल्यांकन अभी होना है। हज़ारी प्रसाद द्विवेदी के अतिरिक्त, मेरी दृष्टि में ऐसे दूसरे प्रमुख आचार्य वासुदेव शरण अग्रवाल हैं। किन्तु यहाँ हम हजारीप्रसाद द्विवेदी के लेखन के सिर्फ़ एक सूत्र का उल्लेख कर अपनी बात पूरी कर देंगे।

ध्यातव्य है कि द्विवेदी जी लालित्यशास्त्र पर एक पूरी पुस्तक लिखना चाहते थे। चार निबन्ध उन्होंने लिख भी लिए, किन्तु पुस्तक पूरी नहीं कर पाए। इन निबन्धों से पहले वे 'कालिदास की लालित्य योजना' पुस्तक लिख चुके थे। सौन्दर्यशास्त्र

(Aesthetics) की विज़न पर उन्होंने 'लालित्यशास्त्र' की प्रस्तावना की थी। लालित्यशास्त्र की अवधारणा के निरूपण से भारतीय साहित्य और कला के कुछ विशिष्ट आयामों को समझने की दृष्टि मिल जाती है। किन्तु यह स्वतंत्र अध्ययन का विषय है और उस पर लिखना शुरू करूँगा तो अच्छा खासा एक नया लेख तैयार हो जाएगा। इसलिए उसकी चर्चा भविष्य में किसी नए निबन्ध में करूँगा।

संसार में प्रजातंत्र : अपेक्षाएँ और उपेक्षाएँ

विभूति नारायण राय

लोकतंत्र मनुष्य के सभ्य होते जाने की गाथा है। यह एक बेहद लम्बी और तवील यात्रा है जो भिन्न भौगोलिक, सांस्कृतिक और ऐतिहासिक सन्दर्भों में मानव प्रजाति ने मुख़्तलिफ़ तरीक़ों से तय की है। यह कहना ज़्यादा सही होगा कि इस यात्रा में इतने उतार चढ़ाव आए हैं कि कई बार फ़ैसला करना मुश्किल हो जाता है कि हम आगे बढ़े हैं या पीछे? आदिम साम्यवाद और कबीलाई यथार्थ या यूटोपिया जैसे काल्पनिक आदर्शों से गुजरती मनुष्यता की यह यात्रा संस्थाबद्ध धर्म, व्यक्तिगत सम्पत्ति, परिवार और राज्य के निर्माण की साक्षी बनी और ये चारों संस्थाएँ ही लोकतंत्र या उससे जुड़े मूल्यों को हमारे जीवन में उपस्थिति या अभाव में फ़ैसलाकुन भूमिका निभाते हैं।

लोकतंत्र है क्या? एक मोटे अनुमान के अनुसार लगभग लाख वर्ष पहले आधुनिक मनुष्य पृथ्वी पर अस्तित्व में आया और तब से जीवन को सुरक्षित करने और उसे ज़्यादा सुविधाजनक बनाने के लिए वह लगातार नए नए आविष्कार करता रहा है और इनमें से सबसे महत्त्वपूर्ण ईज़ाद भाषा है। यह भाषा भी लगभग 6 हजार वर्ष पूर्व वाचिक से लिखित तब बनी जब लिपि का विकास हुआ। लिपियों से शब्दों का संग्रहण शुरू हुआ और उनके एकाधिक अर्थ संग्रहित हुए जो अन्ततोगत्वा शब्दकोशों के निर्माण के कारण बने। इसी प्रक्रिया में लोकतंत्र शब्द बना और विभिन्न अर्थों से गुज़रते हुए इन अर्थों का मानकीकरण भी हुआ। सारे अर्थ एक ख़ास तरह की सहमति रखते थे और यह सहमति बनती थी सभी नागरिकों के बीच बराबरी की अवधारणा और राज्य के संचालन में उनकी भागीदारी पर। यह भी दिलचस्प है कि शब्द की मूल आत्मा में निहित अर्थ को धरातल पर उतरने में हजारों वर्ष लग गए। आज भी हम नहीं कह सकते कि सही अर्थों में लोकतंत्र पूरी तरह से हमारे जीवन में उतर सका है।

इतिहास ने बहुत सारी संस्थाएँ बनती देखीं जिन्होंने समानता का विरोध किया

है। धर्म और व्यक्तिगत सम्पत्ति उनमें सबसे महत्त्वपूर्ण हैं। ख़ास तौर से धर्म ने पूरे प्राणपण से लैंगिक समानता का विरोध किया है। यह तो पिछले सौ सालों में ही सम्भव हो सका है कि स्त्री पुरुष समानता की सैद्धान्तिकी निर्मित हो पाई। इस क्षेत्र में अभी भी बहुत कुछ होना बाकी है पर आज समाज में औरतों की जो हैसियत है, कुछ दशकों पहले ही उसकी कल्पना करना भी मुश्किल था। जैसे जैसे धर्म की जकड़बन्दी ढीली पड़ती जा रही है, पुरुष को मिली दैवी श्रेष्ठता खंडित होती जा रही है। ज़्यादातर धर्मों ने ग़ुलामी प्रथा को भी वैधता प्रदान की थी। यह तो लोकतांत्रिक आन्दोलनों से सम्भव हुआ कि ग़ुलामी समाप्त हो सकी। इस्लामी मुल्कों में तो 1960 के दशक तक ग़ुलामों की मंडियाँ सजती थीं और अख़बारों में उनके विज्ञापन छपते थे। इसी तरह की एक और असमानता की अवधारणा त्वचा के रंग को लेकर थी। रंग भेद का अन्तिम गढ़ दक्षिण अफ्रीका में बीसवीं शताब्दी में ढह गया। असमानताओं की फ़ेहरिश्त में सबसे ज़्यादा घृणित और ठस्स व्यवस्था भारतीय मेधा ने गढ़ी थी और यह थी वर्णव्यवस्था। धर्म से खाद हासिल करने वाली यह एक ऐसी व्यवस्था थी जो अपने बीच के ज़्यादातर मनुष्यों को जानवर से बदतर समझती थी और इसमें मुक्ति के दरवाज़े हमेशा बन्द रहते थे। एक बार शूद्र या अतिशूद्र योनि में पैदा होने के बाद जीवन भर उसके साथ जुड़ी ज़्यादतियों से मुक्त होना नामुमकिन था।

मैंने मनुष्य जाति से जुड़ी असमानताओं का ज़िक्र सिर्फ़ इसलिए किया कि हम भाषा में लोकतंत्र जैसे शब्द की उपस्थिति का सन्दर्भ समझ सकें। सृष्टि के दूसरे प्राणियों के मुक़ाबले अपने बड़े दिमाग़ का फ़ायदा उठाते हुए मनुष्य ने क्रमिक विकास या इवोल्यूशन के दौरान ऐसी संस्थाएँ तो बनाई ही जिनसे असमानता की जुड़े जीवन में गहरी हुईं, इन असमानताओं के विरुद्ध लड़ने की समझ और ज़िद्द भी पैदा की। इसी कशमकश में लोकतंत्र की अवधारणा विकसित हुई। इस यात्रा में एक महत्त्वपूर्ण मुक़ाम आया लगभग 800 साल पहले मैग्नाकार्टा में जब एक सन्धि के ज़रिए इंग्लैंड के राजा ने अपने बहुत से अधिकार जनता के चुने हुए प्रतिनिधियों के लिए छोड़ दिए। यह इसलिए भी महत्त्वपूर्ण था कि इससे इस विश्वास की चूलें हिल गईं कि राजा के अधिकार दैवी हैं और वह ईश्वर का प्रतिनिधि है।

मैग्नाकार्टा की सन्धि के बाद सबसे महत्त्वपूर्ण पड़ाव आया दस दिसम्बर 1948 को मानवाधिकारों की सार्वभौम घोषणा के रूप में जब दो बड़ी लड़ाइयों से उबरी विश्वमानवता ने धर्म, जाति, नस्ल, लिंग या राष्ट्र की सीमाओं को तोड़ते हुए सारे मनुष्यों को समान घोषित कर दिया गया। यह कई अर्थों में अभूतपूर्व था। इसके पहले किसी भी धर्म या राष्ट्र राज्य ने अपने से जुड़े सदस्यों और अपने से न जुड़े सदस्यों को बराबरी का अधिकार नहीं दिया था। साथ ही यह कोई आसमानी दस्तावेज़ नहीं था। इसे मनुष्यों ने अपनी मेधा और आम सहमति से तैयार किया था।

पहली बार इस दस्तावेज़ ने युद्ध बन्दियों, बच्चों या मज़दूरों जैसे तबकों के बुनियादी मानवाधिकारों की शिनाख़्त की और उन्हें अनुल्लंघनीय माना। यह घोषणा दुनिया भर में लोकतंत्र के लिए मील का पत्थर बनी। इसके पहले बुनियादी मानवाधिकारों के लिए धर्म ही सबसे बड़ा स्रोत और ज़मानत था पर इस सार्वभौम घोषणा ने धर्म के लिए भी चुनौती पेश कर दी है। इस्लामी मुल्कों के संगठन ओआईसी ने सार्वभौम घोषणा के बरक्स शरिया आधारित मानवाधिकारों की घोषणा की है। पर कोई भी धर्माधारित सूची उतनी विस्तृत, सन्तुलित और मानवीय नहीं हो पाई जैसी मानवाधिकारों की सार्वभौम घोषणा बनी। कारण सिर्फ़ एक है कि हर धर्म ख़ुद को श्रेष्ठतम समझता है और अपने को मानने वालों और न मानने वालों को समान नहीं समझता। समानता की यही चाह लोकतंत्र की लम्बी यात्रा की सबसे बड़ी आकांक्षा रही है और इसीलिए संयुक्त राष्ट्र संघ द्वारा अंगीकृत मानवाधिकारों की सार्वभौमिक घोषणा लोकतंत्र का सबसे बड़ा क्षण है।

दुनिया का सबसे पुराना लोकतंत्र संयुक्त राज्य अमेरिका और सबसे बड़ा लोकतंत्र भारत हमारे अध्ययन के लिए बड़े महत्त्वपूर्ण हैं। दोनों बड़े दिलचस्प अन्तर्विरोधों से भरे हुए हैं। अमेरिका जिसने युद्धों के दौरान विनाश के भयंकरतम हथियार इस्तेमाल किए हैं, जिसे सबसे अधिक लोकतांत्रिक सरकारों को अस्थिर करने का श्रेय हासिल है और जिसने अपने हित में अकसर फ़ौजी तानाशाहों का समर्थन किया पर अपने भीतरी समाज में उसने अद्भुत लोकतंत्र रचा है। यह अमेरिकी समाज में ही सम्भव है कि प्रभुवर्ग वियतनाम में जीवन मरण का युद्ध लड़ रहा था और सड़कों पर जनता समुद्र की लहरों की तरह ठाठें मार रही थीं। एक बेहतर समाज बनाने के बावजूद शीत युद्ध के दौरान सोवियत नागरिकों के बड़े समूह की कामना होती थी कि उसे अमेरिका में शरण मिल जाए। यह अमेरिकी समाज की ताक़त ही कही जाएगी कि द्वितीय विश्वयुद्ध के बाद मेकार्थीवाद के दौर में भी, जब वामपन्थी बुद्धिजीवियों के ख़िलाफ़ राज्य खुलेआम उत्पीड़न की कार्यवाहियाँ कर रहा था, दुनिया भर के असन्तुष्ट लेखक, कलाकार या ऐक्टिविस्ट वहीं शरण लेने आ रहे थे। याद रहे कि अपने समय के सबसे बड़े वामपन्थी नाटककार ब्रेख़्त को जब जर्मनी छोड़कर भागना हुआ तो उसने भी अमेरिका को चुना जबकि उस समय सोवियत रूस बन चुका था। आज भी विश्व के दो महत्त्वपूर्ण जीवन दर्शन—मार्क्सवाद और इस्लाम के अनुयायी सबसे अधिक आलोचना अमेरिका की करते हैं पर उनमें से अधिकांश की कामना होती है कि उन्हें या उनके बच्चों को अमेरिकन वीज़ा मिल जाए। वे मौक़ा मिलते ही अमेरिका आना चाहते हैं और अमेरिकन समाज उन्हें स्वीकार भी कर लेता है।

यह समझना दिलचस्प होगा कि एक राष्ट्र राज्य के रूप में संयुक्त राज्य अमेरिका का इतिहास बहुत स्पृहणीय नहीं है पर अपनी आन्तरिक संरचना में

वह तमाम समाजवादी या धर्माधारित राज्यों के मुक़ाबले ज़्यादा उदार, सहिष्णु, लोकतांत्रिक या रहने लायक़ रहा है। ऐसा क्यूँकर हुआ होगा, यह एक विस्तृत समाजशास्त्रीय अध्ययन का विषय हो सकता है। यह तो पारम्परिक समझ का अंग है कि किसी भी देश की विदेश नीति उसकी घरेलू सोच का प्रतिफलन होती है पर दुनिया भर में तानाशाहों और लुटेरों का समर्थन करने वाले राष्ट्र राज्य अमेरिका की जनता के मन में लोकतंत्र को लेकर इतना दुर्निवार आकर्षण क्यों है? ग़ुलामी प्रथा, रंग भेद, लैंगिक असमानता या वियतनाम और ईराक़/अफगानिस्तान युद्धों के ख़िलाफ़ या हाल में ब्लैक लाइफ़ मैटर्स जैसे बड़े जनान्दोलन इसी चाहत की उपज रहे हैं।

इसी तरह का दूसरा दिलचस्प अन्तर्विरोध दुनिया के सबसे बड़े लोकतंत्र भारत में दिखता है। हमारी राष्ट्रवादी चिन्तन धारा को धक्का लगेगा पर मेरा मानना है कि आन्तरिक संरचना में हम एक लोकतंत्र विरोधी समाज रहे हैं। यह हमें संचालित करने वाली महत्त्वपूर्ण संस्था वर्ण व्यवस्था के कारण है। इसमें अपने बीच के मनुष्यों में से अधिकांश को पशु या कई बार तो उनसे भी निकृष्ट योनि का प्राणी मानने की सीख दी जाती रही है। मैंने ऊपर कई तरह की असमानताओं का ज़िक्र किया है उनमें सबसे विकट लड़ाई वर्ण व्यवस्था से मुक्ति की ही है। इसके पीछे के कारण की शिनाख़्त बहुत मुश्किल नहीं है। इसकी वैधता के पीछे मज़बूती से धर्म खड़ा है। इसमें कोई शक नहीं कि ग़ुलामी या लैंगिक असमानता को भी धर्मों से खाद मिलती रही है पर हिन्दू धर्म का वर्ण व्यवस्था से रिश्ता कुछ इतना विशिष्ट है कि एक बार झल्लाकर डॉक्टर आम्बेडकर को कहना पड़ा था कि बिना एक के दूसरे की कल्पना भी नहीं की जा सकती। इस संस्था को सबसे पहली और बड़ी चुनौती मिली भारत में औपनिवेशिक ब्रिटिश शासन में जब अँग्रेज़ शासकों ने 1860 के दशक में ऐसे फ़ौजदारी क़ानून बनाए जिनमें सभी बराबर थे यानी एक जैसे अपराध करने पर ब्राह्मण और शूद्र को एक जैसे दंड का प्रावधान किया गया था। अदालत में दोनों की गवाही भी बराबर के महत्त्व की थी। इसी तरह पहली बार यह किया गया कि सैनिक और असैनिक सेवाओं में नियुक्ति के लिए जाति से परे दूसरी अर्हताएँ निर्णायक हो गईं। यह सब भारतीय समाज के लिए अकल्पनीय था। इसी तरह समाज में ऐसी शिक्षा की व्यवस्था की गई जिसमें जातियों से परे सभी के लिए शिक्षा के द्वार खुल रहे थे। यह कहना अनुचित न होगा कि हम विश्व के सबसे बड़े शिक्षा विरोधी समाज थे। किसी भी दूसरे समाज ने अपने बीच के तीन चौथाई से अधिक लोगों को शिक्षा हासिल करने से इतनी निर्ममता से नहीं रोका था जिस तरह से हिन्दू समाज ने रोका था। एक पूरी सैद्धान्तिकी निर्मित की गई जिसने शूद्रों, अतिशूद्रों और स्त्रियों को शिक्षा के अधिकार से वंचित कर दिया था। इसलिए कल्पना ही की जा सकती है कि शिक्षा और सेवा के अवसरों में बराबरी ने तत्कालीन

भारतीय समाज में कितनी उथल पुथल मचा दी होगी पर इसने भारतीय समाज को लोकतांत्रिक बनाने में सबसे फ़ैसलाकुन भूमिका ज़रूर निभाई है।

1947 में एक लम्बी ग़ुलामी से मुक्त होकर भारत ने लोकतंत्र की यात्रा सही अर्थों में शुरू की। इस पर तमाम लोगों को आश्चर्य होना चाहिए कि लोकतंत्र के बुनियादी मूल्य समानता का निषेध करने वाले समाज ने कैसे इतना ख़ूबसूरत संविधान बना लिया जो धर्म, जाति, लिंग, नस्ल या व्यक्तिगत सम्पत्ति के परे सब को बराबरी का अधिकार देता है। इस दस्तावेज़ से लोकतंत्र की निर्णायक लड़ाई शुरू होती है। लड़ाई मैं इसलिए कह रहा हूँ कि एक ऐसा समाज जो जन्माधारित असमानताओं को ईश्वर रचित मानता था और जो अभी भी अन्दर से गहरे रूप से आस्तिक है, उसके लिए लोकतंत्र के लिए अनिवार्य समानता को आसानी से स्वीकार करना इतना आसान भी नहीं है। यह संघर्ष निरन्तर चल रहा है और इसके दिलचस्प परिणाम दिखने भी लगे हैं। हाल में हिन्दुओं के सबसे बड़े और सबसे संगठित समूह राष्ट्रीय स्वयंसेवक संघ के मुखिया ने भी वर्ण व्यवस्था की निरर्थकता पर बल दिया है और उससे छुटकारा पाने का आह्वान किया है। यह एक मील का पत्थर साबित हो सकता है।

लोकतंत्र के नज़रिए से अमेरिकी और भारतीय समाजों की आन्तरिक संरचनाओं का अध्ययन बड़ा दिलचस्प होगा। मैंने ऊपर निवेदन किया है कि अमेरिकन प्रभुवर्गों द्वारा संचालित विदेश नीति और आम जन की परस्पर व्यवहार नीति में ज़मीन आसमान का फ़र्क़ है। एक राष्ट्र राज्य के रूप में भारत की अन्तरराष्ट्रीय हैसियत कभी भी अमेरिका जैसी नहीं रही है इसलिए उसकी विदेशनीति का अन्य राष्ट्रों पर पड़ने वाले प्रभाव का अमेरिका से तुलना करना उचित नहीं होगा पर जनता की प्रतिक्रियाओं से उसके लोकतांत्रिक मिज़ाज की पड़ताल की जा सकती है। ब्लैक लाइफ़ मैटर्स जैसे आन्दोलन, जिनमें पीड़ित कालों के साथ बड़ी संख्या में वे गोरे शरीक होते हैं जिनके हाथों उत्पीड़न होते थे, की कल्पना भारत में मुश्किल है। इनसे मिलता जुलता आन्दोलन तो वही हो सकता है जिसमें शूद्रों पर होने वाले अत्याचारों के ख़िलाफ़ सड़क पर बड़े पैमाने पर ब्राह्मण निकल कर आएँ ऐसा दृश्य आम तौर से नहीं दिखाई पड़ता। इसी तरह से वियतनाम, ईराक़, सीरिया या अफ़गानिस्तान में सैन्य हस्तक्षेप के ख़िलाफ़ जैसे अमरीक़ी जनता सड़कों पर उतरती है, वैसे कभी भी भारतीय राज्य द्वारा अपने अल्पसंख्यकों के विरुद्ध किए जाने वाले अन्याय के ख़िलाफ़ देश का बहुसंख्यक समुदाय शायद ही कभी सार्वजनिक रूप से प्रतिरोध में उतरा हो।

लोकतंत्र की एक कसौटी अपने बीच में मौजूद कमज़ोर वर्गों के लिए छोड़ा जाने वाला स्थान है। स्थानाभाव के कारण मैं सिर्फ़ एक उदाहरण दूँगा जिससे दोनों समाजों में सड़क पर पैदल चलने वालों के साथ होने वाला व्यवहार है। यह

तो सभी स्वीकार करेंगे कि सड़क पर पैदल चलने वाला सबसे असुरक्षित होता है और उसके साथ होने वाला व्यवहार भी लोकतंत्र का एक पैमाना हो सकता है। भारतीय सड़कों पर पैदल चलने वाला सबसे दयनीय होता है। वाहन अपनी क़ीमत और ताक़त के क्रम में सम्मान पाते हैं। अमेरिकन सड़कों की तरह अगर कोई पैदल चलने वाला यह कामना करे कि उसे सड़क पार कराने के लिए सारे वाहन रुक जाएँगे तो पूरी सम्भावना है कि उसे घोर निराशा ही हाथ लगेगी। यह भी सम्भवतः वर्ण व्यवस्था के चलते ही हुआ है कि किसी कमज़ोर के लिए हमारे मन में अमूमन सहानुभूति पैदा नहीं होती। शायद इसी कारण मुख्यधारा की हमारी सारी संस्थाएँ, चाहे वे न्यायपालिका हों, पत्रकारिता हो या विश्वविद्यालय हों, आम तौर से स्त्रियों, दलितों, आदिवासियों या अल्पसंख्यकों के विरुद्ध खड़ी दिखतीं हैं।

लोकतंत्र के सबसे पुराने और सबसे बड़े समाजों की तुलना से यह तो स्पष्ट हो गया है कि लोकतंत्र में सबसे अनिवार्य उपस्थिति समानता के लिए लगातार लड़ाई चलती रही है और आज भी चल रही है। कम से कम भारत में यह स्पष्ट दिखाई दे रही है। वर्ण के विरोध में राष्ट्रीय स्वयं सेवक संघ के प्रमुख का बयान इसी का द्योतक है। लैंगिक असमानता की सैद्धान्तिकी कमज़ोर पड़ रही है। लिव इन रिलेशनशिप को मान्यता या अपने शरीर पर औरत के हक़ की शिनाख़्त इसी दिशा में बढ़ते कदम हैं। लड़ाई लम्बी है पर लोकतंत्र के लिए इसे जीतना ज़रूरी है।

अनेकधारा : भाषागत विविधिता

रमाकान्त अग्निहोत्री

चाहे भाषागत व सांस्कृतिक विविधिता हो या फिर एकता, भारत को लेकर दोनों ही सबको एक अचम्भे में डाल देती हैं। इतना विशाल देश और इतनी विविधता पर फिर भी, किसी भी मोड़ पर, कहीं भी सम्प्रेषण टूटता नहीं। आप कन्या कुमारी से कश्मीर या गुजरात से आसाम चले जाइए, आप ट्रेन में हों या किसी धार्मिक मेले में, सम्प्रेषण नहीं रुकता। वास्तव में कहा तो यह जाता है कि हमारी विविधता ही हमारे सम्प्रेषण का राज है। भाषागत विविधता सम्प्रेषण को सहज बनाती है। इसका एक और राज है हमारी सहनशीलता व संवेदनशीलता। हमलोग अपनी भाषाओं को चहारदीवारी में बाँध कर नहीं रखते। जो भाषा अन्य भाषाओं से अलग थलग हो जाती है वह फल फूल नहीं सकती; घुटती रहती है। उदाहरण के लिए बहुत समय तक हिन्दी के समर्थकों ने हिन्दी को संस्कृत की ओर ले जाने के लिए हिन्दुस्तानी, उर्दू व अन्य भाषाओं से इस कदर दूर खींचा कि उसे संवाद की गम्भीर भाषा बनने में बहुत समय लग गया। अपने दरवाजे खिड़कियाँ खुले रखने से ही भाषा समृद्ध होती है।

हजारों भाषाएँ हैं हमारे देश में। सन् 1961 में हमारी सरकार ने देश में 1652 भाषाएँ गिनी; नहीं मालूम कितनी छूट गईं। किसे भाषा कहें किसे नहीं यह कोई गिनने की बात नहीं; यह तो एक सामजिक व राजनैतिक प्रश्न है। जो भाषाएँ 10000 से कम व्यक्ति बोलते थे उन्हें तो गिनती में ही नहीं रखा गया और अगली जनगणना तक 1652 भाषाओं को मिलाजुला कर 108 कर दिया गया। हैरानी की बात यह कि अवधी, भोजपुरी, मैथिली आदि भाषाएँ जो कि हिन्दी की जननी कहलानी चाहिए थी वे हिन्दी की बोलियाँ कहलाने लगीं। गणेश देवी ने हाल ही में जो जनसमुदाय आधारित गणना करवाई उसमें लगभग 800 भाषा समुदायों का ज़िक्र है और इनमें से 480 तो जनजातीय एवं यायावरी समुदायों की हैं जिनकी तरफ़ यदि जल्द ही हमारा ध्यान नहीं गया तो वे लगभग लुप्त ही हो जाएँगी। यह सरकार की संवेदनशीलता

की निशानी है कि जब 2011 में जनगणना हुई तो लोगों ने जो भी अपनी मातृभाषा बताई उसे रिकॉर्ड किया गया। इस जनगणना में 19569 अलग अलग भाषाओं के नाम लिए गए। आखिर हर परिवार में हर व्यक्ति से पूछना होता है कि उसकी भाषा क्या है? पति कहीं का और और पत्नी कहीं की। माता पिता हो सकता है अलग ही भाषा में बातचीत करते हों; और एक से अधिक। और बच्चे गली कूचे में खेलते और स्कूल में पढ़ते कैसी भाषा का निर्माण करेंगे वह तो वही जाने। सेन्सस के दफ्तर ने 19000 से अधिक भाषाओं को अलग अलग तर्कों के आधार पर 1369 मातृभाषाओं में बदल दिया। खैर, भारत के लगभग 97% से अधिक लोग तो संविधान की आठवीं सूची में दर्ज 22 भाषाओं में से ही किसी एक को अपनी मातृभाषा मानते हैं। साथ ही इनमें कई लोग ऐसे हैं जो दो या दो से अधिक भाषाएँ बोलते हैं। भाषा की वास्तविक प्रकृति तो बहुभाषिता है, हाल ही में मुझे एक संस्था के नाम से एक और उचित नाम मिल गया : अनेकधारा। बहुभाषिता कहने से अकसर ऐसा आभास होने लगता है जैसे हम भाषा 1, भाषा 2, भाषा 3, आदि की बात कर रहे हों। ऐसा नहीं है। अनेकधारा के रूप में भाषा इनसान होने की पहचान है। यही नहीं कि हिन्दुस्तान में कई भाषाएँ बोली जाती हैं पर यह भी कि जितने भाषा परिवार भारत में हैं शायद ही किसी और देश में हों। अभी तक तो केवल चार ही मुख्य भाषा परिवारों की बात होती थी यानी: आर्य (संस्कृत, हिन्दी, पंजाबी, गुजराती, बांग्ला, मराठी, कश्मीरी आदि), द्रविड़ (तमिल, तेलुगु, मलयालम, कन्नड़ आदि), आस्ट्रो-एशियाटिक या मुंडा (मुंडारी, संथाली, हो, कोरकू, सौरा, आदि) और तिबतोबर्मन (मणिपुरी, अंगामी, तानकुल नागा, मिज़ो, आदि)। आज इनके साथ दो और भाषा परिवारों को भी जोड़ना होगा: ग्रेट अंडेमानीज़ व ताई-कड़ाई। इसके साथ ही भारतीय साइन लेंग्वेज तथा उसके अनेक रूप। निहाली जैसी भाषा का भी ध्यान रखना होगा जिसका अभी तक किसी भी भाषा परिवार से कोई सम्बन्ध नहीं है। यह आम बात है कि एक ही व्यक्ति अलग अलग भाषा परिवारों की कई भाषाएँ बोलता हो। हैदराबाद में बड़ी होती एक लड़की को जानता हूँ। उसकी माँ बंगाली है और पिता पंजाबी। वह घर में जल्दी ही बांग्ला, पंजाबी व हिन्दी बोलने लगी। घर में काफी बातचीत अँग्रेज़ी में भी होती थी और वह छोटी उम्र में ही अँग्रेजी स्कूल में जाने लगी। गली मोहल्ले में बातचीत दक्खिनी व तेलुगु में होती। और जो यह सब भाषाएँ एक दुसरे में मिलजुल जाती सो अलग। हर भाषा अपने आप में भी अनेकधारा।

भारत में छह भाषा परिवार हैं और हजारों भाषाएँ। फिर भी संरचना की दृष्टि से कई ऐसी बातें हैं जिनके कारण भारत को एक भाषाई क्षेत्र कहा जाता है। यह तभी सम्भव हो पाता है जब भाषा को हम अनेकधारा के रूप में समझें और इस बात की कल्पना करें कि भाषाओं को एक दूसरे के साथ मिलने के लिए पासपोर्ट

व वीजा की आवश्यकता नहीं होती। यह द्रविड़ भाषाओं का ही प्रभाव है कि आज लगभग सभी आर्य भाषाओं में 'टवर्ग' यानी 'ट, ठ, ड, ढ' की ध्वनियाँ पाई जातीं हैं। इसी तरह यह आर्य भाषाओं का ही प्रभाव है कि दक्षिण की सभी मुख्य भाषाओं में संस्कृत के शब्द पाए जाते हैं। भारत की सभी भाषाओं में चाहे वे किसी भी भाषा परिवार से हों यह सम्भव है कि कई शब्दों को दोहरा कर नए शब्द बना सकते हैं। 'घर-घर' या 'जल्दी-जल्दी' जैसे शब्द हिन्दुस्तान की सभी भाषाओं में सम्भव हैं। इससे या तो 'हर घर' आदि जैसे अर्थ का बोध होता है या शब्द में और गहराई की झलक आती है। ईको शब्द (प्रतिध्वनि शब्द) जैसे कि 'जल्दी-वल्दी', 'घर-वर' भी सभी भाषाओं में देखने को मिलते हैं। इनसे 'आदि' अर्थ का बोध होता है। यह भी देखने योग्य बात है कि हिन्दुस्तान की सभी भाषाएँ (शिलोंग की खासी को छोड़कर) क्रियान्त है। इतने भाषा परिवार पर सभी भाषाएँ क्रियान्त। कितना लम्बा और गहरा लेन देन रहा होगा और है। क्रियान्त भाषाओं की एक और विशेषता है कि उनमें परसर्ग होते हैं : 'ऑन द टेबल' ('ऑन' टेबल से पहले) न कहकर हम 'टेबल पर' ('पर' टेबल के बाद) कहते हैं। तुलनात्मक वाक्यों की संरचना भी एक सी लेकिन अँग्रेज़ी या क्रिया मध्य में आनेवाली भाषओं से बिलकुल अलग। अँग्रेजी में कहेंगे :

1. मोहन इज़ टॉलर दैन सोहन। ('दैन' सोहन से पहले) पर हिन्दी में :
2. मोहन सोहन से लम्बा है। ('से' सोहन के बाद)

जब तक हम भाषा की परिकल्पना बहुभाषिकता/अनेकधारा की तरह नहीं करते तब तक यह सब सम्भव नहीं। भारतीय भाषाओं में इसी तरह की कई और समानताएँ हैं। (देखें सुब्बाराव 2000)

आमतौर पर लोग भाषा को केवल एक सम्प्रेषण का माध्यम भर ही मानते हैं। यदि आप भाषा वैज्ञानिकों से बात करो तो वे अकसर यह कहेंगे कि भाषा एक नियमबद्ध व्यवस्था है जिसमें वाक्य संरचना के नियमों के अनुसार शब्द-पदों को एक विशेष क्रम में रखा जाता है। संरचनात्मक भाषा विज्ञान में दो तरह की मुख्य मान्यताएँ हैं : एक तो यह कि हर भाषा अपने आप में अलग है, यानी एक समुदाय है उसकी अपनी एक भाषा है जिसका किसी और भाषा से कोई लेना देना नहीं; दूसरी मान्यता यह है कि सभी भाषाएँ मूल रूप से एक ही होती हैं और उनकी संरचना सार्वभौमिक व्याकरण से होती है। पहली मान्यता के अनुसार बच्चे भाषा और उसकी संरचना समाज से अनुकरण व अभ्यास करते हुए सीखते हैं। दूसरी मान्यता के अनुसार आपमें जन्मजात नैसर्गिक भाषा ग्रहण करने की क्षमता होती है; इस मान्यता के अनुसार भाषा आ जाती है, सीखी-सिखाई नहीं जाती। आसपास का पर्यावरण उस क्षमता को केवल चिंगारी भर देता है। दूसरी मान्यता में कुछ तो सच्चाई निश्चित है क्योंकि हर बच्ची चार वर्ष की आयु तक भाषा की संरचना के दृष्टिकोण

से व्यस्क हो जाती है। और यह भी काफी हद तक सही है कि संसार की सभी भाषाओं में कई संरचनात्मक बातें ऐसी हैं जो लगभग सभी भाषाओं में मिलती हैं। आप किसी भी मत को मानें किसी भी समाज के मुहावरे, लोकोक्तियाँ, लोकगीत, साहित्य आदि पकड़ने के लिए तो आप को उस समाज का हिस्सा होना ही पड़ेगा।

लेकिन यह मानना कि भारत जैसा और कोई देश नहीं सही नहीं। वास्तव में सच तो यह है कि सभी देश, सभी सामाजिक समूह भारत जैसे ही हैं। यह तो कुछ सत्ताधारियों की राजनैतिक मजबूरियाँ हैं जो इस तरह की छवि बनाती हैं कि अमेरिका, इंग्लैंड या फ्रांस जैसे देश एकभाषी हैं। अमेरिका में अनेक भाषाएँ हैं जिन्हें साँस लेने की बहुत जगह नहीं पर फिर भी वह ज़िन्दा हैं अपनी बहुभाषिता एवं अपनी अस्मिता बनाए हुए। सरकारी गिनती के अनुसार जर्मनी में 25, फ्रांस में 24, स्पेन में 16 व इंग्लैंड में 13 भाषाएँ बोली जातीं हैं। पापुआ न्यू गिन्नी जैसे छोटे से देश में 800 से अधिक भाषाएँ बोली जाती हैं। और यह सब एक दूसरे से सदा अलग थलग नहीं रहती हैं। हमारे यहाँ तो मणि प्रवाल में लिखने की बहुत पुरानी परम्परा है जिसमें तमिल व संस्कृत में मिलाकर लिखा जाता था। आज की दुनिया में आप एक नई तरह का मणि प्रवाल अपने चारों तरफ देख सकते हैं। बहुभाषिकता जिसे मैं अब अनेकधारा कहता हूँ, मनुष्य होने की पहचान है। यही नहीं अनेकधारा से ही हमारी मानवता परिभाषित होती है। शिक्षा व समाज के लिए भाषा की यह परिकल्पना कितनी आवश्यक है इसकी चर्चा फिर कभी।

(बहुभाषिता के स्थान पर यह शब्द अधिक सार्थक है। साभार 'अनेकधारा' संस्था से।)

हाऊ इज द जोश! : आज का सिनेमा

रवि बुले

> सबके दिमाग में अपनी-अपनी पिच्चर चल्लई है...सब साले हीरो बनना चाह रहे हैं अपनी पिच्चर में। ई साला हिन्दुस्तान में जब तक सनीमा है... लोग चूतिया बनते रहेंगे।
>
> —रामाधीर सिंह, गैंग्स ऑफ वासेपुर-2, 2012

हिन्दुस्तान के लोगों के बारे में क्या यह सिर्फ़ सस्ता-सा फिल्मी 'ऑब्जर्वेशन' है, फिल्म में रामाधीर सिंह बताता है कि वह इसलिए नहीं वासेपुर पर राज कर रहा 'काहे कि असली बाहुबली है' बल्कि वह सनीमा नहीं देखता। मतलब सनीमा देखने वाले धोखे में जी रहे हैं। इसी धोखे में आदमी वासेपुर का कबूतर बन जाता है और 'यहाँ कबूतर भी एक पंख से उड़ता है और दूसरे से अपना इज्जत बचाता है।' सुल्तान कुरैशी की यह बात पकड़ में आ जाए तो गहरी है। नहीं तो सिर के ऊपर से उड़ जाने दीजिए। निर्देशक अनुराग कश्यप की 'गैंग्स ऑफ वासेपुर' भले अपराध कथा है, मगर सौ फीसदी भारतीय मिट्टी की कहानी है। यह उस 'गैंग्स ऑफ बॉलीवुड' के सिनेमा से बिलकुल अलग है, जिसके लिए फिल्मों में भारतीयता के मायने अमेरिका-यूरोप-कोरिया के सिनेमा की सस्ती नकल है और हिन्दी पट्टी की कहानी का मतलब साउथ की फिल्मों का रीमेक है।

रामाधीर सिंह की बात को दशक भर ही गुजरा है मगर अचानक दिख रहा है कि तसवीर उलट गई। हिन्दी सिनेमा की स्वप्निल दुनिया में खो जाने वालों ने 'गैंग्स ऑफ बॉलीवुड' के हाथों 'बनना' बन्द कर दिया है। आज बॉलीवुड की 95 फीसदी से ज़्यादा फिल्में टिकट खिड़की पर दर्शकों के लिए तरस रही हैं। दो साल पहले तक दो सौ, तीन सौ से पाँच सौ करोड़ कमाने का खम ठोकने वाले सितारे और निर्माता-निर्देशक चित पड़े हैं। लोग बॉलीवुड के जिस सिनेमा के सपनों में खोए थे, अचकचा कर जैसे जाग गए हैं। सिर्फ़ जागे नहीं, बल्कि बागी हो गए हैं।

'बायकॉट बॉलीवुड' सच है या झूठ? क्या यह हिन्दी सिनेमा का क्रान्तिकारी मोड़ है? यह क्या एकाएक कुछ दिनों, कुछ महीनों में हो गया? यह सिर्फ़ थोड़े समय की बात है और फिर सब पहले जैसा हो जाएगा? चलिए, थोड़ा पीछे चलते हैं।

2014 भारत के फिल्म इतिहास में परिवर्तनकारी साल है। आमिर खान स्टारर *पीके* 2014 की सबसे कामयाब फिल्म बनी। वह फिल्म जो राजग के दूसरे कार्यकाल तक सोशल मीडिया और वाट्सएप पर 'हिन्दू विरोधी' सिनेमा की प्रतिनिधि तसवीर बन गई। जिसमें देवी-देवताओं, परम्पराओं, संस्कारों का अपमान दिखा कर हिन्दू भावनाओं को आहत किया गया। उस बरस निर्देशक राजू हिरानी की यह फिल्म सबसे ज़्यादा कमाई करने वाली बॉलीवुड फिल्म थी। दुनिया भर में साढ़े आठ सौ करोड़ रुपये का कलेक्शन। उस साल फिल्म को जितना प्यार मिलने की गवाही बॉक्स ऑफिस कलेक्शन के आँकड़ों में है, आज की तारीख में आमिर खान को इस फिल्म के कारण सबसे ज़्यादा नफ़रत मिल रही है। पीके से लेकर 2022 में रिलीज हुई लाल सिंह चड्ढा का सफर, आमिर खान के लिए चोटी से खाई तक की ढलान है। बीच में 2016 में उनकी दंगल सफल हुई। दंगल की कहानी भी हरियाणा की पृष्ठभूमि पर थी। 'बेटी बचाओ बेटी पढ़ाओ' नारे के साथ पूरे देश का जनमानस बेटियों को सशक्त बनाने के लिए तैयार था।

मार्च 2022 में निर्देशक विवेक अग्निहोत्री की द *कश्मीर फाइल्स* में फिल्म की अकल्पनीय सिनेमाई-राष्ट्रवादी-सफलता में कट्टरता, नफ़रत और इस्लामोफोबिया चरम पर दिखता है। कई शहरों में फिल्म के प्रदर्शन के दौरान सिनेमाघरों में और बाहर दर्शकों की नारेबाजी, नफ़रत का शोर, आक्रामक तेवर पूरे माहौल को हिन्दू बनाम मुस्लिम बनाते रहे। यह फिल्म 1990 में आतंकियों द्वारा कश्मीर से कश्मीरी पंडितों को बन्दूक की नोंक पर घाटी से निकालने और उन पर अमानवीय अत्याचारों, बलात्कारों और 'नरसंहार' को दिखाती है। लेकिन फिल्म की रिलीज के बाद मैदान में उतरे राजनीतिज्ञों तथा धार्मिक संगठनों ने द कश्मीर फाइल्स को मात्र फिल्म नहीं रहने दिया पर्दे के पीछे की सक्रियता कामयाब रही और मार्च में रिलीज हुई करीब 15 करोड़ के बजट वाली फिल्म ने मई तक दुनिया भर में 350 करोड़ रुपये की कमाई का आँकड़ा छू लिया। द *कश्मीर फाइल्स* हिन्दी सिनेमा के इतिहास में अकल्पनीय सफलता दर्ज करते हुए अपनी जगह बना चुकी है।

द *कश्मीर फाइल्स* से पहले जिस फिल्म ने लोगों को इसी तरह आन्दोलित किया, वह थी 2019 में आई *उरी : द सर्जिकल स्ट्राइक*। 18 सितंबर 2016 को झेलम नदी के किनारे बसे उरी में हुए पाकिस्तान प्रायोजित आतंकी हमले पर भारतीय सेना के पलटवार को दिखाने वाली फिल्म *उरी : द सर्जिकल स्ट्राइक* के संवाद, 'हाऊ इज

द जोश!' ने दर्शकों में देशप्रेम का नया उत्साह भर दिया। फिल्म में परेश रावल कहते हैं, 'ये नया हिन्दुस्तान है, ये घर में घुसेगा भी और मारेगा भी।

उरी : द सर्जिकल स्ट्राइक 11 जनवरी 2019 को सिनेमाघरों में रिलीज हुई। रिलीज के दिन प्रधानमंत्री ने मुंबई में भारतीय सिनेमा के राष्ट्रीय संग्रहालय का उद्घाटन किया था। इस दौरान बॉलीवुड के कई दिग्गज निर्माता-निर्देशक-अभिनेता मौजूद थे। इस मौके पर अपने भाषण में प्रधानमंत्री ने कहा कि भारतीय फिल्में अब पूरी दुनिया को आकर्षित कर रही हैं और लगे हाथ इंडस्ट्री के लोगों से फिल्मी भाषा में सवाल पूछ लिया : हाऊ इज द जोश!

उन्हें फिल्म में सैनिकों द्वारा दिया जाने वाला जवाब मिला था, 'हाई सर।'

उरी : द सर्जिकल स्ट्राइक से पहले मुस्लिम आक्रान्ता अलाउद्दीन खिलजी के राजपूताना पर आक्रमण तथा रानी पद्मिनी के जौहर पर बनी फिल्म *पद्मावत* आई थी। इसी साल जनवरी में महारानी लक्ष्मीबाई की बायोपिक *मणिकर्णिका* और मार्च में 1897 में 21 जाट-सिख योद्धाओं द्वारा अफगान/इस्लामी आक्रमणकारियों के विरुद्ध सरागढ़ी की लड़ाई पर *केसरी* आई थी। क्या यह फिल्मों के माध्यम से जगाई हिन्दू गौरव की भावनाओं का ध्रुवीकरण था? क्या बॉलीवुड का सिनेमा वोटों की राजनीति में एक अहम टूल बना? पूरी दुनिया में कलाकार के बारे आम धारणा है कि वह 'सत्ता का सहज विपक्ष' होता है। हमेशा आम आदमी के हक में खड़ा रहता है, चाहे सत्ता किसी की हो। लेकिन बॉलीवुड का एक वर्ग खुलकर 'सत्ता का सक्रिय पक्ष' बन के उभरा। इसने न केवल सरकार की हर नीति-रीति का समर्थन किया, बल्कि विरोध में दिखने वाले इंडस्ट्री के साथियों पर खुलकर तीखे हमले किए। यह बॉलीवुड में वैचारिक विभाजन की शुरुआत थी।

फिल्म इंडस्ट्री के बारे में कभी गर्व से कहा जाता था कि यहाँ किसी तरह का भेदभाव नहीं है। हिन्दू-मुस्लिम का बँटवारा नहीं है। राजनीतिक मतभेद नहीं हैं। परन्तु यह गुण-धर्म फिल्मों की कहानियों के साथ बदलने लगा। सोशल मीडिया इन कलाकारों के एक-दूसरे पर हमले का मैदान बन गया। इनके विवाद कई बार नफ़रत और हिंसक विचारों तक पहुँचे। ऐसा लगा कि जैसे एक से प्यार जताने के लिए दूसरे के ख़िलाफ़ जहर उगलना जरूरी शर्त है।

इस राजनीति में बॉलीवुड बँट गया। सिनेमा को बेहिचक, बिना खेमेबाजी के प्यार करने वाले भी धड़ों में विभाजित हो गए। क्या बॉलीवुड प्रोपेगंडा फिल्मों का शिकार हो गया?

नवराष्ट्रवाद, सांस्कृतिक पुनरुत्थान और हिन्दुओं में धार्मिक जागरूकता का सिनेमा बनाते हुए बॉलीवुड के फिल्मकारों ने इतिहास में प्रवेश किया। इतिहास संवेदनशील मुद्दा रहा है और 'इतिहास का पुनर्लेखन' बड़ी बहस का विषय। जिसमें शहरों-

संस्थानों के नाम बदलने से लेकर विद्यालयीन और विश्वविद्यालयीन पाठ्यक्रमों में बदलाव समय-समय पर सामने आते रहे। इतिहास को लेकर संवाद-विवाद में न्यूज चैनल भी बड़ी भूमिका निभाते नजर आते हैं, लेकिन सोशल मीडिया और 'वाट्सएप युनिवर्सिटी' ने समाज में कई मुद्दों पर बड़ी ग़फ़लत पैदा की। जहाँ तक बॉलीवुड फिल्मों का सवाल है तो *बाजीराव मस्तानी* (2015), *पद्मावत* (2018), *मणिकर्णिका* (2019), *केसरी* (2019), *पानीपत* (2019), *तान्हाजी* (2020) हाल के वर्षों में आया मध्यकालीन इतिहास का बॉलीवुड सिनेमा है। *परमाणुः द स्टोरी ऑफ पोरखण* (2018), *राजी* (2018), *गोल्ड* (2018), *मिशन मंगल* (2019), *गुंजन सक्सेना : द कारगिल गर्ल* (2020), शेरशाह (2021), *भुजः द प्राइड ऑफ इंडिया* (2021) में खेल के मैदान और विज्ञान के स्वर्णिम पलों के साथ हमारे सैनिकों की जाँबाजी को दर्ज किया गया। हमारा समकालीन राजनीतिक इतिहास भी इन्दु सरकार (इन्दिरा गाँधी के निर्देश पर इमरजेंसी, 2017), *ठाकरे* (2019), पीएम नरेंद्र मोदी (2019), द *एक्सिडेंटल प्राइम मिनिस्टर* (मनमोहन सिंह, 2019) और द *कश्मीर फाइल्स* (2022) में सामने आया। यहाँ मेकर्स के पूर्वाग्रह साफ दिखते हैं। इनमें से कुछ फिल्मों पर विवाद भी हुए। उनके एकतरफा रुझान की आलोचना भी हुई। फिलहाल राष्ट्रवादी और राजनीतिक फिल्मों का यह दौर थमा नहीं है। इनका आना जारी है।

बीते कुछ वर्षों में अन्दरूनी विवादों ने हिन्दी सिने-उद्योग को गहरी चोट पहुँचाई। बॉलीवुड अब एक परिवार नहीं, टुकड़ों में बँटा कुनबा है। इस फूट ने फिल्म इंडस्ट्री पर पड़े तमाम पर्दे गिरा दिए। कई राज उजागर किए। राजनीतिक रस्साकशी में एक खेमा, दूसरे को ध्वस्त करने लगा। सोशल मीडिया पर छिड़ी लड़ाई इंडस्ट्री के लिए दो धारी तलवार साबित हुई। फैन्स और फॉलोअरों का इससे सिर्फ़ मनोरंजन हुआ। यह राजेश खन्ना का जमाना नहीं है कि कोई सितारा बरसों बाद स्क्रीन पर लौट कर दावे से कह सके, 'बाबू मोशाय, मेरे फैन्स मुझसे कोई नहीं छीन सकता।' सोशल मीडिया का आभासी दौर सिनेमा की दुनिया से ज़्यादा नकली है। यहाँ किसी सितारे के लाखों फैन्स-फॉलोअर दिखते हैं परन्तु जब उसकी फिल्म सिनेमाघर में आती है, तो सौ दर्शक भी नहीं पहुँचते। फिल्म औंधे मुँह गिरती है।

बॉलीवुड के जो खेमे सोशल मीडिया की आड़ में अपनी 'ट्रोल आर्मी' बना कर एक-दूसरे की फिल्मों के खिलाफ दुष्प्रचार कर रहे थे, वे अन्ततः खुद शिकार बन गए। 2022 में ज़्यादातर सितारे और फिल्में इसी दुष्प्रचार का शिकार हुए। पूरी इंडस्ट्री 'बायकॉट' की चपेट में आ गई। 'बायकॉट बॉलीवुड' दर्शकों के मन में किसी 'मूल्य' की तरह चमका। सोशल मीडिया में होने वाले सर्वे और जारी वीडियो में आप लोगों की प्रतिक्रियाएँ देखिए। असल में उन्हें समझ आ गया कि जिन्हें वे

सितारा समझते है, वे बेहद साधारण हैं। तमाम कमजोरियों से भरे हुए। कभी-कभी तो उनमें उतने मानव मूल्य भी नहीं दिखते, जितने एक आम आदमी में नजर आते हैं।

2020 के आते-आते कोरोना ने पैर पसार दिए थे और लगभग पूरी दुनिया के घरों में कैद होने जैसा अकल्पनीय दृश्य सबने देखा। इस दौरान 17 मार्च से 14 अक्तूबर तक देश के सिनेमाघरों पर ताला लगा रहा। हवा-पानी-भोजन के साथ मनोरंजन भी बुनियादी जरूरत है, घरों में बन्द लोगों ने शिद्दत से यह महसूस किया। तब देश के लोगों का ओटीटी से परिचय गहराया। यह ओवर-द-टॉप मनोरंजन इंटरनेट के माध्यम से टीवी और मोबाइल स्क्रीन पर पहुँच रहा था। इसमें फिल्मों और टीवी का कन्टेन्ट शामिल था। यह दर्शक को अपनी मर्ज़ी से, अपनी जगह और समय की सहूलियत से फिल्म, सीरियल, डॉक्यूमेंट्री, समाचार वगैरह देखने की सुविधा दे रहा था। इसने दर्शकों को सिनेमाघर तक जाकर कुर्सी पर जमने और महँगे पॉपकॉर्न-समोसे-बोतलबन्द पानी की शर्त से आजाद कर दिया। इसमें कन्टेन्ट के भरपूर विकल्प थे। एक साथ सैकड़ों फिल्में। वेबसीरीज नाम की नई चीज़। जिसमें उसे हिस्सों में टीवी धारावाहिकों की तरह बँटी कहानी का अगला भाग देखने के लिए अगले दिन या हफ्ते भर तक रुकने की मजबूरी नहीं थी। अच्छा लगने पर वह तुरन्त आगे देख सकता था और न लगने पर बीच में छोड़ सकता था। इसका खर्च भी कम था। परिवार के साथ सिनेमाघर जाने में जितने पैसे खर्च होते, उससे कहीं कम में यहाँ एक ओटीटी प्लेटफॉर्म का सब्सक्रिप्शन साल भर के लिए मिल रहा था।

ओटीटी ने दर्शक को घर बैठे विकल्प दिए कि वह परिवार के साथ भी मनोरंजन कर सकता है और चाहे तो एक कोने में बैठ अकेले भी। दर्शक के लिए यह एक और मुक्ति थी। वह अपने 'इंटलेक्ट' के हिसाब से कुछ भी चुनने को स्वतंत्र हो गया। यह बात बॉलीवुड के लिए घातक साबित हुई। ओटीटी ने भाषाओं की दीवार तोड़ दी। इन प्लेटफॉर्मों पर हिन्दी से इतर देसी और विदेशी भाषाओं की फिल्म, सीरियल, वेबसीरीज, डॉक्यूमेंट्री और तमाम अन्य मनोरंजन या ज्ञानवर्द्धक चीज़ें उपलब्ध थीं। कहीं वे हिन्दी या अन्य भाषाओं में डब होकर थीं तो कहीं सब-टाइटल्स के साथ। आज़ादी जीवन का सबसे बड़ा 'मूल्य' है, हिन्दी सिनेमा के दर्शक ने इस एहसास को जिया। उसने कोरोना-काल में ऐसा बहुत सारा अन्य भाषाओं का कन्टेन्ट देखा, जो पहले तभी देख पाता, जब बॉलीवुड हिन्दी में रीमेक करता। यह जरूरत खत्म हो गई। साथ ही दर्शक का ओरीजनल से सामना हो गया। तब दर्शकों ने समझा कि कैसे ओरीजनल से रीमेक होकर आई कहानियों की मूल संवेदना और चमक खो जाती है। कैसे बॉलीवुड अपने पीतल पर सोने की चमक का मुलम्मा चढ़ा देता है। कोरोना काल में ओटीटी से रू-ब-रू दर्शक का

बॉलीवुड से जो मोहभंग शुरू हुआ, उसने हिन्दी फिल्मों के निर्माता-निर्देशकों को मजबूर किया कि वे कन्टेन्ट पर ध्यान दें।

ओटीटी परिवार की सामूहिकता में विभाजन लेकर आया। एक छत के नीचे एक इंटरनेट कनेक्शन इस्तेमाल करते सदस्य अपने-अपने मोबाइल पर अलग-अलग कन्टेन्ट देख रहे हैं। टीवी में कम से कम एक समय में एक कार्यक्रम, एक चैनल देखने की बाध्यता थी। ओटीटी ने व्यूइंग को पर्सनल बना दिया। क्या यह गुड न्यूज है? तय है कि इसके दूरगामी नतीजे होंगे। सिनेमाघरों का दौर सामूहिक या सामाजिक मनोरंजन का था। टीवी ने समाजिक दायरे को काट कर परिवार में समेट दिया। ओटीटी पर मनोरंजन पूरी तरह से व्यक्तिगत बन गया। इससे दर्शक भले ही फायदे में दिखता हो, लेकिन कन्टेन्ट बनाने वालों के लिए मुश्किल है। समूहों की जगह अब उन्हें व्यक्ति के बारे में सोचना है। व्यक्ति का मूड और पसन्द कभी भी बदल सकती है। अब हर समय यह सवाल सामने रहता है, 'व्हाट इज नेक्स्ट?'

सभ्यताओं के इतिहास में भाषा मनुष्य के द्वारा रची, सहेजी और पैतृक-पारम्परिक ढंग से अर्जित की गई सबसे मूल्यवान सम्पत्ति है। भाषाओं ने हर सीमा-बाधा को पार करते हुए इनसानों को जोड़ा है। हर तरह के विकास में भाषा पर्दे के पीछे रहते हुए महत्त्वपूर्ण योगदान देती है। भाषा का सौन्दर्य उसकी मर्यादा में है। इस काल में भाषा की मर्यादा लगातार सवालों के घेरे में रही। चाहे टीवी हो, सोशल मीडिया हो या सिनेमा और वेब सीरीज। इनमें नेताओं के बयान और भाषण भी जोड़ लीजिए। सबने मर्यादाएँ तोड़ी हैं। पर यहाँ बात सिनेमा की। खास तौर पर ओटीटी पर प्रसारित 'हिंसक और अश्लील दृश्यों' तथा 'हिंसक और अश्लील शब्दों' ने देखने-सुनने वालों की चेतना पर निरन्तर चोट की है। लोगों ने इस पर आपत्तियाँ और शिकायतें दर्ज कराई। बार-बार माँग उठी कि ओटीटी के कन्टेन्ट को भी थियेटरों में लगने वाले सिनेमा की तरह सेंसर की कैंची के नीचे से गुजरना चाहिए। बात अदालतों तक पहुँची, लेकिन ठोस निष्कर्ष नहीं आया। बहुत-सी बातें अस्पष्ट हैं।

अमेजन प्राइम पर आई वेब सीरीज *तांडव* के विरुद्ध कथित तौर पर हिन्दू देवी-देवताओं के अपमानजनक चित्रण के मामले की सुनवाई करते हुए, मार्च 2021 में सुप्रीम कोर्ट के जस्टिस अशोक भूषण की अध्यक्षता वाली पीठ ने कहा कि ओटीटी प्लेटफॉर्मों को नियंत्रित करने के लिए एक तंत्र बनाने की जरूरत है। पीठ ने सरकार से पूछा, 'हमारा सवाल यही है कि किसी स्क्रीनिंग की जरूरत है या नहीं, क्योंकि सिनेमाहॉल की तरह घर में बैठकर आप सब कुछ देखते हैं।' पीठ ने आगे कहा, 'फिल्म देखने का पारम्परिक तरीका धीरे-धीरे प्रचलन से बाहर हो रहा है, लोग अब टॉकिज या मल्टीप्लेक्स में फिल्म देखने के बजाय घर में फिल्म देखना ज़्यादा पसन्द करते हैं। बाहर जाकर देखी जाने वाली फिल्मों के लिए हमारे

पास सेंसर बोर्ड है लेकिन ओटीटी कन्टेन्ट पर लगाम लगाने के लिए सेंसर बोर्ड नहीं है।' इसके बरक्स डेढ़ साल बाद अक्तूबर 2022 में नेटफ्लिक्स की चर्चित वेबसीरीज *मिर्जापुर* पर रोक लगाने की याचिका पर सुनवाई करते हुए सुप्रीम कोर्ट ने आश्चर्य जताया, 'सीधे ऑनलाइन प्लेटफॉर्म पर रिलीज होने वाली वेबसीरीज, सिनेमा या अन्य कार्यक्रमों के लिए कोई 'प्री-स्क्रीनिंग' समिति कैसे हो सकती है?' सुप्रीम कोर्ट के मुख्य न्यायाधीश उदय उमेश ललित और बेला एम. त्रिवेदी के सम्मुख मिर्जापुर में रहने वाले सुजीत कुमार सिंह की ओर से दायर याचिका आई थी, जिसमें डायरेक्ट ओटीटी पर रिलीज होने वाले कन्टेन्ट के लिए 'प्री-स्क्रीनिंग' समिति बनाए जाने का अनुरोध था। कोर्ट ने कहा, 'वेबसीरीज के लिए कोई प्री-स्क्रीनिंग समिति कैसे हो सकती है? यह एक विशेष कानून है, जब तक आप नहीं कहते कि ओटीटी भी इस कानून का हिस्सा है। आपको कहना होगा कि मौजूदा कानून ओटीटी पर भी लागू हो। इसके बाद कई सवाल उठेंगे क्योंकि इनका प्रसारण दूसरे देशों से भी होता है।' कोर्ट ने याचिकाकर्ता को याचिका वापस लेने का निर्देश देते हुए, *मिर्जापुर* के तीसरे सीजन पर रोक लगाने से इनकार कर दिया। साफ है कि ओटीटी पर प्रसारण सामग्री से सम्बन्धित सिर्फ़ नैतिक और व्यावहारिक ही नहीं, बहुत से तकनीकी और कानूनी पेच भी हैं।

ओटीटी पर क्या दिखाना और क्या नहीं दिखाना चाहिए, यह लगातार बहस का मुद्दा है। यहाँ निजता और व्यक्ति की स्वतंत्रता से लेकर अभिव्यक्ति की आज़ादी तक के सवाल उठते हैं और सब गड्डमड्ड हो जाता है। यह जल्दी ख़त्म होने वाली बहस नहीं है। लेकिन बहस, विचार-विमर्श या बातचीत में भाषा का अमर्यादित होना बड़ी चिन्ता का विषय है। मंत्री से सन्तरी तक, मीडिया से सोशल मीडिया तक, मनोरंजन के लिए बने कन्टेन्ट से लेकर बच्चों द्वारा मोबाइल पर इस्तेमाल किए जा रहे स्नैपचैट जैसे प्लेटफॉर्मों पर भाषा देख लीजिए। भाषा तार-तार हो रही है। इसका सीधा असर आपसी मानवीय व्यवहार पर पड़ रहा है। भाषा में अब सिर्फ़ खुशामद स्वीकार्य है। सत्ता और सिनेमा ही नहीं, समाज के प्रत्येक वर्ग में साधारण आलोचना तक बर्दाश्त के बाहर होती जा रही है।

आलोचना पत्रकारिता का महत्पूर्ण अंग है। आलोचना सुधार की दिशा में संकेत करती है। सुधार की जरूरत की व्याख्या भी करती है। उसके अपने विचार-विश्लेषण होते हैं और कई बार विशिष्ट आग्रह भी। बीते कुछ साल पत्रकारिता के लिए शर्मनाक सम्बोधनों से भरे रहे हैं। 'प्रोस्टीट्यूट', 'बिकाऊ मीडिया', 'गोदी मीडिया', 'उड़कचुल्लू एँकर-एँकराएँ' या फिर हर प्रिंट-टीवी-डिजिटल में मौजूद एडिटर के लिए 'पेडिटर' का इस्तेमाल। पतित पत्रकारिता अब नग्न रूप में सामने है। इसमें हिन्दी की सिने-पत्रकारिता भी शामिल है। फिल्मों या सितारों की आलोचना

को झूठ बता कर, सब कुछ 'मैनेज' करने की कोशिशें यहाँ खूब हैं। शीर्ष सत्ता से लेकर सिनेमा के बड़े-छोटे सितारों का एक ही लक्ष्य है, 'छवि' हर हाल में चमकती दिखनी चाहिए। गाँधी जी को लगातार धूमिल करने के प्रयासों के बीच, उनके चित्र-छपे नोटों से आजकल चेहरे पुँछवाए जा रहे हैं।

हिन्दी सिनेमा देश का मुख्य सिनेमा है। बरसों से वही सबसे ज़्यादा फिल्में बनाता और सबसे ज़्यादा कमाता रहा है। सबसे बड़ा दर्शक वर्ग हिन्दी का है। दशकों से हिन्दी की फिल्में 'नेशनल' हैं, देश की धड़कन हैं, लेकिन मजेदार बात यह कि सिनेमा के पीआरओ हिन्दी मीडिया को 'रीजनल' कहते हैं। फिल्मवालों के लिए अँग्रेज़ी मुख्य भाषा है। हिन्दी का दर्जा दोयम है। इसे सहज स्वीकार भी कर लिया गया है। अत: हिन्दी के सौ में से 99 पत्रकारों की आत्मा पर पीआरओ द्वारा 'रीजनल' कहे जाने पर कोई चोट नहीं पहुँचाती। एक्टर-डायरेक्टर-प्रोड्यूसर भी हिन्दी मीडिया से सौतेला बर्ताव करते हैं। जबकि उन्हें पहुँचना है हिन्दी के दर्शक-पाठक तक। हिन्दी मीडिया सिनेमा की दुनिया के आगे घुटने टेके नजर आता है। वजह है, दुधारू गाय की लात का लिहाज। फिल्मों की रिलीज से पहले और बाद में मीडिया में विज्ञापन जारी होते हैं। साथ ही, मीडिया हाउसों को अपने सालाना जलसे या क्षेत्रीय कार्यक्रमों में एक्टरों को बुलाने का मोह रहता है। फिल्मी सितारों के आने से प्रायोजक और भीड़ जुटाना आसान हो जाता है।

मुंबई स्थित फिल्म पत्रकारों से हिन्दी के मीडिया हाउस बिजनेस मैनेजर होने की माँग करते हैं। पत्रकार फिल्म की खबरों के साथ फिल्म का विज्ञापन भी लाए। हालाँकि अब यह उम्मीद हिन्दी में किसी भी बीट पर काम करने वाले पत्रकार-रिपोर्टर से की जाती है कि वह अपने सम्पर्कों का इस्तेमाल सीधे-सीधे संस्थान के लिए विज्ञापन लाने, उसके लिए दलाली करने या उसे किसी न किसी रूप में फायदा पहुँचाने के लिए करे। ऐसा कुछ न करे, जो पत्रकारिता के लिए 'आदर्श' है। संस्थानों की बेशर्मी और पत्रकारिता की शर्मिंदगी का यह नया दौर है। इसने हिन्दी के पत्रकारों को कहीं का नहीं रखा।

फिल्म पत्रकार सदा माँगने वाले की मुद्रा में रहते हैं। किसी एक्टर या डायरेक्टर से इंटरव्यू करना उनके काम का हिस्सा है और सिने-संसार तथा पत्रकारिता के परस्पर सम्बन्धों में उसका हक़ है। मगर यह इंटरव्यू भी पत्रकारों को 'माँगना' पड़ता है। पीआरओ से चिरौरी करनी पड़ती है कि एक्टर-डायरेक्टर का इंटरव्यू करा दे। जिस पीआरओ को फिल्मी दुनिया और फिल्म मीडिया के बीच पुल बनना चाहिए, वह आज सबसे बड़ी दीवार है। इस दीवार के पीछे एक्टर-डायरेक्टर खुद को सुरक्षित महसूस करते हैं क्योंकि ज़्यादातर के पास सामान्य सवालों के जवाब नहीं होते और असुविधाजनक प्रश्न उनकी कल्पना से बाहर हैं।

इक्का-दुक्का फिल्म में सौभाग्य से सफल होते ही एक्टर और हिन्दी फिल्म

पत्रकार के बीच सीधे 'संवाद' की स्थिति खत्म हो जाती है। कोई पत्रकार इस सद्य सफल दो-टकिया एक्टर को सीधे फोन लगा कर इंटरव्यू का समय माँगे, तो वह कहेगा पहले मेरे पीआरओ से बात कीजिए। वह अरेंज करेगा। ज़्यादातर एक्टर अकेले इंटरव्यू नहीं देते। वह बगल में अपने मैनेजर या पीआरओ को बैठा कर रखते हैं कि अगर इंटरव्यू करने वाला कोई असहज सवाल करे तो उसे टोक दें। रोक दें। कई बार सीधी धमकी दी जाती है कि आगे से बात नहीं की जाएगी। आपका फोन नहीं उठाया जाएगा।

बीते दो दशक में आई पीढ़ी के बॉलीवुड एक्टर जैसे-जैसे सफल हुए, खुद को उन्होंने एक निजी कोठरी में बन्द किया है। जहाँ सिर्फ़ उनकी रोशनी होती है, उनका अँधेरा होता है। इसी में वे अपने कला-कौशल को नित्यकर्म की तरह निपटाते हैं। नतीजा यह कि ये एक्टर जीवन के अनुभव खो रहे हैं और उनके अभिनय में विविधता नहीं दिखती। वे हर माहौल, हर किरदार में एक जैसे होते हैं। अनुभव के मामले में यही स्थिति निर्देशकों की है। कारपोरेट के साथ आई धन की बाढ़ ने हिन्दी 'फिल्म' को 'प्रोजेक्ट' बना दिया है। ऐसे में अभूतपूर्व धन की उपलब्धता के बावजूद हिन्दी सिनेमा गरीब बन गया है। नई सदी के साथ आए हिन्दी सिनेमा में आए कारपोरेट-काल को देखें, तो महसूस होगा कि यह 'सिनेमा का शून्यकाल' है। ज़्यादातर सस्ते और हल्के सिनेमा का समय। जो लगभग निरर्थक और मूल्यहीन है। जिसमें उल्लेखनीय कुछ खास नहीं। इस दौरान अधिकतर कच्चे और नकली एक्टर-डायरेक्टर आए। जिनकी आँखें पैसों की चमक से चौंधियाई हुई हैं। जिनकी फिल्में समाज से संवाद नहीं बनातीं। जिनकी कला ने जनता या समाज की कोई बड़ी बात नहीं की। ये सितारे किसी फिल्म-कलाकृति से ज़्यादा विज्ञापन फिल्मों और सोशल मीडिया की पेड-पोस्ट में दिखने को आतुर रहते हैं। ये लोगों को अपने विज्ञापित उत्पादों को बेचने में अधिक इच्छुक हैं। फिर चाहे वह तेल, साबुन, कोल्ड ड्रिंक, कोल्ड क्रीम, सन क्रीम या किसी बैंक अथवा इंश्योरेंस कम्पनी की कोई पॉलिसी हो।

दो दशक से अधिक के इस लम्बे कारपोरेट कालखंड में दो ही ऐसी फिल्में निकल कर आती हैं, जिन्होंने अपने बड़े फलक से विशाल जन-मानस के हृदय में जगह बनाई और उनके कथ्य पर लोग आन्दोलित हुए। जिन फिल्मों ने लोगों के विचारों में पैठ की। संयोग यह कि दोनों फिल्में साल 2006 में आईं। निर्देशक राकेश ओम प्रकाश की *रंग दे बसन्ती* (आमिर खान, सिद्धार्थ, आर. माधवन, शरमन जोशी, अतुल कुलकर्णी, एलिस पैटेन और सोहा अली खान) और निर्देशक राजू हिरानी की *लगे रहो मुन्नाभाई* (संजय दत्त, अरशद वारसी और विद्या बालन)। रोचक तथ्य है कि इन दोनों फिल्मों की जड़ें भारत के इतिहास में हैं। ये फिल्में इतिहास में जाकर भविष्य की राह ढूँढ़ने की सकारात्मक कोशिश करती हैं। इनमें

अपने समस्याग्रस्त वर्तमान के लिए कोई किसी ऐतिहासिक नायक पर उँगली नहीं उठाता, दूसरे को दोष या गाली नहीं देता। एक फिल्म चन्द्रशेखर आजाद और भगत सिंह के दिखाए रास्ते से परिवर्तन की बात करती है तो दूसरी आज भी महात्मा गांधी की प्रासंगिकता को प्रमाणित करती है। दोनों फिल्में स्वत:स्फूर्त हैं, इनमें कहीं आपको एजेंडे या प्रोपगेंडा की बू नहीं आती। ये किसी तरह की विज्ञापन फिल्में नहीं हैं। हिन्दी का दर्शक इन दोनों फिल्मों को बड़े पैमाने पर स्वीकारता और कामयाब बनाता है। हिन्दी सिनेमा में यह खुशबू फिलहाल गायब है और प्लास्टिक के फूलों पर कृत्रिम फ्रेगरेंस से मंडप को चमकदार-सुगन्धित बताने का भ्रम पैदा किया जा रहा है।

बीते कुछ वर्षों के फिल्मी कार्यक्रमों में यह आम दृश्य रहा है कि शाहरुख खान, अक्षय कुमार और जॉन अब्राहम जैसा सितारा किसी पत्रकार से 'तू-तड़ाक' से बात करे। फिल्मी मूड में बोलें तो मीडिया का जब सम्मान ही नहीं रहा तो अपमान कैसा! हिन्दी फिल्म पत्रकारिता के लिए मान लिया जाता है कि किसी तैयारी की जरूरत नहीं। फिल्म समीक्षाओं के लिए भी किसी तरह की पढ़ाई-लिखाई-ज्ञान जरूरी नहीं लगता और यही वजह है कि मीडिया तथा सोशल मीडिया में 'क्रिटिक्स' की बाढ़ है। हर दौर में यह होता रहा है कि पत्रम-पुष्पम से कुछ 'अच्छी' समीक्षाएँ भी लिखवाई जाती हैं। लेकिन इधर यह चलन बढ़ गया है। रिलीज के बाद फिल्म का नए सिरे से पोस्टर तैयार होता है, जिसमें बताया जाता है कि किस रिव्यूअर या मीडिया हाउस ने कितने स्टार दिए हैं या कोई बढ़िया वन लाइनर। इससे पहले फिल्म के साथ उसके पोस्टर-ट्रेलर पर अच्छे कमेंट ट्वीट करने, फेसबुक पोस्ट लिखने और पॉजिटिव यू-ट्यूब वीडियो के लिए भी 'इनफ्लूएंसर' को पारितोषक दिया जाता है। कारपोरेट निर्माताओं को तो इस खर्च से कोई आर्थिक दबाव महसूस नहीं होता परन्तु स्वतंत्र निर्माता और छोटे फिल्मकार इसमें पिस गए हैं। मीडिया इनकी फिल्मों पर कुछ लिखने-दिखाने की जहमत नहीं उठाता।

सच यही है कि सिनेमा-कारपोरेट्स ने अपने उदय के बाद से अभी तक कोई सामाजिक जिम्मेदारी नहीं निभाई है। जिन दर्शकों की जेब से वे पैसा खींचते हैं, उनके लिए सोचना दूर, जिस सिनेमा में इनकी जड़ें हैं उसके भविष्य या बेहतरी के लिए भी इन्होंने कोई निवेश नहीं किया। सिनेमा से हर साल सैकड़ों करोड़ रुपये की कमाई करने वाले किसी कारपोरेट ने ऐसा कोई फंड अलग से नहीं रखा या अपने यहाँ कोई ऐसा विभाग नहीं बनाया, जो छोटे बजट की फिल्मों को संरक्षण दे। नए लोगों द्वारा बनाए कन्टेन्ट सिनेमा को किसी तरह की आर्थिक सहायता या अन्य तकनीकी-मार्केटिंग सहयोग दे। उन्होंने सिनेमा के विकास के लिए नहीं सोचा। इस दौर में सत्ता ने जैसे अपनों के बड़े-बड़े कर्ज माफ किए, वैसे ही सिनेमा के

कारपोरेट घरानों ने अपने-अपनों को ही रेवड़ियाँ बाँटी। आस-पास सिर्फ़ वाहवाही करने वाले रखे। उन्होंने समाज से सिर्फ़ लिया, बदले में कुछ नहीं दिया।

इस दौर के बड़े मेकर्स और एक्टरों को आलोचना पसन्द नहीं है। वे खुद को कला का भगवान समझते हैं। सच कहने-लिखने वालों से उन्हें नफ़रत होती है। यह नफ़रत इस कदर बढ़ चुकी है कि पिछले दिनों निर्देशक आर. बाल्कि ने फिल्म बनाई, *चुप: रिवेंज ऑफ द आर्टिस्ट*। उन्हें कहानी की प्रेरणा इस बात से मिली कि उनकी एक फिल्म की किसी समीक्षक ने बुराई की थी। *चुप: रिवेंज ऑफ द आर्टिस्ट* ऐसे सीरियल किलर की कहानी है, जो फिल्म समीक्षकों की हत्याएँ कर रहा है क्योंकि उसे लगता है इनकी समीक्षाओं से फिल्में और फिल्मकार तबाह हो जाते हैं। बाल्कि ने अपनी कहानी के लिए गुरुदत्त (1925-1964) जैसे महान फिल्मकार की आड़ ली। 1959 में कागज के फूल बनाने के बाद गुरुदत्त ने फिल्म निर्देशन से खुद को अलग कर लिया था क्योंकि यह फिल्म उस समय टिकट खिड़की पर फ्लॉप हो गई। बाल्कि ने यह बताने की कोशिश की कि उस फिल्म के फ्लॉप होने की वजह फिल्म समीक्षक थे। यह हास्यास्पद है कि फिल्म समीक्षाओं से कोई फिल्म सिनेमाघरों में चलती या पिटती है। निश्चित ही इन समीक्षाओं का आंशिक या तात्कालिक असर दिखता है, परन्तु वह निर्णायक नहीं होता। ऐसे सैकड़ों उदाहरण सिनेमा के इतिहास में हैं, जब समीक्षाओं के रुझान के विपरीत फिल्म का अन्तिम नतीजा आया। बाल्कि की फिल्म बॉलीवुड के बड़े मेकर्स की उस खीझ को बताती है, जो सच्ची समीक्षाओं से उनके मन में पैदा होती है। वे बदले की भावना से भर कर समीक्षक का कत्ल कर देना चाहते हैं। आश्चर्य कि ये कत्ल 'रचनात्मकता को बचाने के लिए' हैं! मूल बात है वैचारिक असहमति का कत्ल।

यह 'नेशन फर्स्ट' का समय है। जनता सीन से गायब है। देश की तसवीर दिखाने वाले मीडिया के बड़े हिस्से में आम आदमी लापता हैं। रोटी-कपड़ा-मकान-नौकरी-शिक्षा-स्वास्थ्य की बातें आँकड़ों में लिपटी हैं। आँकड़ों पर बहस आँकड़ों की तरह अन्तहीन है। जोधपुर में रहने वाले वरिष्ठ शायर हबीब कैफी के इस शेर में आँकड़ों के आगे जनता की बेबसी रोती है : आँकड़े हैं आपके सच्चे मगर/रोटियों के हमको लाले पड़ गए। आँकड़ों से जनता का पेट नहीं भरता। जरूरतें पूरी नहीं होती। राहत नहीं मिलती। मगर 'नेशन फर्स्ट' के इस समय में नेता सिर्फ़ जनता की तरक्की और बेहतरी के आँकड़े उगलते हैं। साथ ही वे अपने भाषणों में ऐसी दहकती बातें करते हैं कि लोग आपस में लड़-मरें। कोई किसी पर विश्वास न करे। हाथों में हाथ लेकर साथ न बढ़े।

असहमतियों वाले विचारों को ठिकाने लगाते-लगाते अब नक्सलवाद की बातें, अर्बन नक्सल से होते हुए 'कलम वाले नक्सलियों' तक आ गई है। अक्तूबर 2022

में राज्यों के गृहमंत्रियों की बैठक को सम्बोधित करते हुए प्रधानमंत्री ने कहा कि बन्दूक वाले नक्सलियों के साथ-साथ कलम वाले नक्सलियों पर भी कार्रवाई की जरूरत है। कलम वाले नक्सली युवाओं को भ्रमित करते हैं। बात-बात पर पंचायतें सजाने वाले चैनलों-अख़बारों में इस बयान पर कोई 'बहस' नहीं हुई। इनकी कलम-कैमरे-माइक सिर्फ़ 'उनकी जय' बोल रहे हैं। पढ़ने-लिखने और तर्कशक्ति से इनके सम्बन्ध खत्म हो गए हैं। पीएम के इस बयान पर सन्नाटा इसी बात पर मुहर लगाता है। हो सकता है कि प्रेमचन्द की तरह अब कोई खुद को 'कलम का सिपाही' बताए तो नक्सली करार दिया जाए!

मजे की बात है कि हिन्दी फिल्म उद्योग में काम करने वाले ज़्यादातर एक्टर-डायरेक्टर हिन्दी के नए-पुराने लेखकों को नहीं पढ़ते। परन्तु इतना जरूर है कि उन्हें प्रेमचन्द पता हैं। किसी से पूछिए कि आपने हिन्दी के किस लेखक को पढ़ा है तो कम से कम एक नाम जरूर बताता है, प्रेमचन्द! कोई प्यार से 'प्रेमचन्द्र' भी बोल देता है!! खैर, हिन्दी फिल्मों में किसी को प्रेमचन्द की आवश्यकता नहीं है। यहाँ 'ओरीजनल' लिखने वाले आखिरी जरूरत होते हैं। नए विचारों से सिर्फ़ निज़ाम परेशान नहीं होते, फिल्मवालों को भी इसमें बड़ा 'रिस्क' मालूम पड़ता है। कोई विदेशी या रीजनल फिल्म देखकर उसका सीन-दर-सीन रीमेक बनाना या आइडिया चुरा लेना उन्हें अधिक सुरक्षित लगता है। यद्यपि कन्टेन्ट की बातों के बीच जरूर कभी 'अच्छे राइटरों की जरूरत' का थोड़ा-बहुत शोर उठता है। लेकिन प्रोडक्शन हाउसों में जो लोग राइटरों के आइडियों पर बात करने बैठते हैं, उनकी योग्यता क्या है! ज़्यादातर का साहित्य से छोड़िए, कहानी की दुनिया से भी ढंग का वास्ता नहीं होता। कोई कहानी, कोई किताब उन्होंने कभी लिखी नहीं होती।

फिल्में बनाने वाली कम्पनियों में एमबीए के बाद नया चलन आईआईटियंस की भर्ती का है। ये कहानी का हिसाब-किताब परखते हैं। मगर उनका हिन्दी भाषी समाज, उसकी भाषा और उनकी कहानियों से सम्बन्ध नहीं होता। वे फार्मूलों में फिल्म मार्केट का गणित बैठाते हैं। फिल्म को प्रोजेक्ट की तरह देखते हैं। प्रोजेक्ट में समाज नहीं होता। उसके सुख-दुःख नहीं होते। उसके मूल्यों की तसवीर नहीं होती। प्रोजेक्ट में लगाने-कमाने के आँकड़े होते हैं। नई सदी के इन शुरुआती दो दशकों के फिल्म प्रोजेक्ट्स में विशाल मध्यमवर्ग लगभग गायब है। गरीब तो दूर-दूर तक नहीं दिखते। *टाइम्स ऑफ इंडिया* की नवंबर 2022 की एक रिपोर्ट बताती है कि देश में आय, बचत और खर्च करने वाला सबसे बड़ा तबका आज मध्यमवर्ग और निम्न मध्यमवर्ग का है। पाँच लाख से 30 लाख रुपये वार्षिक आय वाला मध्यमवर्ग 31 फीसदी है। सवा लाख से पाँच लाख रुपये वार्षिक आय वाले निम्न मध्यमवर्ग तथा गरीबी रेखा के नजदीक रहने वाली आबादी 52 फीसदी है। दोनों मिलाकर हैं, 83 फीसदी। ये लोग मिलकर देश की 75 फीसदी आय अर्जित करते

हैं, यानी श्रम करते हैं। देश की आबादी में मात्र चार फीसदी अमीर हैं और ये 23 फीसदी आय अर्जित करते हैं। जबकि बेहद ग़रीब आबादी 13 फीसदी है, जो मात्र दो फीसदी आय अर्जित करती है। यह आँकड़े 2020-21 के हैं।

आप देखिए कि मध्यम और निम्न-मध्यम आबादी का जो सबसे बड़ा वर्ग (83 फीसदी) है, उसकी कहानियाँ, उसका जीवन, उसकी हक़ीक़त, उसके सपने, उसके सुख-दुःख, उसके उत्सव, उसकी हताशा, उसके हौसले हिन्दी के सिनेमा में कहाँ हैं? आज इतनी बड़ी आबादी के लिए सिनेमा नहीं बन रहा तो किसके लिए बन रहा है? हिन्दी सिनेमा की कहानियों में बॉलीवुड सितारे सौ में से 99 बार उस चार फीसदी आबादी के वर्ग से आते हैं, जो अमीर है। कैसे बाकी दर्शक उनसे खुद को जोड़ पाएँगे? कैसे हिन्दी का सिनेमा अपने समय और अपने समाज की बात करेगा? पर्दे पर दिखने वाले हमारे नायक के जड़ों से कटे होने की वजह यह भी है कि बॉलीवुड में ज़्यादातर बड़ी फिल्म कम्पनियाँ पैतृक हैं। उनके वारिस या वहाँ बड़े अथवा निर्णायक पदों पर बैठने वाले अँग्रेज़ीदां हैं। उनके पैर तो इस जमीन पर हैं नहीं, उन्हें सपने भी यूरोप-अमेरिका के आते हैं।

वास्तव में शाहरुख खान के साथ आए एनआरआई सिनेमा के बाद से हिन्दी फिल्मों में भारत का समाज धीरे-धीरे हाशिये पर खिसकता चला गया। फिर करीब दो दशक पहले विदेशी कॉरपोरेट स्टूडियोज आने के बाद वह फिल्मों से पूरी तरह गायब हो गया। यद्यपि गलत और जमीन से उखड़ी संवेदनहीन कहानियों के चयन की वजह से ज़्यादातर स्टूडियोज पर जल्द ही ताला लग गया और उन्हें बोरिया-बिस्तर समेट कर वापस जाना पड़ा। परन्तु उन्होंने सितारा-कलाकारों के मन में सैकड़ों करोड़ रुपये में अनुबन्धित किए जाने का जो लालच जगाया, उसने बॉलीवुड में स्वतंत्र निर्माताओं को खत्म कर दिया। ये वही निर्माता थे, जो समाज के अन्दर से आते थे। जिन्होंने हिन्दी सिनेमा के नायक को गली मोहल्लों-नुक्कड़ों में जिन्दा रखा था। हालाँकि इन स्वतंत्र निर्माताओं के साथ बड़े जोखिम और जानलेवा खतरे भी थे। इन्हीं के भेस में आए अंडरवर्ल्ड अपराधियों की छाया से बॉलीवुड को मुक्त होने में लम्बा समय लगा। 1970 से 1990 के दशक में बॉलीवुड पर अंडरवर्ल्ड का अच्छा खासा दबदबा था। 1998 में *इंडिया टुडे* में प्रकाशित एक रिपोर्ट में बताया गया था कि इंडस्ट्री में करीब 25 फीसदी फिल्में ब्याज पर पैसा देने वालों द्वारा फाइनेंस की जाती हैं। जिनमें ब्याज की वार्षिक दर 36 से 40 फीसदी तक ऊँची होती है। इनके अलावा बाकी 70 फीसदी फिल्मों के निर्माता बिजनेसमैन होते हैं, जिनमें बिल्डर, ज्वेलर, व्यापारी होते हैं। वहीं पाँच फीसदी फिल्मों का निर्माण अंडरवर्ल्ड के धन से होता है।

फिल्मों में तमाम अनियमितताएँ ख़त्म करने के लिए सिनेमा को उद्योग का दर्जा देने की माँग लम्बे समय से हो रही थी। 1998 में फेडरेशन ऑफ इंडियन

चेंबर्स ऑफ कॉमर्स एंड इंडस्ट्री (फिक्की) तथा फिल्म फेडरेशन ऑफ इंडिया के एक कार्यक्रम में तत्कालीन सूचना और प्रसारण मंत्री सुषमा स्वराज ने कहा था कि वह जल्द ही सिनेमा को उद्योग का दर्जा देने का प्रस्ताव संसद में रखने जा रही हैं। उनसे पहले तमाम सरकारों ने यह खोखला वादा किया था। इस घोषणा के बाद तसवीर बदली और कारपोरेट तथा विदेशी स्टूडियो मुंबई के फिल्म मैदान में उतरने लगे। सरकार फिल्मों को उद्योग का दर्जा देगी, तो कई सुविधाओं के दरवाजे खुलेंगे। कारपोरेट खूब बेहतर जानते हैं कि सरकारी सुविधाओं का लाभ कैसे उठाना चाहिए। बावजूद इसके कारपोरेट और स्टूडियो की बॉलीवुड में एंट्री अच्छी खबर थी।

रिलायन्स, महिन्द्रा एंड महिन्द्रा, इरॉस इंटरनेशनल, यूटीवी मोशन पिक्चर्स, फॉक्स, डिज्नी, वार्नर ब्रदर्स, सोनी, स्टार नेटवर्क, जी नेटवर्क, बालाजी टेलीफिल्म्स, वायकॉम 18 एक-एक कर आए। इनमें विदेशी और भारतीय टाई-अप भी हुए। इन कम्पनियों ने फिल्म मेकिंग का मॉडल बदला। स्क्रिप्ट पर जोर दिया। नगद धन के लेन-देन को चेक में बदला। यह अन्दरूनी व्यवस्थागत परिवर्तन थे। लेकिन दूसरी तरफ कुछ और अप्रत्याशित बदलाव हुए। जिनका असर बाहर दिखा। सितारों की फीस आसमान पर पहुँच गई, इनमें से आगे चलकर कई तो फिल्म के बजट का आधे से ज़्यादा हिस्सा फीस के रूप में लेने लगे और अन्ततः स्टार से होते हुए ब्रांड में बदल गए। उधर, सिनेमाहॉल मल्टीप्लेक्सों में बदले। फिल्म देखने के टिकट महँगे हो गए। सिनेमा जाना सिर्फ़ फिल्म देखना नहीं रहा बल्कि पॉपकॉर्न-समोसे-पैक्ड वाटरबॉटल और कोल्ड ड्रिंक के साथ मिनी पिकनिक में बदल गया। बॉक्स ऑफिस पर पैसा बरसने लगा। स्टूडियो के उभार के दौर में फिल्मों ने कमाई का 100 करोड़ का आँकड़ा छुआ। फिर यह 200 करोड़, 300 करोड़ से होता हुआ 500 करोड़ को पार कर गया। 1000 करोड़ की तरफ बढ़ गया। बॉलीवुड सोने का अंडा देने वाली मुर्गी बन गया, जिसे जल्दी से डकारने के चक्कर में कारपोरेट और सितारों ने मिलकर अपने-अपने हिसाब से उसे जिबह करना शुरू कर दिया। बिना सोचे-समझे 'प्रोजेक्ट' बनाए। एक-दूसरे के 'व्यक्तिगत हितों' का विशेष ध्यान रखा। इन बातों से हुआ यह कि दर्शकों का, उनकी कहानियों का, उनकी दुनिया और उनकी संवेदनाओं का किसी को ध्यान नहीं रहा। मीडिया में विज्ञापन देकर फिल्मों का हौवा खड़ा किया गया, उनकी कमाई को सैकड़ों करोड़ की कमाई की रेस में बदल दिया गया। लेकिन इन सबके बीच कामयाब फिल्मों की संख्या गिरने लगी क्योंकि दर्शकों को 'प्रोजेक्ट' और 'ब्रांड' की जरूरत नहीं थी। उन्हें चाहिए थी ऐसी फिल्म जो उनका 'एंटरटेनमेंट' करे। उनके सुख-दुःख-सपनों की बात करे। मगर कहानी, संगीत और संवेदनाएँ हिन्दी के रुपहले पर्दे से गायब चुकी थी। बेहिसाब धन खर्च करके बनाई फिल्में निष्प्राण थीं। वे किसी भी तरह से टिकट

खिड़की पर पैर नहीं जमा पा रही थीं। धीरे-धीरे पैसे का उबाल और चमक-दमक ठंडी पड़ रही था और स्टूडियो कल्चर निरन्तर कमजोर हो रहा था, तभी कोरोना आ गया। जो उफान कुछ वक्त लेकर बैठता, कोरोना के दौर में आए ओटीटी की वजह से एक झटके में फुसफुसे झाग के जैसा बैठ गया।

अब दर्शक बॉलीवुड से अपनी कहानी माँग रहे हैं। ऐसी कहानी जो उनकी ज़िन्दगी से निकली हो। उनके सुख-दुःख-सपनों और संघर्ष को दिखाती हो। जो उनके आस-पास का सच उजागर करती हो। उन्हें ऐसा हीरो चाहिए, जो सचमुच उनके बीच का हो या कम से कम नजर तो आए। जो हीरो-हीरोइन सोशल मीडिया में फैन्स को अपना फॉलोअर बता कर, एक-एक पोस्ट डालने के कम्पनियों से लाखों रुपये वसूल कर अपनी ईएमआई भर रहे थे, वे इस बदलाव से सकते में हैं। सितारों पर धन उड़ाने वाले हिन्दी के बड़े हाउसों को चक्कर आ रहे हैं। लेकिन ये फिलहाल मानने को तैयार नहीं दिखते कि सिनेमा की दुनिया एक नए मोड़ पर आकर खड़ी हो गई है। जहाँ अब दर्शक की बादशाहत है। ताज वही रहता है। बस, उसे पहनने वाले सिर बदल जाते हैं।

मानवता की सहजात है करुणा

नन्दकिशोर आचार्य

जब मानव को आत्मचेतन प्राणी कहा जाता है तो उसका आशय यह होता है कि वह अपने को शेष सृष्टि से न केवल अलग अनुभव करता है, बल्कि इस अलग होने पर विचार करने के साथ-साथ इस अलगाव, इस पार्थक्य के भाव को मिटाकर पुन: शेष सृष्टि से एकत्व महसूस करना तथा उसके उपायों की तलाश पर भी विचार करता है। प्रसिद्ध मनोवैज्ञानिक एरिक फ्रॉम का मानना है कि मानवीय आचरण को प्रभावित करनेवाले प्रबल तत्त्व उसके अस्तित्व की स्थितियों अर्थात उसके मानव होने की स्थिति में ही निहित होते हैं। मानव-स्थिति से फ्रॉम का तात्पर्य उस ऐतिहासिक-सामाजिक स्थिति में है, जिसमें मनुष्य आप ही मनोविश्लेषण के क्षेत्र में अपने अनुभवों और अध्ययन के आधार पर फ्रॉम इस निष्कर्ष पर पहुँचे कि मनुष्य केवल जैविक आवेगों द्वारा निर्मित नहीं है, जैसा फ्रॉयड मानते हैं, बल्कि ऐतिहासिक विकास की प्रक्रिया में जिन मानवीय भावनाओं यथा—प्रेम, स्वतंत्रता, सामाजिकता आदि का उसमें विकास हुआ है, वे ही उसकी जीवन-शैली और आचरण को प्रभावित करनेवाली प्रेरक शक्तियाँ हैं—उन्हें किसी भी तरह जैविक आवेगों की अपेक्षा दूसरे दर्जे की प्रवृत्तियाँ नहीं स्वीकार किया जा सकता। इस प्रकार इस विचार ने मानव तथा उसके विकास को भावात्मक सांस्थानिक पृष्ठभूमि में समझाना चाहा।

तात्पर्य यह हुआ कि प्रेम, स्वतंत्रता, सामाजिकता, न्याय आदि मानव की वे सहजात भावनाएँ या मूल वृत्तियाँ है, जो उसके जीवन की दिशा और शैली के निर्धारण में प्रधान भूमिका निभाती हैं। स्वंतत्रता, प्रेम, सामाजिकता और न्याय की भावना से युक्त मानव-प्राणी की स्वचेतना की अनुभूति है और समाज में रहते इस स्वचेतना की सन्तुलित सिद्धि न पाने के कारण ही वैयक्तिक और सामूहिक स्तर पर मानसिक असन्तुलन पैदा होता है, जो मनोविक्षोभ का मूल कारण बन जाता है। इस प्रकार एरिक फ्रॉम स्वतंत्रता और सामाजिकता को, जो समाज-चिन्तन में मूल्य

का दर्जा रखते हैं, मनोविज्ञान के क्षेत्र में मानव-प्रकृति की सहज वृत्ति बना देते हैं। यहाँ यह स्मरण कर सोच की प्रसंगांतर नहीं होगा कि डार्विन ने भी 'डिसेंट ऑव मैन' में यही माना है कि जीवन के मानव में रूपान्तरित होने के साथ ही नैतिकता और सामाजिकता के सवाल स्वत: ही उत्पन्न हो जाते हैं अर्थात ये प्रवृत्तियाँ मानव स्वभाव की सहज प्रवृत्तियाँ हैं।

लेकिन इस सहज स्वभाव के अनुसार सहज आचरण इतना सहज नहीं है क्योंकि ऐतिहासिक प्रक्रिया निरन्तर गतिशील और परिवर्तनशील है, अत: उसके बदलते हुए रूपों के साथ सही सम्बन्ध बनाए रखने में व्यक्ति और समाज को निरन्तर सक्रिय रहना पड़ेगा। स्वतंत्रता का अनुभव मानव-अस्तित्व का सहजात अनुभव है। मानव के रूप में अस्तित्व में आने के साथ ही मनुष्य अपने से इत्तर विश्व से स्वयं को स्वतंत्र और अलग अनुभव करने लगता है और बाह्य जगत की उसके लिए अपने से अलग एक अन्य इयत्ता होता है। लेकिन, स्वतंत्रता और अलगाव का यह अनुभव उसके लिए असहनीयता की हद तक कष्टप्रद होता है क्योंकि अलग होने में वह खुद को इस विशाल जगत के सम्मुख अपने को असहाय और अकेला पाता है। इस कष्टप्रद असहायता और अकेलेपन की भावना से उबारने के दो ही रास्ते हो सकते हैं। पहला है—अपनी स्वतंत्रता के बोध और तनाव से बच निकलने के लिए उपायों की खोज यानी प्रत्यक्ष-परोक्ष तरीकों से किसी अन्य के सम्मुख अपनी स्वतंत्रता के समर्थन के माध्यम से जगत के साथ अलगाव को समाप्त करने का प्रयास। सभी प्रकार की राज्यवादी, समूहवादी या राष्ट्रवादी विचारधाराएं, दल, कार्यक्रम आदि स्वतंत्रता के समर्थन के माध्यम से अलगाव दूर करने के रास्ते हैं। लेकिन वैसे प्रयास कभी भी मानव को उस तरह विश्व के साथ एक नहीं कर सकते, जिस प्रकार तब वह व्यक्ति मानव के रूप में विकसित होने से पूर्व था क्योंकि उसके एक व्यक्ति मानव होने के तथ्य को उलटा नहीं जा सकता। इस कारण यह प्रयास किसी स्वस्थ और सुखी जीवन की ओर ले जाने के बजाय एक कठोर संजाल में उसे फँसा देता है, जिसमें वह निरन्तर भय, दुश्चिन्ता और तनावों के बीच रहने को विवश हो जाता है क्योंकि इन विचारधाराओं और उनके कार्यक्रमों में वह उस स्वतंत्रता, प्रेम, सामाजिकता और न्याय का अनुभव नहीं कर पाता, जो उसी तरह सहजात भावनाएँ हो गई हैं, जैसे भूख अथवा यौनेच्छा। इस प्रकार उसका अपना अस्तित्व ही उसके लिए असहनीय हो जाता है। सर्व सत्तावाद के सभी प्रकारों के व्यवहारिक रूप इतिहास में इन रास्तों के अन्याय के नहीं, बल्कि उनके मानवत्व-विरोधी होने की गवाही देते हैं। आधुनिक सामाजिक-राजनैतिक जीवन ही नहीं, वैयक्तिक जीवन के बहुत-से तनावों के मूल में भी यही तथ्य सक्रिय रहता है।

इस सारी प्रक्रिया में विचारों की भूमिका कम उत्तरदायी नहीं है। विचार की अपनी प्रक्रिया तर्क-प्रधान होती है, लेकिन किसी भी तर्क की प्रामाणिकता उस निष्कर्ष

से जानी जा सकती है, जिस ओर वह ले जाता है, अर्थात यह देखना आवश्यक हो जाता है कि क्या तर्क का निष्कर्ष और उसका व्यावहारिक रूप उस दिशा में ले जाता है, जो मानव की सहजात भावात्मक प्रवृत्तियों अर्थात स्वतंत्रता, प्रेम, सामाजिकता आदि की निर्दोष सिद्धि का रास्ता है। यदि कोई विचार इन भावनाओं को पुष्ट करने के बजाय उन्हें ही नष्ट या आहत करता है तो यही मानना होगा कि उस विचार का मानव की सहमति भावनाओं अर्थात मानवत्व से सम्बन्ध विच्छेद हो जाने के कारण वह न केवल अन्याय बल्कि अवैज्ञानिक भी हो गया है क्योंकि वह मानव की मनोविज्ञानसम्मत भावात्मक सांस्कृतिक आवश्यकताओं की पूर्ति कर सकना तो दूर, बल्कि उसके विपरीत, उनका दमन करने लगा है। तात्पर्य यह कि अकेलेपन और असहायता की अत्यन्त कष्टप्रद स्थिति से उबरने का निषेधात्मक रास्ता मनोवैज्ञानिक स्तर पर पर-पीड़न, आत्मपीड़न और स्वतंत्रता के अपने से इतर किसी सत्ता के सम्मुख समर्पण के विविध रूपों की ओर ले जाता है, जिससे अधिनायकवाद, सर्वसत्तावाद और विनाशात्मकता जैसी विकृतियाँ समाज में विकसित हो जाती हैं। ये सत्ताएँ राजनैतिक, आर्थिक या धार्मिक-सामाजिक भी हो सकती हैं। सामाजिक जीवन में रूढ़िगत आचरण, जाति, सम्प्रदाय, दल, राज्य आदि पर निर्णय छोड़ देना तथा जनमत, कामनसेंस, यहाँ तक कि हर बात पर आचरणसिद्ध अन्तःकरण आदि भी सहज स्वतंत्रता से पलायन के विभिन्न ढंग हैं।

लोकतंत्र, समाजवाद या साम्प्रदायिकता जैसे विचार यद्यपि स्वतंत्रता, सामाजिकता अथवा बन्धुत्व जैसे भावों से प्रेरित होते हैं, लेकिन वे जब किसी संकीर्णता में बद्ध अथवा रूढ़िगत होकर एक विचारधारा या उसका एक सख़्त कार्यक्रम होकर रह जाते हैं तो वे उन्हीं भावनाओं, मूल्यों अथवा उद्देश्यों का दमन करने लग जाते हैं, जो स्वयं उनकी प्रेरणा रहे होते हैं। धर्म एक ऐसी ही प्रविधि है जो मानव मात्र को विराट भाव से जोड़ती है, लेकिन जब किसी तत्वमीमांसा, उपासना पद्धति अथवा नियमावली में जकड़ जाती है तथा अन्य पद्धतियों और प्रक्रियाओं को हीन अथवा असत्य मानकर उनके प्रति विरोध या विद्वेष को बढ़ाने लगती है तो विराट से जुड़ने के भाव से विच्छिन्न होकर अन्य धर्मावलम्बियों से पार्थक्य ही नहीं, घृणा और आक्रमकता में रुपान्तरित हो जाती है। राजनीति में समाजवाद जैसी विचारधाराओं का यही हश्र हुआ है तथा लोकतंत्र एवं संविधानवाद भी केवल औपचारिक पद्धति मात्र होकर रह पाते हैं। लोकतंत्र किस तरह बहुमतवाद होकर व्यक्ति की गरिमा तथा मानव समता की अवहेलना ही नहीं बल्कि अल्पमत के लिए दमनकारी सिद्ध हो जाता है, इसके उदाहरण इतिहास में बिखरे पड़े हैं। कभी कोई सोच नहीं सकता था कि लोकतांत्रिक निर्वाचन भी अधिनायकों को जन्म दे सकता है, लेकिन इतिहास में इसके भी उदाहरण मिल जाते हैं। लोकतांत्रिक व्यवस्थाएँ किसी तरह व्यक्ति की गरिमा के बजाय राज्य के शक्ति-संवर्धन और नागरिक को असहाय बना देती हैं,

सभी आधुनिक लोकतंत्र इसके स्पष्ट उदाहरण हैं। सोवियत क्रान्ति के बाद जब 'केन्द्रीकृत लोकतंत्र' के सिद्धान्त का प्रतिपादन किया गया था, तो लोकतंत्र के सिद्धान्तकारों में इस अवधारणा का उपहास किया जाता था कि लोकतंत्र केन्द्रीकृत कैसे हो सकता है, लेकिन आज सभी लोकतांत्रिक राज्यों में शक्ति तथा बहुराष्ट्रीय निगमों में अर्थसत्ता के केन्द्रीकरण की प्रवृत्तियाँ प्रभावी हैं।

वास्तव में, जब विचार को मानव-संवेदन से अलग एक स्वतंत्र प्रक्रिया बना दिया जाता है, तो उसके तर्क अमानवीय तक हो सकते हैं। बाजार को अपने नियमों से संचालित होने दिया जाए—इस तर्क को मानवीय संवेदन से अलग कर देने पर ही इसकी यह दुर्व्याप्ति समझ में आ सकती है कि पूरा जीवन ही बाजार द्वारा संचालित होना चाहिए। इस तर्क का सीधा तात्पर्य यह होता है कि जो जीवन बाजार के लिए उपयोगी नहीं है, उसे बाजार के लिए ही नहीं, जीवन मात्र के लिए अनुपयोगी मान लिया जाना ही सही होगा। इसका एक ज्वलन्त उदाहरण विकासशील देशों में शिशु-मृत्यु को रोकने की आर्थिक मूल्यवत्ता का आकलन करनेवाला यह पर्चा है, जिसे कॉसमॉस क्लब के दो सदस्यों—डॉ. स्टीफन इंके तथा रिचर्ड ए. ब्राउन ने प्रस्तुत किया था। इन दोनों आकलनों का तर्क है कि प्रत्येक व्यक्ति एक पूँजीगत मूल्य होता है क्योंकि वह उत्पादक पर उपभोक्ता होने के नाते राष्ट्रीय अर्थव्यवस्था में योगदान करता है। लेकिन यदि मरने जा रहे इन शिशुओं का कोई आर्थिक मूल्य नहीं है—क्योंकि ऐसा शिशु न उत्पादक है, न उपभोक्ता तो उन्हें बचाने के लिए सार्वजनिक धन का अपव्यय क्यों किया जाना चाहिए। स्पष्ट है कि यदि केवल लाभ ही सभी क्रियाशीलताओं का प्रयोजन मान लिया जाए तो इसी तरह की हिंसक मानसिकता का विकास हो सकता है।

इसी तरह का एक विचार यह है कि आधुनिक तकनीकी का निरन्तर विस्तार अर्थव्यवस्था के लिए ही नहीं, जीवन को सुखी बनाने के लिए अपरिहार्य है। इसी विचार के नैतिकता-निरपेक्ष आग्रह ने 'प्रौद्योगिकीय नियतिवाद' जैसी समस्या को जन्म दिया है। यदि इसके परिणामस्वरूप हुए पर्यावरणीय प्रदूषण तथा पारिस्थितिकीय असन्तुलन को छोड़ भी दिया जाए और एक विश्लेषक बेरी कॉमनर के इस निष्कर्ष की अनदेखी भी कर दी जाए कि "नई तकनीकी एक आर्थिक सफलता सिर्फ़ इसी कारण है कि वह एक पारिस्थितिकीय विफलता है।" तो भी स्वयं मानव पर पड़ने वाले उसके दुष्प्रभावों की अनदेखी नहीं की जा सकती। एरिक फ्रॉम जैसे मनोविदों की राय में तो इस तकनीकी पर आश्रित उत्पादन-व्यवस्था में तो मनुष्य स्वयं एक वस्तु में रुपान्तरित हो जाता है और यह तकनीकी उसके साथ वस्तु जैसा ही व्यवहार करती है। आज के औद्योगिक समाज में मनुष्य की निष्क्रियता उसकी प्रधान चारित्रिकता और रोग है—निष्क्रियता के कारण वह स्वयं को शक्तिहीन, अकेला और उद्विग्न महसूस करता है। इस 'एलियेशन सिंड्रोम' का जिक्र स्वयं

मार्क्स ने भी किया है। लेनिन तक ने अमरीकी प्रसिद्ध वैज्ञानिक टेलर के 'कॉल इन दि मशीन' की अवधारणा को एक समाजवादी व्यवस्था के अन्तर्गत भी उपयुक्त मान लिया था। तकनीकी ने उत्पादन के क्षेत्र में जो स्थिति श्रमिक की कर दी है, वही राजनीति के क्षेत्र में नागरिक की—जो एक स्वतंत्र गरिमामय मानव-अस्तित्व के बजाय एक 'वोट' होकर रह गया है।

तात्पर्य यह कि कोई भी राजनैतिक, आर्थिक, सामाजिक या धार्मिक, सांस्कृतिक विचार मानव-संवेदन से विच्छिन्न कर दिए जाने पर एक ऐसा यंत्र बनकर रह जाता है, जिसे मानव क्या जीवन तक उसे कोई सरोकार नहीं रहता। अपनी कुशलता और शक्ति में निरन्तर वृद्धि ही उसका एकमात्र लक्ष्य बन जाता है। वही उसका सत्य होता है, जिसके कठोर या मुलायम होने का मानव-अस्तित्व के लिए कोई अर्थ होता हो तो हो, पर स्वयं उसके लिए यह शब्दावली ही निरर्थक हो जाती है। इसका सबसे बड़ा भयंकर उदारहण युद्ध-तकनीकी है, जिसका एकमात्र लक्ष्य दूरतम प्रहार और विध्वंसक क्षमता होती है, युद्ध के औचित्य अथवा जीवन-विरोधी होने से उसका कोई सरोकार नहीं होता।

इसलिए आवश्यक बल्कि एकमात्र उपाय यही हो सकता है कि विचारों को उनकी संवेदनात्मक बिजाई तथा सिंचाई से सम्पोषित किया जाता रहे। यह केवल राजनीति या अर्थव्यवस्था के बारे में ही नहीं बल्कि जीवन के सभी आयामों के लिए सच है। यह सच है कि चेतना के विकास में विचारों के विकास की अनिवार्य भूमिका है। लेकिन यह वस्तुत: विचार-शक्ति का विकास है। लेकिन जब हम विचार-शक्ति को एक निश्चित संकीर्ण परिधि में बन्दी बना लेते हैं तो वह स्वयं उसके विकास का अवरुद्ध हो जाता है अर्थात विचार-प्रक्रिया का ही विचार-विरोधी हो जाना। जब हम कहते हैं कि विचार-प्रक्रिया का विकास चेतना का विकास है तो उसे चेतना के उस पहलू से अलग नहीं किया जा सकता, जिसे भाव या संवेदन-क्षमता कहते हैं। तात्पर्य यह कि दोनों का एकात्मक विकास ही चेतना का वास्तविक विकास है क्योंकि जैसे बुद्धि मानव-अस्तित्व में सहजात है, उसी तरह प्रेम, करुणा, सामाजिकता आदि भावनाएँ भी। बुद्धिविहीन भाव केवल गलदश्रु भावुकता होकर रह जाता है, जबकि संवेदनहीन बुद्धि केवल एक यांत्रिक प्रक्रिया, जिसका स्वयं उस मानव से ही कोई सरोकार नहीं रहता, जो एक भाव सत्ता भी होता है।

साहित्य या कलाओं का उत्स संवेदनात्मक होता है, लेकिन कई बार उन पर भी वैचारिक आग्रह जब हावी होने लगते हैं तो वे अपने मूल प्रयोजन से भटक कर किसी अन्ध प्रयोजन के उपकरण मात्र होकर रह जाते हैं। इस सन्दर्भ में अकसर मुझे जैनेन्द्र के एक निबन्ध 'यदि मैं गोदान लिखता' का स्मरण हो आता है। इस निबन्ध में जैनेन्द्र कहते हैं कि यदि वह गोदान लिखते तो होरी को ही नहीं, मालती और मेहता को भी पूँजीवादी सभ्यता के शिकार के रूप में ही चित्रित करते, जिसका

तात्पर्य यह होता कि एक पाठक के रूप में तब हम होरी की नियति के साथ-साथ मेहता और मालती की नियति से भी द्रवित होते।

केवल साहित्य-शास्त्र में ही नहीं जीवन के सभी आयामों में करुणा एक केन्द्रीय भाव है, जो एक व्यक्ति मानव को शेष सृष्टि से भावात्मक एकत्व की अनुभूति करवाता है। सभी धर्मों में भी इसीलिए करुणा को केन्द्रीय महत्व दिया गया है। ईसाइयत में उसे प्रेम, इस्लाम में रहम, सूफियों में इश्क, बौद्ध धर्म में करुणा और जैनधर्म में अनुकम्पा कहा गया है। जब हमारी बुद्धि इस करुणा से सम्पृक्त होती है, तभी वह मानव-चेतना और जीवन के उत्कर्ष का माध्यम बन सकती है। अन्यथा ज्ञान और बुद्धि तो अन्याय के साथ भी हो सकते हैं।

महात्मा गाँधी द्वारा राजनीति में सत्याग्रह तथा आर्थिक क्षेत्र में स्वदेशी की अवधारणाओं का समावेश इन क्षेत्रों में करुणा या प्रेम का समावेश है। क्या कोई प्रेममय प्रतिरोध की बात सोच सकता है? तोलस्तोय तक, जिनसे महात्मा गाँधी स्वयं प्रभावित रहे, यह मानते हैं कि जिसे हम प्रेम करते हैं, उसका प्रतिरोध कैसे कर सकते हैं? इसीलिए वह 'निष्क्रिय प्रतिरोध' प्रस्तावित करते हैं। लेकिन महात्मा गाँधी के यहाँ तो कोई प्रतिपक्ष है ही नहीं क्योंकि करुणा तो किसी भी अन्य के साथ एकत्व का अहसास है। सत्याग्रह इसीलिए 'अन्य रूपी आत्म' अर्थात अपने ही अन्य रूप के प्रति नैतिक दायित्व से प्रेरित होता है ताकि हम अपने उस 'अन्य रूपी आत्म' को उसके द्वारा किए जानेवाले अन्याय से अर्थात असत्य से मुक्त करने के लिए सक्रिय हों। स्वदेशी को भी महात्मा गाँधी ऐसा एकमात्र सिद्धान्त मानते हैं जो विनम्रता और प्रेम के नियम के अनुरूप है क्योंकि उसमें अन्धराष्ट्र भक्ति नहीं बल्कि केवल इस वैधानिक मर्यादा को स्वीकार किया गया है कि मनुष्य की सेवा करने के सामर्थ्य की भी एक सीमा है। स्वदेशी का तात्पर्य केवल देश में बनी वस्तुएँ ही नहीं हैं क्योंकि उनका उत्पादन भी उसी तकनीकी से किया जा सकता है, जो मूलत: एक हिंसक और इसलिए निष्करुण तकनीकी है। यदि एक वाक्य में कहा जाए तो स्वदेशी का तात्पर्य है स्थानीय जरूरतों के लिए स्थानीय संसाधनों द्वारा किया गया उत्पादन और संसाधनों में कच्चा माल और तकनीकी भी सम्मिलित है। हिंसक और मानव-निरपेक्ष तकनीकी के विकल्प के रूप में कितनी वैकल्पिक तकनीकियाँ सुझाई गई हैं, जैसे सॉफ्ट टेक्नोलॉजी, एप्रोप्रिएट टेक्नोलॉजी आदि, वे सभी प्रकारान्तर से स्वदेशी के साथ रखी जा सकती हैं क्योंकि वे सभी प्रकृति और उपभोक्ता दोनों के प्रति दायित्व के भाव से प्रेरित हैं और दायित्व अथवा कर्तव्य प्रेम के भाव से ही प्रेरित हैं—ऐसे प्रेम से जो रागमुक्त होता है, जिसे करुणा कहा गया है।

तात्पर्य यह कि करुणा ही वह भाव है जो हमारी चेतना को मानव-पीड़ा के प्रति द्रवित रखता है। मनुष्य को पीड़ा-मुक्त करने के उद्देश्य से निर्मित विचार प्रणालियाँ इस करुणा भाव से विच्छिन्न होने पर हिंसक और मानवविरोधी हो सकती

हैं, इसके ढेरों उदाहरण हमें क्रान्ति, राष्ट्रवाद और धर्म के नाम पर की जानेवाली हिंसा में मिल सकते हैं। करुणा भाव से विच्छिन्न शिक्षा-प्रणाली मानव रोबोट को ही पैदा कर सकती है, जो एक मानव निरपेक्ष आर्थिकी और राजनीति का कुशल उपकरण तो बन सकता है, पर तब ऐसे उपकरणों को जैविक अर्थों में तो मानव कहा जा सकता है, पर नैतिक और भावात्मक अर्थों में नहीं। आखिर भवभूति ने करुणा को एकमेव रस यूँ ही तो नहीं कह दिया था!

एक स्त्रीवादी यूटोपिया की तलाश

सविता सिंह

मेरे मन में एक गीत अपने को गाता और दोहराता रहता है—एक राह तो वो होगी...। मेरे पहले कविता संग्रह में एक कविता है, "मैं तारों का एक घर।" इसमें एक कल्पना है जो यथार्थ की तरह पेश की गई है। यहाँ एक स्त्री खुद को तारों का एक घर समझती है जिसमें कितने ही तारे उतरते हैं, लगभग हर रात। ऐसा होने से बहुत सारा प्रकाश कहीं और चला जाता है, और ढेर सारी ऊष्मा भी। तारे स्त्री की देह में खुद को विलयित करने आते हैं, मनुष्यों की तरह अपनी देह छोड़ने। यहाँ पर चीज़ों के बदलने की सूक्ष्म प्रक्रिया का पता चलता है। एक यूटोपीया का भी जन्म कुछ इसी तरह मनुष्य की कल्पना में होता है। जब आप जीवन की विषमता से ऊब जाते हैं, जब आपको लगने लगता है कि नया जीवन रचा जाना चाहिए क्योंकि आप रात को, उसकी हवा को अपनी आत्मा में उतरना चाहते हैं, खुशी को महसूस करना चाहते हैं, तो और क्या करेंगे। लोगों ने क्रान्तियाँ की हैं, नया समाज बनाया भी है। बहुतों के लिए समय बदला भी है। लेकिन स्त्रियों का जीवन अपनी दासता में बना ही रहा है। स्त्री इसलिए अभी भी एक यूटोपिया गढ़ती है, उसे अपने मन मस्तिष्क में सँवारती भी है—अपने लेखन में उसे उतारती है। लिखना उसके लिए मुक्ति के द्वार तक जाने और उसे खोलने जैसा है। उसने रात के दरवाजे को खोज लिया है। वह बाहर निकल भी जाएगी, ऐसा लगता रहता है। आज गेल ओमवेट को पढ़ते हुए कुछ ऐसा ही लगा। एक नए स्वप्न जगत का पता चला। इस टिप्पणी में आज उसकी ही बात करते हैं। मैंने हमेशा कहा है कि भारतीय समाज में स्त्री और दलित एक ही खित्ते में ठहराए गए लोग हैं, उनका आपस में एक साम्य है। एक सौहार्द भी इसलिए होना चाहिए उनके बीच।

स्त्रियाँ पितृसत्ता में जीते-जीते थक गई हैं। मैं हमेशा अपने भीतर-बाहर समय से पूछती रहती हूँ—कब वह समय आएगा जब हम सब प्रेम और सहानुभूति के साथ जी

सकेंगे। कब पुरुष अपनी पितृसत्तात्मक सोच से बाहर निकलकर ऐसी सत्ता स्त्रियों के साथ बनाएँगे जिसमें सचमुच अमन-चैन हो। इतनी हिंसा, इतना अत्याचार न हो। मुनाफ़ाखोरी तो एकदम न हो। किसी के भी श्रम का शोषण कोई न करे। श्रम हो तो सबके उत्थान के लिए। उत्पादन की एक ऐसी व्यवस्था हो जिससे सबके लिए श्रम करना जरूरी हो और जिसमें सबके लिए आराम-चैन भी हो।

हाल ही में ओम्वेट की किताब 'सीकिंग बेगमपुरा : द सोशल विजन ऑफ ऐंटी कास्ट इंटेलेक्चुअल्स' पढ़ रही थी। यह रैदास की एक कविता 'बेगमपुर' की यूटोपियन कल्पना पर आधारित किताब है जिसमें ब्राह्मणवादी वर्ण-व्यवस्था के ख़िलाफ़ या बरक्स एक दूसरी समतावादी व्यवस्था की ज़रूरत पर जोर दिया गया है। उस व्यवस्था में सब लोग साथ-साथ बतिया रहे हैं, खा रहे हैं, नृत्य कर रहे हैं—एक ऐसी खुशी का अनुभव कर रहे हैं जो असमान वर्ण-व्यवस्था वाले समाज में सम्भव नहीं हो पाती। जातियों में बँटे लोग प्रसन्नता की जगह दुःख पैदा कर रहे हैं एक दूसरे के लिए। यहाँ ईश्वर भी इस व्यथापूर्ण व्यवस्था का जनक दिखाया गया है। जबकि ईश्वर आनन्द का स्रोत होना चाहिए। यह वर्ण व्यवस्था किस तरह आधुनिक भारत में भी कायम रहती आई है इसकी यह एक ऐतिहासिक कथा है। एक तो पूँजीवादी व्यवस्था जो आधुनिकता के साथ आई, वह भी अपने आप में वर्ग विषमता पर आधारित थी। असमानता इसके शोषण तंत्र की नींव में है—लेकिन भारत में आकर यह वर्ग असमानता जाति और लैंगिक असमानता से मिल गई। इस कारण हमारा स्वतंत्र आधुनिक भारत तीन तरह की स्पष्ट असमानताओं का नया घर बन गया—जाति, वर्ग और लैंगिक असमानता। और अब यह असमानता हमारे भारतीय समाज की जड़ में स्थापित है।

यह बात भी ध्यान देने योग्य है कि एक तरफ जबकि यह शोषण तेज गति से चलता रहा और बना रहा, तो दूसरी ओर तमाम ऐसी जातियों के लोग जिन्हें दलित कहा गया, और स्त्रियाँ जिन्हें हमेशा हर जाति में पुरुषों के अधीन माना गया, इस नए पूँजीवादी ब्राह्मणवादी आधुनिकता के भीतर से बाहर की एक नई दुनिया बनाने का स्वप्न देखने लगे—एक नई कल्पना को जन्म देने का उपक्रम करने लगे। नामदेव से लेकर जोतिबा फूले जिनके बीच रैदास, जाना बाई, कबीर और पंडिता रमाबाई, सावित्री बाई फूले आते हैं—सब तुकाराम की तरह एक दूसरा पंढरपूर चाहने लगे। गेल अपनी किताब 'सीकिंग बेगमपुरा' में कहती हैं कि संस्कृत भाषा में किसी यूटोपिया की गुंजाइश नहीं थी क्योंकि उनकी चेतना में वर्णाश्रम व्यवस्था ही कल्पना की अन्तिम सीढ़ी या पड़ाव जान पड़ता है—यहाँ के सर्वोच्च जाति के लोग ही सबसे पवित्र मनुष्य हैं जो यज्ञ करते हैं, पशुओं की बलि देते हैं, पूजा करते हैं और ईश्वर से वार्तालाप करते हैं। अपने धर्मग्रन्थ में इसी व्यवस्था की स्थापना करते हैं। यानी वर्णाश्रम व्यवस्था की। दूसरी तरफ स्त्रियाँ भी एक कल्पना करती हैं,

इस असमान पितृसत्तात्मक व्यवस्था से पार जाने की। उनके पास भी एक कल्पना है, उन्हें भी एक यूटोपिया की दरकार है, इसलिए पंडिता रमाबाई से लेकर सावित्री बाई फुले या फिर बेगम रुकय्या के मन-मस्तिष्क में एक दूसरी, ज़्यादा समान और क्रिएटिव व्यवस्था का स्वप्न बार-बार उभर कर सामने आता है। इसे हम स्त्रीवादी समाज की ऐसी कल्पना मान सकते हैं जो समतावादी-समाजवादी व्यवस्था है। आधुनिकता की यह एक वैकल्पिक कल्पना, जिसमें समानता, स्वतंत्रता एवं न्याय अपने मूल्यों को सही अर्थों में आत्मसात कर पाएँगे।

यहाँ बेगम रुकय्या की कहानी 'सुल्ताना का स्वप्न' का ज़िक्र करना चाहती हूँ। सावित्रीबाई फुले की ही तरह, उनकी कल्पना में खूब ठीक से पढ़ी-लिखी स्त्रियाँ हैं जो सिर्फ़ शिक्षा की सार्वभौमिकता पर ही जोर नहीं देती, बल्कि सत्ता में भागीदारी को भी अपना विषय बनाती हैं—कैसे स्त्रियों का समाज एक वैज्ञानिक समाज होगा जिसमें उत्पादन की व्यवस्था विज्ञान के उन्नत सिद्धान्तों पर आधारित होगी। यहाँ स्त्रियों की सारी क्षमताओं का सही उपयोग होगा जिस वजह से यह समाज हर तरह से सम्पन्न होगा। पुरुषों के अधीन स्त्रियाँ समाज के विकास में कोई ठोस हस्तक्षेप नहीं कर पातीं, उन्हें सबसे कम क्रिएटिव कामों में झोंक दिया जाता है, जैसे घरेलू काम। बच्चों का भी सही विकास इसीलिए नहीं हो पाता। पितृसत्ता अपने बच्चों की अधिकाधिक जिम्मेदारी सदा घरेलू कामों में लगी स्त्रियों पर लाद देती है, लालन-पालन के नाम पर। ये स्त्रियाँ उतनी उन्नत नहीं बन पातीं कि अपने बच्चों के भविष्य के बारे में क्रान्तिकारी ढंग से सोच सकें। बेगम रुकय्या अपनी कहानी (उपन्यास) में बार-बार आग्रह करती हैं कि बाहर की दुनिया स्त्रियों के लिए भी होनी चाहिए, बल्कि बाहर-भीतर का फर्क भी रखना ही है तो पुरुषों को भीतर रहना चाहिए। वे भी सब काम करें जैसे स्त्रियाँ सारे काम करना चाहती हैं।

इस यूटोपिया में जो एक बात बहुत महत्त्वपूर्ण है वह है समाज और उत्पादन व्यवस्था का प्रकृति के साथ सम्बन्ध। स्त्रियों के इस शहर या देश में बहुत ही सुन्दर बाग-बागवान होंगे। प्रकृति अपने सुन्दरतम रूप में मनुष्य के जीवन में शामिल होगी। उसका सौन्दर्य किसी भी तरह से नष्ट नहीं किया जाएगा। स्त्रीवाद की पर्यावरणवादी दृष्टि को यह यूटोपिया पुष्ट करता है। एक तरह से यह कहानी स्त्री और प्रकृति के बीच जो एक अटूट, अभिन्न सम्बन्ध है, जिसे पितृसत्तात्मक पूँजीवादी व्यवस्था ने तहस-नहस कर दिया, उसका भी एक स्वीकार है। स्त्री प्रकृति के बिना अकेली हो जाती है, उसका अकेलापन, उसकी स्वाधीनता की तसवीर को धुँधला कर देती है। स्त्री का प्रकृति के साथ संगिनी का जो रिश्ता है उसे भग्न करके ही पुरुष उसे अपनी संगिनी बनाता है लेकिन उसे अपने अधीन करने के बाद। कहने का तात्पर्य यह है कि स्त्री के लिए प्रकृति का अक्षुण्ण रहना उतना ही आवश्यक है जितना उसका अपना जीवित रहना। 'सुल्ताना का स्वप्न' स्त्री जाति का एक ऐसा ही यूटोपिया है

जिसे अब सब सराहते हैं, यानी प्रकृति के स्वराज्य को। इसे शोषणमुक्त करने से न सिर्फ़ पूँजीवाद ध्वस्त होगा, स्त्रियाँ भी स्वतंत्र होंगी और नए समाज को बनाने में हस्तक्षेप कर सकेंगी।

अन्तिम बात जो मैं यहाँ कहना चाहती हूँ कि जब यह यूटोपिया यथार्थ में बदलने की स्थिति में आ जाएगा, या कि आ गया है, तब कौन सी चीज़ है जो अब भी हमें भ्रमित किए हुए है—सत्ता और सम्पति या धन के प्रति पुरुषों के भीतर बसी महत्त्वाकांक्षा या लालच। शायद हमें अब लालच से ही लड़ना है—इसके लिए भी एक कल्पना चाहिए—बिना लालच के मनुष्य अपना जीवन कैसे जिए। थॉमस मोर ने ऐसी ही एक यूटोपिया का खाका सोलहवीं शताब्दी में तैयार किया था अपनी प्रसिद्ध किताब, 'द बेस्ट स्टेट ऑफ ए कॉमनवेल्थ एंड द न्यू आइलैंड ऑफ यूटोपियाई' में। इसी सन्दर्भ में क्रिटिकल सिद्धान्तवादी, हरबर्ट मार्क्यूज का भी नाम लेना चाहिए—उन्होंने इस नए यूटोपिया को 'कंक्रीट यूटोपिया' कहा है—यानी ऐसी कल्पना जो सम्भव हुए बिना नहीं रह सकती और यह कल्पना सुदूर किसी भविष्य में नहीं, बल्कि हमारे जीवन में सम्भव हो सकेगी। मनुष्य अपने वैसे गुणों को अब साक्षात जीना चाहता है जिसे वे 'इरोटिक ड्राइव' कहते हैं—यह एक ऐसा उद्वेलन है मनुष्य के भीतर जो उसे प्रेम करने के साथ-साथ जीवित बचे रहने के लिए भी जरूरी सजगता की तरफ़ हमारा ध्यान खींचता हैं और आगाह भी करता है कि पृथ्वी नष्ट होने को है—यह एक डिस्टोपिया है यानी वह यथार्थ जो हमारा होगा यदि हमने जीवन के सौन्दर्य को नहीं सराहा। इसी सूत्र के सहारे यदि हम अपने नजदीकी भविष्य के बारे में सोचें तो हम कह सकते हैं कि हमारे भीतर का 'इरोटिक' संसार जाग रहा है, हम विकल्प की तरफ़ बढ़ रहे हैं। और यह विकल्प, मारक्यूज भी मानते हैं, अपने आग्रह और स्वरूप में स्त्रीवादी है। आने वाला समय और समाज स्त्रीवादी समाजवाद होगा। यही यथार्थनुमा यूटोपिया स्त्री-लेखन के केन्द्र में आज है, यही हमारे लेखन की प्राण शक्ति है। यह लेखन यूटोपिया की रचना में लगा हुआ है और इसके यथार्थ में परिणत होने की लालसा से ओत-प्रोत है।

तकनीकी तीव्रता और दैनिक जीवन की व्यर्थता

गगन सेठ

गर्मियों की छुट्टियों में पहाड़ पर सैलानियों की भीड़। झील के किनारे बैठे हर उम्र के लोग। गंगा किनारे की भीड़। गोवा में समुद्र किनारे रेत पर खेलते बच्चे और व्यस्क। लम्बे दिन के काम के बाद घर आकर सोफे पर पसरे लोग। सारा दिन स्कूल से पढ़ कर घर आए बच्चे। बच्चे को पार्क में घूमाती माँ—और भी ऐसे ही कई दृश्य जो हमारी ज़िन्दगी को एक रौनक, रंग और संगीत से भरे रखते हैं। सब मोबाइल फोन में, कम्प्यूटर और इंटरनेट के सैलाब में डूबते जा रहे हैं। किसी को फ़ुर्सत नहीं। सभी हर वक्त, हर दृश्य में, मोबाइल पर कुछ लिखते, बात करते या फोटो /सेल्फी लेते दीख जाएँगे। मुद्दत बाद मिले मित्र या सगे लोग, सभी मोबाइल पर व्यस्त। सभी उस मशीन जैसे ही लगते हैं जिस में वे खोए रहते हैं। फेक न्यूज, फोटो शॉप की गई तसवीरें, झूठी आईडी के साथ बनी डेटिंग वेबसाइट पर प्यार, इंटरनेट पर बच्चों को फँसाने वाले, नशीली दवाएँ और आतंकवाद का फैलाव—इतना सब पढ़ कर भी हम चौंकते नहीं, आगे बढ़ जाते हैं। कुछ यूट्यूब पर देखते हुए। हर वक्त इंटरनेट की सुरक्षा का खतरा हर इनसान पर, हर संस्था में, हर देश पर, हर सैन्य सुरक्षा बल पर मँडराता रहता है। हम उस सब से बेखबर और गहरे डूबते रहते हैं, इस नशे में। एक तीव्रता है, एक सैलाब—जो हमें अपनी चपेट में लेता जा रहा है, हम डूब रहे हैं, और उस नशे में खोए समझ नहीं पा रहे कि धँस रहे हैं, डूब रहे हैं। दैनिक जीवन में तीव्रता और एक क्षमता आने के बाद भी हम सब एक ख़ौफ़ में रहते हैं और एकदम अकेले हैं। नितान्त अकेले।

जिन्हें ग्रेट जनरेशन कहा जाता है पश्चिम में—(1901-27), वे लोग हमारे यहाँ भी महानतम लोगों में थे। समय बदला, द्वितीय विश्वयुद्ध के बाद के लोगों को बेबी बूमर्स (1946-64)कहा जाता है। जो भी अच्छा हम आज महसूस कर सकते हैं, जो भी हमारे मधुर स्मृति पटल पर दर्ज है, जो भी आदर्शवादी विचार हैं, उन

सब के लिए हम इन दो Generations के ऋणी हैं। बहुत कुछ मानवाधिकारों के क्षेत्र में इसके बाद भी हुआ, जनरेशन X (1965-80) ने उस दिशा में खूब काम किया। जिन्हें Millennials और GEN Z (1997-2010) कहा जाता है—उन्हें जो धरोहर हम दे रहे हैं, वह एक चिन्ता जनक विषय है। धरती से आसमान तक, पर्यावरण की बात हो या मूल्यों की या कुछ और। प्रकृति, मानव सम्बन्ध, और किताबों से दूर करके हम उन्हें हम अपने बच्चों और युवाओं को सिर्फ़ मोबाइल, आई-पैड ही पकड़ा रहे हैं।

हम वहाँ हैं जहाँ से हम को भी
कुछ हमारी ख़बर नहीं आती

—ग़ालिब

संचार क्रान्ति के कुछ दशकों में जो कुछ घटा है कुछ साल पहले हम सिर्फ़ उनका सपना ही ले सकते थे। दैनिक ज़िन्दगी के हर पहलू को संचार क्रान्ति ने ऐसे छुआ है कि पहला सब कुछ जैसे कभी कहानियों की बात थी। अभी बहुत पुरानी बात भी नहीं, पर इन दो तीन दशकों ने दैनिक जीवन का स्वरूप पूरी तरह से बदल दिया है। सब कुछ आसान, फटाफट, आँख झपकते ही हो जाता है, काम धन्धे, हर ऑफिस में काम का तरीका बदल गया है। बिल भरना हो, पिक्चर देखनी हो, कोई टिकट—कहीं का भी बुक करना हो, कहीं शिकायत करनी हो, किसी को सन्देश भेजना हो, दूर बैठे किसी से वीडियो पर या फोन पर बात करनी हो, सब कुछ चटपट! और लगभग मुफ्त! किसी दूर दराज़ कि गाँव में बैठे आप न्यूयार्क में काम कर सकते हैं, कोई भी सूचना प्राप्त कर सकते हैं। सब कुछ कितना आज़ाद हो गया है इस भागदौड़ वाली ज़िन्दगी में। दो बटन दबाते ही कुछ भी घर पर मँगवाया जा सकता है। कहीं भी बात की जा सकती है। दुनिया में कहीं का, कुछ भी देखा जा सकता है। कोई भी किसी को धमका नहीं सकता, उसकी रिकॉर्डिंग की जा सकती है। व्यक्तिगत स्वतंत्रता से ले कर कोई भी अभियान सोशल मीडिया पर चलाया जा सकता है। कुछ भी सोशल मीडिया पर लिखा जा सकता है। इतना बदलाव कि गिनाया ही नहीं जा सकता। बाहर की दुनिया भर सी गई है चीजों से, घरों की तरह। और अन्दर की दुनिया बिलकुल खाली हो गई है। अपने शरीर और नशे को पूरा करते हम लोग अपने आप को भुला बैठे हैं।

संचार क्रान्ति के कितने गुण हैं, कितनी परतें हैं उन गुणों की जिनके हम सब आदी हो गए हैं। यह प्रश्न नहीं है कि इंटरनेट ने हमें कितना सशक्त किया है। प्रश्न यह है कि हम एक तकनीकी दौड़ में अपने मन की दुनिया को खो बैठे हैं। क्या हम पहले से ज़्यादा सुखी हैं? क्या हमारा जीना और सार्थक हो गया है?

रोमांचित करने वाली अन्य गतिविधियाँ सिमट गई हैं। ज़िन्दगी की सब असली चीज़ें पीछे छूट रहीं हैं इस भाग दौड़ में।

Debbie Herbenick एक प्रोफेसर हैं (Indiana University School of Public Health, USA में), उन्होंने Tsung-chieh (Jane) Fu के साथ मिल कर एक रिसर्च किया और वह हाल में ही साइंटिफिक अमेरिकन में छपा। हैरानी की बात है, उन्होंने रिसर्च में पाया कि लोगों की सेक्स में रुचि पहले से बहुत कम हो गई है। यह केवल अमेरिका के आँकड़े नहीं। ऑस्ट्रेलिया से लेकर जापान तक इस अध्यन में लोग शामिल किए गए। बिलकुल वही बात है, जैसे बाकी सब नशे की लत लगने के बाद होती है। शराब हो या नशीली दवाएँ। हमारे मस्तिष्क में भी कम्प्यूटर की तरह के अनेकों, अनगिनत तार हैं। वे तार अरबों Neurons से जुड़े होते हैं। सन्देश भेजने के लिए, ये neurotransmitter छोड़ते हैं,—जो एक सन्देश वाहक की तरह सन्देश को एक से दुसरे Neuron तक ले जाते हैं। कोई भी नशा इन Neurons को सक्रिय (activate) कर सकता है। धीरे-धीरे उसी सक्रियता की आदत बन जाती है। उसके बिना हमारे न्यूरॉन्स खाली खाली, रिक्त महसूस करते हैं। और छटपटा जाते हैं। जैसे नेटवर्क न होने पर लोग झल्ला जाते हैं।

Internet Addiction Disorder (IAD) नाम की एक नई बीमारी मेडिकल की किताबों में जुड़ गई है। हम उसकी बात नहीं कर रहे। वह एक ख़ास किस्म की एडिक्शन है। लेकिन दैनिक जीवन की व्यर्थता हमारे आसपास कूड़े करकट की तरह बिखर गई है। और हम उस कचरा—सभ्यता का भाग बन रहे हैं।

Time machine उपन्यास में Aldous Huxley ने साल 802, 701 का चित्रण किया था। लेकिन यथार्थ में तो वह सब 1945 में ही घटित होना शुरू हो गया था। और बहुत जल्दी ही इतना आसान और इतना सुविधाजनक की हैरानी होती है। सबसे पहला कम्प्यूटर एक कमरे में पूरा आता था, ENIAC (1945)। तीस टन भारी यह मशीन पाँच हजार बार जमा घटा कर सकती थी। इसकी उपयोगिता को देखते हुए PC, personal computer Micral N (1973) का अविष्कार हुआ। 1981 तक लैपटॉप और 1984 तक तो Mac आ चुका था। और उसी साल ही मोटोरोला मोबाइल फोन का आविष्कार हुआ। फोन दो किलोग्राम वज़न का था। स्टीव जॉब्स का I—phone 2007 में बाज़ार में आया था। कितना कुछ अचानक ही बदल गया हर इनसान किसी न किसी दाम पर कोई न कोई स्मार्ट फोन पा सकता है।

दो तीन दशक पीछे ही मुड़कर देखें संचार क्रान्ति के पहले। गली, मोहल्ले और बाजार ऐसा लगता है कि ब्लैक एंड वाइट पिक्चर की तरह थे। सुबह-सुबह

माँ उठकर घर के लिए रोटी बनाती, तो पक्षियों और गली के कुतों को भी डालती। कोई भी शादी ब्याह होता तो घर का आँगन भर जाता—नाच गाने और ढोलक की थाप से। हर चीज में संगीत था। गर्मी की शाम को एक लम्बी सैर हो या स्कूल कॉलेज की पिकनिक, एक गहमागहमी से भरी रहती। यह सब शायद अब भी होता होगा। लोग इकट्ठा होते हैं। बार-बार मोबाइल फोन की घंटी बजती रहती है। मित्र आते हैं, घर पर खाना खाने। सामने टीवी पर बच्चे बैठे कुछ अमेरिकन फिल्म देखते रहते हैं। मध्यवर्ग में समृद्धता आई है। आईटी या हर सेक्टर में काम करने वाले हमारे युवा भूत प्रेत की तरह दिन रात कम्प्यूटर पर काम करते रहते हैं, और खाली समय में फोन और सोशल मीडिया घेर लेता है। हर ऑफिस में काम बढ़ गया है कम्प्यूटर की वजह से। हमारे काम पर गपशप या फिर एक दूसरे से मिलकर काम करने के लिए समय नहीं। क्षमता बढ़ी है, पर हर कोई परेशान ही नज़र आता है। मानवीय सम्बन्धों की परिभाषा बदल गई है। हम किसी से जुड़ना चाहें भी तो क्या समय है? क्या सिर्फ़ फेसबुक, या ट्विटर या व्हाट्सप्प पर जुड़ना होगा?

हमारे मन की दुनिया खो गई है। क्या हम कुछ भी महसूस करते हैं जो करना चाहते हैं? जो कुछ हम लोगों को फेसबुक पर दिखाते हैं क्या हम वही हैं? क्या हम उसी तरह उल्लास से भर जाते हैं होली दिवाली आने पर? क्या हम एक ईमेल या मैसेज पाकर उसी तरह से खुश होते हैं जैसे चिट्ठी आने पर होते थे? बार-बार पढ़ते थे। ऐसा सब हम कहते ही जा सकते हैं। यह सब हमारी निराशावादी या उदासी की अनाप शनाप बात नहीं।

दैनिक जीवन में सबसे ज़्यादा नुकसान हुआ है हमारे मन की दुनिया का। सबसे ज़्यादा प्रदूषण हुआ है हमारे मनों के माहौल का। जिस मन की शक्ति थी हमारे आस पास के माहौल में, संगीत में, लोक गीतों में, दोस्तों के साथ घंटों बैठे साहित्य या कोई भी राजनीति की बात करने में, वह सब सोशल मीडिया की भेंट हो गया है। कुछ भी हम करें, सोशल मीडिया पर दिखावे के लिए होने लगा है। हम कहीं घूमने गए, अपने प्रिय जन का हाथ पकड़ा, कोई जन्मदिन मनाया, बच्चे को चूमा, सब कुछ दर्ज हो जाता है कैमरा में। हम नदी किनारे घूम रहे हैं या समुद्र किनारे लहरों को देखें, सब कैमरा के लेंस से देखते हैं। मन मस्तिष्क पर कोई छाप नहीं बनती। कोई भी माहौल नहीं बन पाता, जिससे साफ आसमान के नीचे लम्बी साँस लेकर हम निश्चिन्त हो जाएँ। हर वक्त हम दिखाना चाहते हैं या कोई हमें देख रहा होता है। जो ज़िन्दगी जीने की असली चीज़ें थी, हम पीछे छोड़कर आगे निकलते जा रहे हैं। क्लासिक्स को छोड़कर थ्रिलर्स की तरफ जा रहे हैं।

मन की बात को रहने भी दें—कितना कुछ जटिल हो गया है। फोन हो या कार, मोटर की मरम्मत, सब कुछ कहीं करवाना पड़ता है। विशेषज्ञों ने बार-बार टेक्नोलॉजी के

स्वास्थ्य पर बुरे असर की बात की है। आँखों पर तनाव, अनिद्रा, मोटापा, साइबर बुलिंग, अकेलापन! शरीर की दुनिया के बारे में वैसे भी सब ज़्यादा ही जागरूक हो गए हैं। उस सब में मन बचा कहाँ है? उसके बचने की गुंजाइश भी नहीं। रोजाना ही कोई न कोई दुर्घटना मिल जाती है पढ़ने को, इंटरनेट पर हुए अपराध को ले कर। चोरी चकारी तो कभी होती थी। इंटरनेट Scam, आइडेंटिटी थेफ़्ट, इंटरनेट hack, वेब की दुनिया घर बन गई है, हर तरह की दहशतगर्दी का। ऐसी चीज़ें आम सुनने को मिल जाएँगी।

सबसे ज़्यादा नुकसान हुआ है, गरीब का जिसे इस तेज दौड़ में हमने और ज़्यादा अनदेखा कर दिया है। आधे अरब से भी अधिक लोग पचास साठ रुपया दिन का कमाते हैं। एक अरब से भी अधिक रिफ्यूजी कैम्पों में रहते हैं। हमारी रोजमर्रा की ज़िन्दगी में हम आँख उठाकर देखते भी नहीं अपने फोन से ऊपर, कितने बच्चे अखबार बेच रहे हैं या कचरा बीन रहे हैं। उन्हें देखते हुए किसी भी बेतुके मैसेज का जवाब देते रहते हैं। या सेल्फी लेते हुए उन्हें एडिट कर देते हैं। वे हमारे View में नहीं हैं। शायद कुछ विदेशी पर्यटक ज़रूर सिर्फ़ उन्हें ही देखते हैं। किसी भी अविष्कार की मूल प्रेरणा समाज को बेहतर बनाने में थी। पर अब तक का सच यही है कि बड़े से बड़े आविष्कार के साथ जैसे जैसे दुनिया और तेजी से आगे बढ़ती गई उसमें ज़िन्दगी की असली चीज़ें पिछड़ती चली गईं। इलेक्ट्रॉनिक्स का सारा कचरा धरती आसमान को दूषित कर रहा है। यह एक तथ्य है। हमारे रहने की जमीन को, हमारे साँस लेने की आसमान को, हमारे पीने के पानी को। हमारे समुद्र, हमारे आसमान में उड़ते पक्षी और पानी में रहने वाली मछलियाँ तक भी इस कचरे के प्रदूषण से बच नहीं पाईं।

हमारी सारी स्मृतियाँ हमारी नदियों की तरह ही सूख गई हैं। इंटरनेट के सामने अपने सब दु:ख दर्द भूल कर हम घंटों बेवजह बैठे रहते हैं और समय निकलता रहता है। और इंटरनेट है एक झूठ का शहर। Fake news से कितना झूठ और नफ़रत फैली है हवा में कि साँस लेना दूभर हो। पर हम कीचड़ में धँसे रहते हैं, सब कुछ भुलाकर, झूठ देखते हुए, झूठ में साँस लेने की आदत में। हर वक्त स्पैम या वायरस के भय से, घर के अन्दर बैठे हुए भी इंटरनेट की चोरी चकारी से असुरक्षित, हम फिर भी उसके नशे में, उसी बदहवासी में रहते हैं।

हर एक इनसान के अन्दर कितने ही सपने, और कितनी ही बातें हर वक्त जन्म लेती रहती है। अपने आप से डायलॉग चलता ही रहता है। अपनी आत्मा की आवाज़ क्या गलत है और क्या सही हमें बताती रहती है, हमारा मार्ग निर्देशित करती रहती है। हम जो कुछ भी देखते सुनते हैं वह हमारा ही हिस्सा बन जाता है। जो भी हम कुछ कहते हैं, वह हमारे अन्दर ही कहीं से निकल कर आता है। किसी गीत फिल्म को देख कर रो या मुस्करा देना हमारे अन्दर के ही तारों की ही झनझनाहट

होती है। एक गीत, कविता या कहानी कैसे हमारे मन की दुनिया बदल देते हैं, या क्या यह सब हमारा अतीत था?

> "We must accept finite disappointment, but never lose infinite hope."
>
> —Martin Luther King, Jr.

इतना निराशावादी होकर भी कैसे बैठें। पीछे देखने से आगे छलाँग लगाना मुश्किल तो है, पर पीछे देखने से पुराने सपने भी दिखते हैं और यह भी कि क्या छूटा जा रहा है। इस तीव्रता और दैनिक जीवन की व्यर्थता का दौर जरूर ख़त्म होगा।

जौहर की गत जौहरी जाने

मीना बनर्जी

राशिद ख़ान! राशिद ख़ान!—भई क्या आवाज़ पाई है और क्या अन्दाज़ है। जो भी सुने, इन बातों का कायल हुए बिना नहीं रह सकता। सो चाहने वालों की कमी भी नहीं। वैज्ञानिक, राजनीतिज्ञ, साहित्यकार, कवि, संगीतकार या फिर विद्यार्थी, दुकानदार यहाँ तक कि टैक्सी चालक तक। इंदीपॉप और फिल्मी गानों के इस दौर में शास्त्रीय गायक की ऐसी लोकप्रियता से आश्चर्य? नहीं, राशिद के संगीत की तासीर ही कुछ ऐसी है। आश्चर्य तो इस बात का है कि एक कुमार गन्धर्व पुरस्कार को छोड़ 2006 तक पुरस्कारों की झड़ी क्यों नहीं लगी। शायद कमसिन और उस पर स्वभाव से ही लजीला होना भी अपराध है। बालों की सफेदी को छोड़ें तो भोला चेहरा, मासूमियत भरी शख़्सियत, अपनों के बीच हँसी-मसखरी से बाज नहीं आती खूबसूरत काली, निष्पाप आँखें, कभी-कभी छोटी-मोटी बातों पर झगड़ने को आमादा, तेज धार जुबान और ज़रा से प्यार पर जान छिड़कने को तैयार इनसान—आख़िर बच्चों के से मन का ही प्रतिबिम्ब हुआ न।

राशिद को, या यूँ कहें-उस्ताद राशिद खान को पिछले कुछ सालों में बहुत सुनने का मौका मिला। ख़ुश किस्मती से अलग-अलग समय पर, दिन के प्रहर के अनुसार अलग-अलग रंग के रागों के साथ। रात ढले, भोर की पहली किरण का स्वर-पँखुरियों से स्वागत करती तोड़ी सुनी डोवर लेन संगीत सम्मेलन की अन्तिम सभा में। उसी नशे में बाहर निकली तो बड़ी मुश्किल से टैक्सी मिली। चालक और साथ में उसका सहायक। अविश्वास के इस युग में मुझ अकेली को थोड़ा डर तो लगा पर लाचारी ने हिम्मत दी। पर दो चार पल काफी थे यह समझने को कि दोनों ही ठहरे राशिद के फैन! चुपचाप उनकी आपसी बातचीत सुनती रही और यह सोच कर निश्चिन्त, निढाल पड़ी रही कि ऐसे सहृदय लोग मुझे अपने आप घर तक छोड़ देंगे, बिना घुमाए, मीटर दौड़ाए, या भोर की सुनसान सड़कों का नाजायज़ फायदा उठाए। सुना, राशिद की आवाज़ ही उनको खींचती है। कोलकाता के हर कोने पर। जहाँ भी राशिद गाते हैं—वे भी भरसक कोशिश करते हैं वहीं पहुँचने

की। बाकी रागदारी-वारी उनकी पहुँच के बाहर हैं। हाँ, तानों की स्पीड और तराने बहुत पसन्द हैं, ख़ासतौर से।

बड़ा मज़ा आया चुपचाप, नीन्द का बहाना करके दो संगीत प्रेमियों की बातें सुनकर—ख़ासकर जब गायक अपना भी बड़ा प्रिय हो। याद आया राशिद को पहली बार देखा भर था दिल्ली में ग्वालियर घराने के वयोवृद्ध विद्वान गायक पंडित कृष्णराव शंकर पंडित की सौवीं जन्मजयन्ती पर। उन्हें सम्मानित करेंगे प्रधानमंत्री राजीव गाँधी। इस अवसर पर स्वरांजलि देंगे पूरे भारतवर्ष के सबसे होनहार संगीत शिक्षार्थी राशिद खान। इसी सिलसिले में संगीत रिसर्च अकादमी, कोलकाता की टीम के साथ उनका दिल्ली आना हुआ था।

दुबला-पतला, बस मसें भीगी थीं तब शायद। सचमुच का बच्चा। पर टीन एज में लड़कियाँ जितनी खूबसूरत दिखती हैं, लड़के उतने ही अटपटे और आत्मविश्वास से कोसों दूर नज़र आते हैं। 'आगे दर्शन धारी, पीछे गुन बिचारी' की दुहाई देकर बहाने से चली आई थी दूसरा कोई बेतुका काम निपटाने। फिर पहली बार सुना प्रयाग संगीत समिति, इलाहाबाद में। आइ.टी.सी. द्वारा आयोजित संगीत सम्मेलन की एक शाम राशिद ने राग चुना था बागेश्री। उस दिन पता नहीं कहाँ से आँखों में इतने आँसू आए। सोचती रही—इस बेतुके दिखते नौजवान की आवाज़ में क्या जादू है। तरतीबवार सिलसिला तो शास्त्रीय गायकी की पहली कसौटी है। उस कसौटी तक पहुँचने में बड़ी दूरी नापनी बाकी है अभी, पर इतनी तासीर? क्या यह ऊपरवाले की खास देन नहीं?

राशिद की वही दुबली-पतली काठी याद रही। करीब पाँच-छः साल बाद कोलकात्ता के संगीत रिसर्च अकादमी में ही फिर सामना हुआ। तो पहचान तक नहीं पाई। भरा बदन, खिला-खिला आत्मविश्वासी साँवला सलोना चेहरा। देश-विदेश में अपनी धाक मनवा कर 'स्टार' की हैसियत रखने वाला खूबसूरत युवा गायक—बच्चों-सा चुलबुला। पूरी अकादमी के 'फेवरिट राशिद भाई डाइनिंग हॉल में फरमाइशें पूरी कर रहे थे। कभी नाना की गायकी तो कभी दूसरे उस्तादों के स्टाइल की नकल! हू-ब-हू हाथ-पाँव चलाना भी, मुँह के भाव भी वैसे। गाने के घंटे भर बाद ओड़िसी नृत्य की बारी। पूरा हॉल हँसते-हँसते लोट-पोट हो ही रहा था। अब तो जैसे घिग्घी बँधने लगी। पास ही बला की खूबसूरत बीवी सोमा। वह इतनी खुल कर मिलने में झिझकती सी लगी। दो प्यारी बेटियों की माँ के लिए स्वाभाविक ही था।

फिर कुछ दिनों में ही दीपाली दी (श्रीमती दीपाली नाग) ने अपनी संस्था 'सप्तसुर' की जयन्ती के उपलक्ष्य में राशिद को गाने के लिए कहा। मेरे ही सामने बात छिड़ी। उन दिनों के बहुत पहले से ही तो राशिद आसमान के चमकते सितारे हैं। बड़ी मुश्किल से लोग उन तक पहुँच पाते हैं। पर दीपाली दी की बात ही कुछ और थी। संगीत रिसर्च अकादमी की एक्सपर्ट कमिटि की सदस्या रूप में संगीतज्ञा

दीदी ने राशिद को बहुत बढ़ावा दिया। यही नहीं, लिखने-पढ़ने के साथ पायजामा तक पहनने का सलीका सिखाया। आकाशवाणी के एक ही ऑडीशन में ए ग्रेड पाने वाले बच्चे को फॉर्म पर दस्तख़त देना था। सो दीदी ने अपने सामने बिठा कर घंटों अभ्यास करवाया दस्तख़त का। फिर, एक कार्यक्रम सैकड़ों संगीत प्रेमियों से भरा। उनके सामने ग्यारह साल का अजूबा यह बच्चा गाने को तैयार। स्टेज पर चढ़ा तो पाजामा उतर गया। दीदी ने झट अपने आँचल में लपेट लिया, गोद में उठाकर पर्दे के पीछे ले आई, नाड़ा बाँधा और स्टेज पर हाजिर किया। सो दीदी तो माँ के साए से महरूम राशिद के लिए माँ समान ही हुई न। प्यार के मुरीद राशिद तुरन्त राजी हो गए। 'दीदी बुलाएँ और मैं न गाऊँ यह तो हो ही नहीं सकता।' लेकिन अपाइंटमेंट देना सोमा का काम। सोमा ने रविवार सुबह का समय दिया। शनिवार को बम्बई में एक प्रोग्राम निबटाकर सुबह सवेरे कोलकाता आकर सीधे दीदी के पास।

बांग्ला के इस युग के सुविख्यात कवि-लेखक जय गोस्वामी ने एक बार कहा था, 'राशिद को कभी सुनवाइए।' सो उन्हें और युवा कवि सन्दीप चटर्जी को साथ लेकर शरत सदन, बेहाला पहुँची निर्दिष्ट दिन पर। दीपाली दी के 'सप्तसुर' का कोरल ग्रुप कार्यक्रम के शुरू में गीत-भजन गा चुका। पंडित शंकर घोष का तालवाद्य—वृन्द भी हो चुका। तब भी राशिद का पता नहीं। कब आएँगे, कब वॉर्मिंग अप (गला गर्म करने ग्रीन-रूम का गायन पर्व) होगा और कब साज मिलाए जाएँगे। सब चिन्तित और समय के मामले में अँग्रेज़ दीदी परेशान। तभी ऐन वक्त पर राशिद पहुँचे। सीधे एयरपोर्ट से स्टेज पर ही साज मिलाया—तानपूरे की एक जोड़ी, स्वर मंडल, हारमोनियम और तबला। भरी दोपहर का राग लिया शुद्ध सारंग—पूरी गरिमा के साथ। जैसा स्वर विस्तार, वैसा ही बोल बनाव। तानों की झड़ी ऐसी कि सुनने वाले को पसीना आए। पुकार ऐसी कि आँखें नम हो जाएँ। फ़रमाइश पर भैरवी में सुनाया 'आज-राधा ब्रज को चली'। गोधरा का घाव हरा ही था। ऐसे में एक मुसलमान की आवाज़ की तूलिका से आकाश के कैनवस पर श्रीराधा का चित्रण कुछ ऐसा असर कर गया कि जय गोस्वामी झर-झर रो पड़े। कुछ ही दिनों में, उनकी तब तक अप्रकाशित कविता 'शान्ति कल्याण' की कुछ पंक्तियों के पोस्टर गले में लटकाए, गुजरात की आग बुझाने को तत्पर समाज सेवी सड़कों पर उतर आए। वे पंक्तियाँ थीं—

अविश्वास, अविश्वास जितना भी मारे मुझे
हे विश्वास, अभी उस दिन मैंने अपनी आँखों देखा।
राशिद खान सुर छेड़ें तो ब्रज को चलें श्रीराधा
ब्रज को चली, ब्रज को चली, भैरवी की किरण सी।

(मूल बांग्ला से अनूदित)

इन्हीं दिनों की जलती आग में उस्ताद फ़ैयाज़ ख़ाँ की भूली बिसरी समाधि भी बड़ौदा में जला डाली गई। जिस दिन यह खबर कोलकाता की चेतना को सुन्न कर गई इत्तिफ़ाक से उसी दिन श्रीठाकुर सत्यानन्द की जन्मशतवार्षिकी का विराट सांगीतिक आयोजन था नेताजी इनडोर स्टेडियम में। रात्रिव्यापी अनुष्ठान। सोनू निगम के भजन गायन से शुरू होकर शास्त्रीय संगीत के चमकते ग्रह-नक्षत्रों से जड़ी रात का आयोजन। प्रेम के ठाकुर सत्यानन्द। शास्त्रीय संगीत के प्रथम गायक राशिद। स्वभाव से ही प्रेमी। संगीत से प्रेम किया तो संगीत ने भी उतने प्रेम से गले लगाया। बस यही प्रेम का रिश्ता ही रंग लाया। कभी भी रियाज़ पर जोर नहीं दे सके। फितरत ही नहीं रही ऐसी। उस्ताद के मार-धाड़ के डर से भी नहीं। आखिर नाना ही तो उस्ताद थे। कितना मारते! पर देखने वालों के दिल आज भी दहल जाते हैं उन दिनों को याद करके। नाना की उँगली थामे बदायूँ से आए इस होनहार बच्चे से पूरी अकादमी के गुरुओं को प्यार हो गया था। पंडित ए. कानन, सुनील बोस, विदुषी मालविका कानन, गिरिजा देवी-सभी प्यार से सुनाते, समझाते। जहाँ से जो सुनता गले में उतार लेने वाले इस बच्चे से पूछो क्यूँ, कैसे तो जवाब में भोली सी हँसी मिलती। पर गाने को कहो तो लाजवाब पेशकश! कोई सख़्ती करें तो कैसे! नतीजा यह कि राशिद भी शैतानी से बाज़ नहीं आते और नाना उस्ताद निसार हुसैन ख़ाँ भी अपनी ज़िद से टस से मस नहीं होते। नौबत जूतों की पिटाई से लेकर घर से बाहर निकाले जाने पर अकादमी के पेड़ों की छाँह में भूखे पेट आँसू बहाने तक पहुँच जाती। अकादमी के निर्देशक विजय किचलू एक बार इसे समझाएँ तो एक बार उन्हें मनाएँ। कभी प्यार से तो कभी ऊँचे ओहदे की गर्मी दिखा कर। फिर कुछ दिनों तक शान्ति। फिर वही गड़बड़। यही सिलसिला चलता रहा जब तक उस्ताद जीते रहे। उन दोनों की आख़री लड़ाई शायद राशिद की जीवनसंगिनी के चुनाव को लेकर हुई-संगीत नहीं। क्योंकि तब तक वही बेतुका बच्चा देखते-देखते अपना एक ख़ास मकाम बना चुका था। पर 'कैसे', पूछें अगर, तो जवाब मिलेगा, "क्या मालूम। सब गुरु और ऊपरवाले की मेहरबानी है। बातों में क्या रखा है। बात करनी आती नहीं। सिर्फ़ गा सकता हूँ। ख़ुदा गवाता है, मैं गाता हूँ।"

सो उस रात राशिद ने प्रिय राग जोग सुनाया। एक तो आवाज़ का जादू, ऊपर से दोनों गन्धार और मध्यम से इस राग का जो एक रूप बनता है वह भी कम नहीं दिल की गहराई तक उतरने में। सोनू निगम के उछलते-कूदते फैन भी इस जादू की क़ैद में धीरे-धीरे आ गए—शान्त, समाहित! छोटे-बड़े सब चुपचाप। होश जब आया तब तक राशिद उठ कर खड़े हो चुके थे। फ़रमाइशों की झड़ी को हाथ जोड़ कर टालते हुए बोले, "बहुत रात बीत गई है, और भी बड़े-बड़े कलाकार हैं, अप्पाजी (गिरिजा देवी) हैं। माफ करें," और मुड़कर चले गए। बड़ौदा में सोए आफताब-ए-मुसीकी की याद के अपमान का प्यार भरा उत्तर दिया गुरुजनों के लिए सम्मान दिखाकर।

कुछ दिनों बाद राशिद एक नया प्रयोग करते पाए गए। सितार के साथ जुगलबन्दी। वैसे तो जुगलबन्दी की परम्परा नई नहीं। दो गायक, दो वादक या युगल नर्तक मंच पर एक साथ अपनी कला के माध्यम से साझेदारी, अपनत्व या आपसी समझ का प्रदर्शन करते रहे हैं। इनमें सबसे प्रसिद्ध जुगलबन्दी रही है पंडित रविशंकर और उस्ताद अली अकबर खान की-सितार और सरोद पर। गायक और वादक की जुगलबन्दी एक साहसपूर्ण नया कदम है जिसकी शुरुआत की थी मरहूम उस्ताद मुनव्वर अली ख़ान ने उस्ताद इमरत खान के सितार के साथ। मुनव्वर साहब की अकालमृत्यु ने इस पर रोक सी लगा दी। उस्ताद इमरत खान के सुपुत्र निशात खान के साथ राशिद ने फिर यह प्रयोग किया। बड़ा सफल रहा इन दोनों की साझेदारी में निखरा राग यमन और बिहाग। सी.सी.एफ. सी. का विशाल प्रांगण हर क्षेत्र के सितारों से जगमगा उठा था उस शाम।

इसके कुछ ही दिन बाद प्राचीन कला केन्द्र द्वारा आयोजित संगीत सभा में राशिद गा रहे थे पूरिया और हँसध्वनि। हँसध्वनि में उस्ताद अमीर ख़ाँ की बड़ी प्रिय बन्दिश है 'लागी लगन'। राशिद की आवाज़ में यह बन्दिश सुनते-सुनते मरहूम उस्ताद की एक बात याद आई जो उन्होंने उस्ताद बड़े ग़ुलाम अली ख़ाँ की आवाज़ के विषय में कही थी। वह यह कि "अगर आवाज़ पर नम्बर दिए जाएँ तो बड़े ख़ाँ बैठते ही सौ में सत्तर ले जाते हैं जबकि बाकी लोगों को बड़ी मुश्किल से तीस या चालीस मिलते हैं। गायकी के दम पर कोई कितना जीते।" यह उस ज़माने की बात थी जब अमीर ख़ाँ और बड़े ख़ाँ के चाहने वाले यह तय नहीं कर पाते थे कि कौन ज़्यादा बड़ा कलाकार है। इस दौर में भी कई गायक लोकप्रियता के शिखर पर हैं लेकिन राशिद की आवाज़ के लिए, आज के परिप्रेक्ष्य में, शायद बहुतों को अमीर ख़ाँ साहब की वह बात जँचेगी। लेकिन भारतीय शास्त्रीय संगीत के स्वर्ण युग के इन दो महान उस्तादों को सुन चुके संगीतज्ञों का मानना है कि राशिद को अपने नाना के बाद किसी उस्ताद से और तालीम लेनी चाहिए थी। राशिद की आवाज़ के दीवाने कुछ श्रोता, जो उन्हें कई सालों से सुनते आए हैं, यह कहते मिलते हैं कि अब वे रिकॉर्ड सरीखे सुनाई देते हैं और उनकी यह प्रेडिक्टेबिलिटी आकर्षण के ज्वार को भाटे की ओर ले जा रही है।

बावजूद इसके इस हर दिल अज़ीज़ गायक को 2002 में कुमार गन्धर्व पुरस्कार मिला। एक अति लोकप्रिय गायक की स्मृति में युवा गायकों को, जिनकी उम्र चालीस वर्ष से कम हो, दिया जाने वाला यह सम्मान मीरा के उस कथन को चरितार्थ करता है, "जौहर की गत जौहरी जाने।" इस जौहर के अन्दर छिपा संवेदनशील मन अपने आप में एक और जौहर है जो गुरुस्थानीय हर संगीतज्ञ की सेवा में कुछ कर गुजरने को तत्पर रहता है। पंडित वी.जी. जोग की चिकित्सा के लिए हो या पंडित सुनील बोस की सहायता के लिए, विदुषी मालविका कानन के सम्मान में हो या पंडित ए.

कानन के बिगड़ते स्वास्थ्य की देखभाल के दायित्व की बात हो-हर मौके पर राशिद बड़ी श्रद्धा से संगीतांजलि देते पाए गए हैं और बिना किसी दिखावे के यथासम्भव गुरुदक्षिणा भी। आखिरकार इन सभी महान संगीतज्ञों से राशिद ने संगीत शिक्षा से भी बढ़ कर जो पाया, वह है प्यार। प्यार के मुरीद राशिद ने अपनी माँ की स्मृति में 1999 में एक ट्रस्ट बनाया 'शाखरी बेग़म मेमोरियल ट्रस्ट' जिसके माध्यम से वयोवृद्ध संगीतसेवियों की सेवा के साथ नई प्रतिभा के विकास का बीड़ा उठाया।

इसके लिए अपनी अति व्यस्तता के बावजूद संगीत के शिक्षार्थियों को सिखाना शुरू किया। फिर क्या था! उन जैसे आइकॉन के सान्निध्य में आने की ललक से शिक्षार्थी उमड़ पड़े! यहाँ तक कि हरियाली से नहाए अपने सुन्दर निवास के प्रिय बगीचे के एक बड़े हिस्से पर ट्रस्ट के अन्तर्गत राशिद ख़ाँ ने संगीत अकादमी के भवन का निर्माण किया और बड़ी श्रद्धा से कई गुणी—कलाकारों को गुरु का आसन देकर शिक्षार्थियों की प्राथमिक शिक्षा का दायित्व उनके सुपुर्द कर दिया और ख़ास तालीम लेने वालों की जिम्मेदारी ख़ुद सँभाली। सोमा की अथक निगरानी ने एक दशक में ही इस संगीत प्रतिष्ठान को एक डिजिटल संगीत अकादमी का रूप दिया जो फिफ्थ नोट ग्लोबल सेन्टर फार एक्सेलेंस नाम से प्रसिद्ध है। इस सेन्टर के अपने प्रेक्षागृह में हर शुक्रवार दरबार सजता है नए नए युवा कलाकारों के प्रदर्शन को मंचस्थ करने के लिए। सेन्टर के चल निकलने के बाद अगले ही साल—वर्ष 2010 में, राशिद-सोमा की जोड़ी ने अगरतला में संगीत ग्राम स्थापना करके अपने उस सपने को साकार किया जो उत्तर पूर्वी भारत में सोमा के सुर-ऋद्ध मायके असम में हिन्दुस्तानी शास्त्रीय संगीत का गढ़ बनाना चाहता था। वे किस हद तक सफल हुए हैं यह तो वो अधिक जानते हैं जो राशिद के पदचिन्हों पर चलते हुए देश के इस अलग थलग लेकिन सुरीली संस्कृति सम्पन्न सात प्रदेशों (जिन्हें सेवेन सिस्टर्स कहा जाता है) तक पहुँच गए हैं शास्त्रीय संगीत की शिक्षा देने की चाह में।

इसी एक दशक, यानी 2000-2010, ने राशिद को सफलता के शिखर तक लगातार बढ़ते देखा और अपनी आवाज़ को शास्त्रीय संगीत के बाहर अन्य विधाओं में भी परखते देखा। उनके श्रोताओं में हर तबक़े के लोग हैं, हर उम्र के, हर धर्म के, सम्प्रदाय के। फ्यूज़न के इस दौर में सभी जब दौड़ रहे थे तब संगीत की किसी दूसरी विधा की ओर उनका पहला कदम बढ़ा प्रिय मित्र प्रख्यात सरोद वादक एवं संगीत निर्देशक तेजेन्द्र नारायण मजूमदार के आमंत्रण को सम्मान देने की मंशा से। यह प्रयोग 'नैना पिया से' के नाम से रिकॉर्ड हुआ। इसमें नातिया क़व्वाली, ग़ज़ल आदि की खुशबू राशिद की मदमाती आवाज़ की शास्त्रीयता में घुल मिल गई जो श्रोताओं को बहुत पसन्द आई। कुछ ऐसा ही हुआ 2004 में इस्माइल दरबार के निर्देशन में बनी फिल्म 'किसना—द वारियर पोएट' के उन दो गानों के साथ जो राशिद ने गाए। फिर आया 'जब वी मेट' (2007) फिल्म के लिए सन्देश शांडिल्य

द्वारा सूरारोपित वह हर मनभावन सुपर हिट गाना—'आओगे जब तुम ओ साजना, अँगना फूल खिलेंगे।' गाना तो गाना—इसका नशा इतना सर चढ़कर बोला कि इसके इंटरल्यूड को भी लाखों लोगों ने बड़े चाव से अपने फ़ोन का कॉलर ट्यून बना लिया। सुप्रसिद्ध युवा गायिका कौशिकी चक्रवर्ती तक ने!

फिर क्या था गानों की फ़रमाइश ले कर हिन्दी फिल्मों की तरह बांग्ला फिल्में भी कतार में लग गईं।

इसी तरह राष्ट्रीय पुरस्कारों में भी जैसे होड़ लगी कि कौन राशिद के पास पहले पहुँचे! 2004 तक जिस गायक को केवल मध्य प्रदेश की सरकार ने कुमार गन्धर्व सम्मान से भूषित किया था—उसी को भारत सरकार ने 2006 में एक नहीं—दो दो गौरवशाली सम्मान से विभूषित किया—पद्मश्री और संगीत नाटक अकादमी अवार्ड! राशिद की उम्र उस समय कुल जमा 38 साल।

ऊपर वाले ने चौथा सदस्य भेज कर एक और अरमान पूरा किया। परिवार के चौथे सदस्य की बात चल निकली तो याद आया—संगीत रिसर्च अकादमी के अत्यन्त गुणी गुरु और स्वनामधन्य विद्वान गायक पंडित उल्हास कशालकर की पत्नी संजीवनी कशालकर उन दिनों कोलकाता रेडियो में ऊँचे पद पर कार्यरत थीं। वे भारतीय राग संगीत के समय चक्र के आठों प्रहर के रागों की विशेषताओं को दर्शाते गायन वादन और शास्त्रीय व्याख्या पर आधारित आठ एपिसोड बना रहीं थीं! इसकी शास्त्रीय व्याख्या संगीत के प्रकांड विद्वान पंडित कुमार प्रसाद मुखर्जी ने लिखी थी। अँगेज़ी में। और मैंने हिन्दी में। इसी बहाने मुझे रिकॉर्डिंग के समय उपस्थित रहने का मौका मिला। इसमें भाग लेने के लिए कोलकाता के ध्रुपद विद्वान फाल्गुनी मित्रा, शहनाई नवाज उस्ताद अली अहमद ख़ाँ, ठुमरी सम्राज्ञी विदुषी गिरिजा देवी, उल्हास जी सरीखे लगभग सभी बड़े कलाकारों को आमंत्रित किया गया था। कशालकर दम्पति के चहेते राशिद तो इसके स्टार कलाकार थे ही!

रिकॉर्डिंग के पहले कुशल वार्ता के समय पूछा—'घर में सब ठीक तो हैं राशिद भाई? सोमा, सूहा-शाओना?' तानपूरा मिलाते मिलाते जवाब में लाज भरी मुस्कान के साथ राशिद बोले—'अब तो सूहा शाओना का एक भैया भी आया है!' मैंने उनकी उस झेंपती सूरत की अनदेखी करके पुरजोश बधाई देकर बेटे का नाम पूछा तो पता चला कि बड़े अरमान से जो चाहा था वो ख़ुदा के करम से मिला तो इसलिए सब उसे अरमान कह कर ही पुकारते हैं।

इसके कुछेक साल बाद कई दफ़ा नन्हे से अरमान को अपने साथ लेकर राशिद मंच पर आते थे; खासतौर से स्वामी विवेकानन्द की जन्म जयन्ती पर आयोजित शास्त्रीय संगीत के कार्यक्रम में अपनी संगीतांजलि देते वक़्त। धीरे धीरे, बिना किसी ज़ोर जबरदस्ती के अपने बेटे को घराने की ख़ासियत दिखाने और समझाने लगे। अरमान की सुरीली आवाज़ ने अब सोमा और राशिद के दिलों में

उसे ख्याल गायक के रूप में देखने के अरमान जगाए और यह स्वाभाविक ही है! घराने का कोई तो प्रतिनिधि बने। सूहा भी बड़ी सुरीली है मगर क्लासिकल ख्याल की ओर उसकी रुझान ही नहीं! वो सूफी संगीत की क़ायल निकली। बच्चों के पिता से अधिक उनके दोस्त राशिद ने उनके ज़ाती पसन्द में कभी अपनी राय नहीं थोपी; बल्कि बढ़ावा दिया।

मुझे पूरा विश्वास है कि राशिद की यही सहृदयता उनके संगीत में झलकती है तासीर के रूप में। वर्ष 2010 में संगीत रिसर्च अकादमी के प्रतिष्ठाता व निदेशक पंडित विजय किचलू की 80वीं सालगिरह को इंडो आक्सीडेंटल सिम्बायोसिस के कर्णधार शौभिक दासगुप्ता ने राजकीय रूप में मनाया कोलकाता के खचाखच भरे रवीन्द्र सदन में। इस महा समारोह में पंडित शिवकुमार शर्मा जैसे देश के कई महान कलाकारों ने भाग लिया। उनमें राशिद भी थे। उम्रदराज़ कलाकारों में सबसे छोटे लेकिन सभी के चहेते। शायद इसी वजह से शाम की महफ़िल शुरू ही हुई उनके गायन से। राग मधुवन्ती। जाने पहचाने बहुल प्रचलित इस गोधूलि वेला के राग में तीव्र मध्यम से लिपटा कोमल गन्धार जब शुद्ध ऋषभ पर थोड़ा ठहर कर षडज पहुँचता है तब साधारणतया ऐसा लगता है कि वेदना को उपशमित करने आत्मविश्वासी ऋषभ की सहायता ली गई है षडज सरीखे घर में वापसी के पहले! लेकिन इसी रागवाचक स्वर समूह को राशिद ने कुछ इस अन्दाज से छुआ, परखा और परोसा कि राग का अन्तर्निहित करुण रस का प्रभाव कम नहीं हुआ। ऋषभ के आत्मविश्वास से परिपूर्ण गोद में आकर बैठने के बाद भी नहीं! अवाक सोचती रही कि मधुवन्ती में इतनी मीठी कसक पहले कभी नहीं देखी! राशिद जैसे दिलवाले कलाकारों की दिव्य दृष्टि ने देखा होगा तभी इस राग का इतना मीठा नामकरण हुआ—मधुवन्ती! यानी जो मधु से भरपूर है। अचानक मेरी सोच का सिलसिला टूटा जब श्रोता-दर्शकों की फ़रमाइशें कानों में बसे सुरीले संसार को झकझोरने लगीं। हाल के एक छोर से कुछ दर्शक ज़ोर ज़ोर से आवाज़ दे रहे थे—'राशिद भाई! 'आओगे जब तुम! आओगे जब तुम!!' पहले तो राशिद अनसुनी करते हुए तानपूरे को मिलाते रहे अपनी अगली प्रस्तुति के लिए। लेकिन आवाज़ें थमने का नाम ही नहीं ले रहीं थीं। आख़िरकार राशिद ने हाथ जोड़ दिए। शैतानी पकड़े जाने पर शैतान बच्चे की सी दबी मुस्कान के साथ कनखियों से आस पास का हवाला लेते हुए बोले—"मरवाओगे क्या! यहाँ (विजय किचलू) अंकलजी हैं, शिवजी हैं; और भी काफ़ी बुजुर्ग क्लासिकल सुनने आए है! ऐसी जगह पे फिल्मी गीत? हमसे नहीं होगा।" उनकी इस सीधी सच्ची बात का भला कोई क्या बुरा मनाता!

ऐसी ही सादगी झलकती है उनके उन वीडिओज में जिसमें उन्होंनें जुगलबन्दी की है पंडित भीमसेन जोशी सरीखे महान सुरसिद्ध अनुभवी गायक के साथ! यह ख़बर आते ही कुछ समालोचक कहते मिले—राशिद को ये क्या सूझी अपने पैर

आप कुल्हाड़ी मारने की! अच्छा भला नाम और पैसा कमा रहे, इस कटु सत्य का सामना करने का साहस जुटा रही थी कि एक विडियो हाथ लग गया। देखा तो मुग्ध हो गई। बार बार देखा लेकिन अपनी मुग्धता का कारण यही समझा कि दोनों मेरे बड़े ही प्रिय गायक हैं। कई साल बाद पूरब अंग गायकी को पुनरुज्जीवित करने के प्राजेक्ट के अन्तर्गत इस गायकी की किंवदन्ती संगीतज्ञा गिरिजा देवी की पट्टशिष्या एवं साहित्य और संगीत की प्रकांड पंडिता मंजु सुन्दरम जी से साक्षात्कार करने का सौभाग्य मिला गुड़गांव के प्रख्यात संगीत रसिक-'वी एस के' बैठक के आयोजक और पूरब अंग गायकी के एकनिष्ठ संरक्षक विनोद कपूर जी की व्यवस्थापना में। आजकल कहीं संगीत की चर्चा हो और राशिद की बात ना हो ऐसा नामुमकिन है। सो चर्चा हुई—दिल-दिमाग़ को रौशन करने वाली, सकारात्मक, स्नेह और श्रद्धा की चाशनी में डूबी हुई। जब राशिद और जोशीजी की इस जुगलबन्दी की बात निकली तो मंजु दीदी बोलीं 'इसे तो हरेक को देखना चाहिए मैं तो यही देखती रही कि अपने से बड़े कलाकार के साथ बैठ कर कितनी श्रद्धा और विनम्रता से उनको सुनना और अपनी बात सुनानी चाहिए इसकी एक मिसाल रखी है राशिद ने। साधारणतया इस उम्र के कलाकार तैयारी का बढ़ चढ़ कर प्रदर्शन करते हैं लेकिन यहाँ राशिद ने अपनी युवा शक्ति को प्रशमित करते हुए जोशीजी को उच्चासन पर बिठाया। जोशीजी ने भी बड़े स्नेह से अपने अनुभवों का ख़ज़ाना राशिद पर न्योछावर किया! यह अपने आप में कितनी सुन्दर और सीखने वाली बात है, जरा सोचो तो!"

गुरुजनों का ऐसा स्नेह राशिद को हमेशा ही मिला। इस बात को वे बड़ी कृतज्ञता से याद करते हैं और उन सकारात्मक यादों को ही सबके साथ साझा करते मिलते हैं। अभी हाल ही में जब उनको पद्मभूषण से सम्मानित किया गया तब एक प्रतिष्ठित पत्रिका के अनुरोध पर उनसे साक्षात्कार के लिए समय माँगा तो बोले, "दीदी, आप तो सब कुछ जानतीं हैं; नया क्या सुनाऊँ!" लेकिन आश्वस्त हुए तो अपने ग्लोबल सेन्टर के आफिस में काफी खुल कर बातचीत की। पुरानी यादों को टटोलते बोले, "बदायूँ में मैं तो खेल के मैदानों में ही पाया जाता था। जब संगीत रिसर्च अकादमी बनी, उसके साल भर पहले ही विजय किचलू अंकल नाना (सहसवान घराने के किंवदन्ती गायक उस्ताद निसार हुसैन ख़ाँ) से कलकत्ता आने की गुजारिश कर गए थे। ना जाने क्या सोच कर नाना अपने साथ मुझे भी यहाँ ले आए। उन दिनों अकादमी न्यू अलीपुर के एक मकान में था। गुरुओं में सबसे पहले आने वालों में थे उस्ताद लताफत हुसैन ख़ाँ साहब, अप्पाजी (गिरिजा देवी)और नाना। उस समय मेरी उम्र का कोई वहाँ नहीं था इसलिए बेहद अकेलापन महसूस करता था। कभी अप्पाजी के पास जाकर बैठा रहता उनका सिखाना देखता, उनके हाथ का बना चूड़ामटर मज़े लेकर खाता; तो कभी खाला के साथ रसोई में खाना बनाने के काम में उनका हाथ बँटाता। इस तरह कुछ ठुमरी के मुखड़े याद हो गए

और थोड़ा बहुत खाना बनाना भी सीख गया। गाने की तालीम और रियाज़ से पहले भी जी चुराता था, और न्यू अलीपुर आकर ऐसा लगा कि जैसे जेलखाने में क़ैद हूँ।"

मैंने याद दिलाने की मंशा से कहा—आपके नाना के कड़क मिजाज़ से संगीत जगत परिचित ही है! तो मुस्कुरा कर हामी भरी और हँसते हुए बोले, "नाना सभी से अकड़ कर ही मिलते थे। ग्रुप फोटो में भी सबसे अलग दिखेंगे! मैं बेहद शैतान था, रियाज़ नहीं करता था—मार तो पड़नी ही थी। मेरे उस्ताद की जूती मेरे सर आँखों पर—आज जो भी हूँ, जैसा भी गाता बजाता हूँ—सब कुछ उन्हीं की तालीम की वजह से ही है! और हाँ ये भी मानना पड़ेगा कि कलकत्ते में आने के एक साल बाद जब हम टालीगंज के आज वाले ठिकाने पर पहुँचे, वहाँ की हरियाली, खुले मैदान, खेलने की खुली छूट, हमउम्र दोस्त, गाने बजाने का माहौल—इन सब की वजह से मुझमें बदलाव आया। सब से ज़्यादा असर तो सबसे मिले प्यार का पड़ा। मैंने खाया नहीं है जान पाते ही सुनील (बोस) काका ने कितने दिन अपने हाथों निवाले तोड़ कर मुझे खिलाया। किचलू अंकल पिटाई से मुझे बचाने मेरी कितनी बदमाशियाँ नाना से छुपा गए। इन सारी बातों के अलावा जब दूसरों को रियाज़ करते देखता था तो मैं भी वहीं बैठ कर सुनता सुनाता था। अजय (चक्रवर्ती)दा, अरुण (भादुड़ी)दा को घंटों रियाज़ करते सुना। क्लासिकल के ऐसे माहौल में मैं अगर फिल्मी गाना गाता तो भी सब मेरी तारीफ ही करते। ऐसा प्यार भरा माहौल न मिलता तो पता नहीं आज क्या करता।"

राशिद की इस स्वीकारोक्ति में मुझे किचलू जी की उन विवरणों की प्रतिध्वनि मिली जो उन्होंने मुझे उनके जीवन चरित (रोली बुक्स दिल्ली द्वारा प्रकाशित विजय किचलू—ए स्कल्प्टर आफ़ टैलेंट) पर काम करते समय दीं। राशिद की ईश्वर दत्त प्रतिभा के असर को लेकर कई वाकये भी सुनाए जिनमें एक तो उस समय की बात है जब राशिद ने बस सीखने में थोड़ी दिलचस्पी दिखाई भर थी और ग्रेडेशन टेस्ट देने की बात पर उनके नाना यानी उस्ताद ने ना नुकुर तक नहीं किया था। अकादमी के स्कॉलरों की यह परीक्षा लेने कुछ विद्वान संगीतज्ञों को 'एस आर ए एक्सपर्ट कमिटी मेंबर्स' में शामिल करके सादर आमंत्रित किया जाता था। इनमें रवीन्द्र भारती यूनिवर्सिटी के संगीत विभाग के उस समय के वरिष्ठ संगीताचार्य पंडित अमिय रंजन बनर्जी भी थे। इन परीक्षकों को हर परीक्षार्थी के लाग बुक में उसके गायन की निरपेक्ष समीक्षा लिखनी पड़ती थी जिससे उसके विकास में सहायता मिल सके। हर बार की तरह उस दिन भी अमिय बाबू ने बड़ी निष्ठा से सब के लाग बुक में अपने बहुमूल्य सुझाव दिए। अब राशिद की बारी आई। बचपन से कैशोर्य की ओर बढ़ते उस दुबले पतले लड़के से उन्हें कुछ ख़ास प्रत्याशा नहीं थी। लेकिन जब राशिद गा चुके और स्टेज से उठ भी गए, तब भी अमियबाबू मंत्रमुग्ध से चुपचाप बैठे रहे। जब किचलू साहब ने उनसे अपनी राय देने का अनुरोध किया तो उन्होंने

हाथ जोड़ कर कहा—ईश्वर के बनाए इस अजूबे पर क्या राय दूँ! पर इतना जानता हूँ कि एक दिन यह विश्व विख्यात गायक बनेगा।

अमिय बाबू की भविष्यवाणी जल्दी ही रंग लाएगी इतना पारखी दिमाग़ तो किचलू साहब रखते ही थे; और इसीलिए राशिद पर उनकी पैनी नज़र रहती थी। लेकिन उन दिनों तो राशिद पर फिल्मी गीतों का जादू चढ़ा हुआ था। इस तथ्य की पुष्टि के लिए मैंने आखिरकार पूछ ही लिया—"आप फिल्मी गाना, ख़ासकर रफ़ी साहब के गाने बहुत उम्दा गाते थे ऐसा सुना है। निसार हुसैन ख़ाँ साहब इस बात पर ख़फ़ा नहीं होते थे?" "अरे नहीं नहीं! बल्कि नाना तो खुश हुआ करते थे।" चहकते हुए राशिद बोले। "शायद इसीलिए अप्पाजी की ठुमरी दादरा के भाव को थोड़ा बहुत अपना सका। मुझे अप्पाजी कितनी बार पकड़ लेतीं और कहतीं 'सिर्फ़ स्थायी गाने से चलेगा? अरे अन्तरा तो सही तरह से सीख ले!"

आजकल तो राशिद ग़ज़ल भी गाते हैं। नाइन इलेवेन के हादसे के बाद जब हवाई अड्डे के अमेरिकन सिक्योरिटी के व्यवहार से राशिद नेस्तनाबूद हुए तब से अमेरिका की ओर रुख़ नहीं लेने की कसम खाई है। अब मिडल ईस्ट के देशों ने बार बार बुलाना शुरू किया और शास्त्रीय संगीत के साथ साथ ग़ज़ल की भी फ़रमाइश रखी। जनरंजन और अपनी अकादमी की बढ़ोत्तरी के लिए पैसे का जुगाड़ करने को ग़ज़ल गाना कुछ बुरा तो नहीं। जैसा देश वैसा भेष वाली कहावत तो यही सिखाती है।

सिखाना कितना पसन्द है और किस तरीक़े से सिखाते हैं? मेरे इस प्रश्न के जवाब में बोले, "अब हमारा ज़माना तो अपने साथ अदब क़ायदे भी ले गया। आज के सीखने वालों को नाना के स्टाइल में सिखाना नामुमकिन है। और सच पूछें तो ज़रूरत भी नहीं क्योंकि आज के बच्चे बड़े जहीन हैं। हममें से बहुतों ने स्कूल देखा ही नहीं। सिर्फ़ और सिर्फ़ गाना सीखा। मेरे कई शागिर्द हैं जो पढ़ाई में भी अव्वल हैं, गाने में भी आगे हैं। आज कोई भी अनपढ़ रह कर गाना नहीं सीखता। ऐसे बच्चों को काफ़ी ढील देनी पड़ती है। मेरा बेटा अरमान तो पढ़ाई भी करता है और ख़ुदा के करम से मुझसे सीखता है, गाता भी है।"

अरमान का एकल गायन अभी नवम्बर 2022 के दूसरे हफ़्ते ही सुना पंडित समर साहा द्वारा आयोजित संगीत पियासी के प्रसिद्ध मंच पर से। काफ़ी सुरीला और तैयारी के साथ राग यमन गाया। फिर उस्ताद बड़े ग़ुलाम अली ख़ाँ साहब की गाई अमर, सदाबहार याद पिया की आए को अपने नए अन्दाज में इलेक्ट्रिक गिटार बजाते हुए गाया। इन नए प्रयोग से राशिद को कोई शिकायत नहीं क्योंकि इस ज़माने का यही दस्तूर है। उन्हें खुशी इस बात की है कि गाने की नींव तो सही है!

राशिद को कहते सुना—"आप मेरे सिखाने के तरीके के बारे में जानना चाह रहीं थीं तो उसमें नया कुछ करने की नहीं सोची। वो सब तो पुश्त दर पुश्त चला

आ रहा है।" कुछ बात है हम में कि हस्ती मिटती नहीं हमारी! कुछ ऐसा ही अन्दाज था पद्मभूषण उपाधि से अलंकृत इस युग के हिन्दुस्तानी शास्त्रीय संगीत के जादूगर गायक उस्ताद राशिद ख़ाँ का जिन्होंने कोविड महामारी के चलते किसी भीषण बीमारी को पछाड़ दिया और फिर से अपनी दिलकश आवाज़ से दुनिया को मंत्रमुग्ध कर रहे हैं, भविष्य के लिए अच्छे गायक तैयार कर रहे हैं, उनको मंचस्थ कर के प्रोत्साहित करने के लिए कार्यक्रम करवा रहे हैं, वयोवृद्ध या बीमार कलाकारों की सहायता कर रहे हैं...

जनआन्दोलन में बॉब डिलन के गीतों की भूमिका

भवी सिंह

Bob Dylan हमारे समय के शीर्ष गायक, संगीतकार और विद्रोही कवि के रूप में सिर्फ़ अमेरिका में ही नहीं, विश्व भर में समादृत हैं। उन्होंने गीतों के अतिरिक्त दो पुस्तकें गीत साहित्य के दर्शन पर भी लिखी हैं। केवल गीतकार या गायक होना ही उनकी विश्वव्यापी प्रसिद्धि का कारण नहीं है। अपने समय की देह और आत्मा को अपनी विद्रोही रचनाओं की शक्ति से इस तरह उद्वेलित करने वाले कवि-गायक किसी भी समाज में बहुत कम होते हैं। अमेरिका का अश्वेत आन्दोलन जहाँ मार्टिन लूथर किंग जैसे नेताओं से प्रेरित-संचालित था, वहाँ अन्याय के खिलाफ बॉब डिलन के गीत जनसमुदाय के मन मस्तिष्क को विचलित कर रहे थे। ऐसा वातावरण था कि कुछ भी हो सकता है। सम्भवनाओं का ऐसा विस्तृत आसमान बॉब डिलन के विद्रोही गीतों ने पैदा किया कि भीतरी बाहरी सब कुछ थिरक उठा।

—सम्पादक

2016 में जब बॉब डिलन को साहित्य के लिए नोबेल प्राइज दिया गया तो नोबेल प्राइज कमेटी ने कारण दिया, "for having created new poetic expressions within the Great American song tradition." इस पुरस्कार की आलोचना भी हुई। साहित्यिक पंडितों ने और कविता, आलोचना के शुद्धतावादियों ने कई प्रश्न उठाए। वे माने या न माने, डिलन के लोक गीतों ने पूरे विश्व के लोगों को इतना ज़्यादा उत्साहित किया है, साहित्य को प्रभावित किया है, समाज और संस्कृति को बदला है, जिसकी मिसाल कम ही मिलती है। उनके गानों के बोल उनके संगीत की तरह ही विद्रोही स्वभाव के हैं। उन्होंने पश्चिमी गीतों के, कविता के, संगीत के, लोकगीतों के मानदंड बदले हैं। Beatles, Rollingstone, Bruce Springsteen जैसे बैंड उनसे पूरी तरह प्रभावित हैं। पश्चिमी समाज की

वे अन्तरात्मा को झकझोरते रहे हैं। अश्वेत लोगों के लिए समाज का घृणात्मक व्यवहार, कानून व्यवस्था, विश्व में अराजकता, परमाणु बम की बात हो, या कोई भी हैवानियत की स्थिति, उनके गीत हर स्थिति पर लिखे गए हैं। न केवल उन्होंने खुद गाए हैं, लगभग सभी गीत-संगीतकारों ने उनके गीतों को अपनाया है। अमेरिका के अश्वेत नागरिक अधिकार आन्दोलन(Black Civil Rights Movement) में वे अग्रणी रहे हैं। इस बात को समझने के लिए हमें लगभग 60 वर्ष पीछे मुड़ कर देखना होगा। कैसे शुरू हुआ उनका सफर जिसने हर शिखर को छुआ, उनकी क्रान्तिकारी मन:स्थिति को जानने के लिए, एक झरने की तरह संगीत और गीत कैसे इस महान कलाकार इनसान के मन से फूटते हैं, उसे समझने के लिए उनके युवा दिनों की ओर जाना होगा।

जनवरी 1961 की एक रात का दृश्य! कैफे Wha? में एक उन्नीस वर्षीय दुबला पतला लड़का Woody Guthrie का एक लोक गीत गिटार पर गाने लगा। न्यूयॉर्क शहर में यह उसकी पहली रात थी। यह लड़का Robert Zimmerman मिनिसोटा प्रान्त में यूनिवर्सिटी की पढ़ाई छोड़ कर बीमार, मरणासन्न, प्रसिद्ध लोकगायक Woody Guthrie को मिलने न्यूजर्सी आया था। उसने खुद ही गिटार और हारमोनिका बजाना सीखा था। न्यूयॉर्क शहर के इस Greenwich विलेज इलाके में शामों को कैफे लोगों से भरे रहते। Alan Ginsberg, Burroughs, Kerouac जैसे लेखक घंटों साथ बैठे दिखते। Ginsberg की Howl और Kaddish संग्रह आ चुके थे, तहलका मच चुका था। Howl पर obscenity के केस चल रहे थे। ये लोग मैली, मुड़ी तुड़ी पैंट पहने, पुराने कपड़े पहने रहते। हालाँकि वे और उनके साथी ड्रग्स लेते थे। फिर भी अमेरिका को अपने मूल्यों पर वापस लाना ही है, वे इस बात पर तुले थे। युवा लोग उनका अनुसरण करते, अमेरिका में बुद्ध और हिन्दू धर्म की बातें होने लगी थीं। इस इलाके के कैफे शामों को आर्टिस्ट, पेन्टर्स, लेखकों, अभिनेताओं, नशे करते युवाओं से लदे एक नई दुनिया को जन्म देने में व्यस्त थे। इस वक्त अमेरिका बिलकुल अलग देश था। कोई बड़े-बड़े शॉपिंग मॉल नहीं थे। या तो बड़े शहर थे, छोटे कस्बे या खेत। एक तरफ तो वियतनाम और क्यूबा के खिलाफ़ अमरीका का विरोध चल रहा था, दूसरी ओर काले अमरीकी अपने हक की लड़ाई लड़ रहे थे। एलजीबीटी, Gay rights और फेमिनिज्म के ब्रा—जलाने के प्रदर्शन न्यूयार्क में आम दिखाई पड़ते। Leslie Gore का मशहूर गीत You don't own me पॉप संगीत के शिखर पर था। Betty Friedan का The Feminist Mystique लिखा जा रहा था। Andy Warhol जैसे पेन्टर भी इसी इलाके में पॉप आर्ट से क्रान्तिकारी पेंटिंग्स कर रहे थे। इस गहमा गहमी में यह पतला दुबला लड़का गिटार पर झुके अकसर अपने गीत बजाता, अपनी धुन में ही व्यस्त दिखता। शामों को अपने किसी दोस्त के घर उसके सोफे पर या कहीं

भी सो लेता। चूहे और खटमलों से भरे हुए कैफे या किसी घर का Basement उनकी प्रयोगशाला थी। इस युवक ने लोगों को अपना असली नाम बताया ही नहीं और अपने आपको 'बॉब डिलन' कहता था। Welsh कवि Dylan Thomas के नाम पर। वह बोलते हुए हकलाता था। उसकी आवाज़ और अन्दाज़ में एक खास झँकार थी। उसका स्वभाव खुरदरा सा था। फिर भी लोग उसकी तरफ प्रभावित होते थे। उसकी पहली एलबम की हजार एक प्रतियाँ ही बिकी थी। कोलम्बिया स्टूडियो ने उसे यह अवसर दिया था, और वह अवसर चला ही जाता उसके हाथ से, पर उन्ही दिनों Gaslight कैफ़े में गीत बजाते इस युवा संगीतकार पर कई लोगो की नज़र पड़ चुकी थी। इस कैफ़े में उन्हें पैसे नहीं दिए जाते थे, गाने के बाद एक टोकरी या Hat में श्रोता कुछ पैसे डाल देते, कभी सात डॉलर बन जाते तो बहुत थे। उनकी उम्र उस वक्त 20 साल की थी, जब New York Times में एक रिपोर्टर ने उन पर एक लम्बा लेख लिखा, इससे वह काम करते रहने को प्रेरित रहे और गीत लिखते बजाते रहे।

जुलाई 1962 में, Dylan की एक सुन्दर युवती सूज़ी रोटोलो से भेंट हुई। वह सत्रह वर्षीया खुद को Leftist कहती थी। उसके पिता कम्युनिस्ट थे। वह Congress of racial equality (CORE) ऑफिस में सेक्रेटरी का काम करती थी। उसने डिलन का परिचय कई लेखकों से करवाया, ब्रेख्त, रिमबाड, कई पेन्टर्स और नाटककारों से। जल्दी ही वे दोनों एक छोटा सा अपार्टमेंट किराए पर लेकर साथ रहने लगे। वे दोनों अपनी मस्ती में थे, दुनिया बदलने का स्वप्न देखते थे। बॉब डिलन चाहते थे कि सूजी के काम पर एक फंक्शन में उन्हें गाने को बुलाया जाए। इस उम्मीद में उन्होंने कालों की स्थिति पर एक गीत The Ballad of Emmett Till लिखा। यह लड़का Emmett Till मिसिसिपी प्रान्त में, एक गोरी स्त्री को सीटी मारते हुए पकड़ा गया था और उसकी पिटाई के बाद गोली मारकर उसकी हत्या कर दी गई थी।

उसके बाद उन्होंने कई ऐसे गीत लिखे जिन्हें Broadside नाम की एक नई पत्रिका में प्रकाशित किया गया। वह एक नई पत्रिका थी, अप्रैल के अंक में एक और गीत इसी पत्रिका में छपा 'Blowin' in the wind'। उन्होंने 10 मिनट में यह गीत लिखा और फिर अपने एक दोस्त को बुलाकर सुनाया। बाद में चल कर यह गीत इतिहास बन गया, उस समय के अश्वेतों की असहाय स्थिति पर लिखा यह गीत जैसे एक मानदंड बन गया।

आसपास की हर स्थिति जिसके लिए सत्ता और समाज मूक बधिर बना रहता है, उस पर प्रश्न उठाता यह गीत अनेकों संगीतकारों ने गाया। इसमें एक सफ़ेद Dove की उपमा भी है, जो सुख शान्ति का प्रतीक माना जाता है। गीत की कुछ पंक्तियाँ—

How many roads must a man walk down
Before you call him a man?
How many seas must a white dove sail
Before she sleeps in the sand?
...
The answer, my friend, is blowin' in the wind
The answer is blowin' in the wind...
And how many ears must one man have
Before he can hear people cry?
Yes, and how many deaths will it take 'til he knows
....
The answer is blowin' in the wind

जल्दी ही राजनेता, श्वेत शुद्धतावादी, अत्याचारियों के लिए मुसीबत बनने वाला था यह गीत।

यह और ऐसे कई गीत मई 1963 में बॉब डिलन की म्यूजिक एल्बम The Freewheelin' Bob Dylan में शामिल किए गए। इस एलबम के कवर पर डिलन और सूजी की एक बड़ी प्यारी सी तसवीर भी थी। इस गीत को एक और बैंड ने कुछ सप्ताह बाद ही गाया और वह बिलबोर्ड Pop chart के दूसरे नम्बर पर पहुँच गया। जुलाई तक दस लाख रिकॉर्ड बिक गए और हर जगह, रैलियों, कंसर्ट, यहाँ तक कि चर्चों में यह गीत सुनाई पड़ता। इसकी धुन भी उन्होंने एक एक नीग्रो स्प्रिचुअल धुन से निकाली थी। इस गीत से उनकी छवि बाइस वर्ष की उम्र में ही विद्रोही गीतकार के रूप में उभरी। उनकी आवाज़ उस वक्त के जागरूक युवा लोगों की आवाज़ थी। उन पर सरकार विरोधी होने का दोष भी लगाया गया।

1963-64 के समयांश में डिलन ने अनेकों विद्रोही गीत लिखे जो काले लोगों की स्थितियों पर थे। 'Hurricane' उनका एक अन्य प्रसिद्ध गीत है, एक बॉक्सर को गलत सजा दे दी गई थी, किसी को मारने के जुर्म मे। बीस साल जेल में काटने के बाद मुक़दमे के समय कोर्ट के बाहर खड़े लोग यह गीत सुनते और गाते थे। ऐसे गीत लिखने के बाद 22 वर्षीय बॉब डिलन युवा लोगों के लिए, समाज के लिए बदलाव के प्रतीक बन गए। एक बेहद मशहूर गीत Only a Pawn in the game मिसिसिपी के नेता Medgar Evers की हत्या पर लिखा हुआ, आज भी बार-बार गाया जाता है और मार्टिन लूथर किंग की सभा में भी गाया गया था। उसकी कुछ पंक्तियाँ यहाँ देना तर्कसंगत होगा। इस गीत में उन्होंने कालों के साथ-साथ गरीब श्वेत लोगों की भी चर्चा की है कि कैसे राजनेता श्वेत और अश्वेत दोनों को

इस्तेमाल करते हैं। यह गीत हर समाज की राजनैतिक स्थिति पर लागू होता है—

...poor white man's used in the hands of them all like a tool
He's taught in his school
From the start by the rule
That the laws are with him
To protect his white skin
To keep up his hate
So he never thinks straight....
....
From the poverty shacks, he looks from the cracks to the tracks
And the hoofbeats pound in his brain
And he's taught how to walk in a pack
Shoot in the back
With his fist in a clinch
To hang and to lynch
To hide 'neath the hood
To kill with no pain
Like a dog on a chain
He ain't got no name
But it ain't him to blame
He's only a pawn in their game.

The Times, they are a—changing उनका अत्यन्त प्रसिद्ध गीत है जो कई दूसरे गायकों ने भी गाया है। आने वाले समय में बदलाव का प्रतीक, सत्ता विरोधी भावनाओं का प्रतीक, उम्मीद का गीत। डिलन ने खुद कहा कि मैं एक बहुत बड़ा गीत लिखना चाहता था जिसका कोई उद्देश्य हो। मुझे पता था, क्या कहना है और किसे कहना है और कैसे कहना है। बाद में बर्लिन वाल के गिराने पर यही गीत बजाया गया। आजकल के युवा गीतकार आज भी यह गीत गाते हैं, उसी भावना से, जैसे 1963 में Dylon ने यह गीत लिखकर गाया था। यह एक राष्ट्रगान जैसा गीत है। हर अमरीकन की जुबान पर चढ़ा हुआ गीत।

अपने समय को बदल देने वाला यह गीत न केवल आम लोगों को बल्कि लेखकों, क्रिटिक्स, सीनेटर, राजनेताओं को सम्बोधित कर के गाया गया था, उनकी अन्तरात्मा को झिंझोड़ने के लिए, ताकि समाज उठ खड़ा हो, हर अन्याय के लिए, या शर्मसार ही हो—

...Come writers and critics who prophesize with your pen
And keep your eyes wide
the chance won't come again...
Come senators, congressman please heed the call
don't stand in the doorway don't block up the hall
Come mothers and fathers...
The order is rapidly fadin'
And the first one now
will later be last
for the times, they are a—changin'

उन दिनों कोल्ड वॉर और वियतनाम की लड़ाई की वजह से अमरीका और अन्य देश एक दूसरे के खिलाफ खड़े थे। सारा माहौल विषाक्त था। क्यूबन मिसाइल क्राइसिस से पहले ही लिखा उनका गीत A Hard rain's gonna fall' परमाणु युद्ध के बारे में लिखा हुआ एक मशहूर गीत है जो उन्होंने कार्नेगी हॉल में गाया।

I saw a black branch with blood that kept drippin'
I saw a room full of men with their hammers a-bleedin'
I saw a white ladder all covered with water
I saw ten thousand talkers whose tongues were all broken
I saw guns and sharp swords in the hands of young...
And it's a hard, it's a hard, it's a hard, it's a hard
It's a hard rain's a-gonna fall

एक तरह का चित्र और भविष्यवाणी था यह गीत। इन्हीं दिनों उन्होंने एक और गीत लिखा, Masters of war, हथियारों की दौड़ पर डिलन की नफ़रत एक एक शब्द से टपकती है।

...And I hope that you die and your death'll come soon
I will follow your Casket
by the pale afternoon
and I will watch while you are lowered
down to your deathbed
and I'll stand over your grave till I'm sure that you are dead

इस पूरे गीत का हर स्वर क्रोध से भरा हुआ है। ऐसे गीत पढ़ने के बाद सिर्फ़ बहुत देर के लिए खामोश ही हुआ जा सकता है।

अगस्त 1963 में जब अश्वेत नेताओं ने आह्वान किया वाशिंगटन में रैली करने का, तो मार्टिन लूथर किंग के भाषण से पहले बॉब डिलन ने तीन गीत सुनाए। पीटर, पॉल और मेरी के बैंड ने भी Blowin' in the wind गाया। लूथर उनकी ओर देखते हुए उन्हें सुन रहे थे। ढाई लाख लोग इस सभा में शामिल थे। जल्दी ही इतिहास बदलने वाला था। बॉब डिलन के साथ जोन बाएज़ (Joan Baez) भी स्टेज पर थीं जो बाद में उनकी कई वर्ष तक संगीत और जीवन संगिनी रही। वह उस समय विश्वप्रसिद्ध लोक गायिका थीं।

इतनी प्रसिद्धि के बाद देश में तो काफी कुछ बदला ही, डिलन की अपनी ज़िन्दगी में भी सब कुछ बदल गया। वे अपने आप को सीमित नहीं करना चाहते थे, उन्होंने प्रतिरोध के गीत लिखने बन्द कर दिए और अपने आप को उससे जोड़कर देखना बन्द कर दिया। हालाँकि प्रतिरोध और समाज की अन्तरात्मा आज भी उनके सभी गीतों में है। ओबामा के राष्ट्रपति शपथ समारोह में भी उन्होंने उन पर भी उन्होंने Blowin' in the wind ही गाया।

1964 में उनकी ज़िन्दगी बिलकुल बदल गई हर अर्थ में। उनके गाने का अन्दाज भी बदल गया। इस संगीतकार का एक निजी पक्ष भी है, जो बदला, पूरी तरह से बदला। कुछ नहीं बदला तो उनका क्रेज़ और श्रोताओं का उनके लिए प्यार और दूसरे गायकों का उनको अनुसरण करना। वे संगीत के देवता की तरह स्थापित हो गए। साहित्यकार होने के साथ साथ डिलन अभिनय भी करते हैं और चित्रकला में भी निपुण हैं। 2012 में Presidents medal of freedom, कई बार ग्रैमी अवार्ड, रॉक एंड रोल हॉल ऑफ फेम, पुलित्जर प्राइज और अन्ततः 2016 में नोबेल प्राइज और अनगिनत सम्मान। 81 की उम्र में वे उसी तरह सक्रिय हैं।

इस लेख में सिर्फ़ उनके विद्रोही गीतों की बात हुई है। जीवन की हर स्थिति पर उनके गीत हैं। उन्होंने एक आत्मकथा और हाल में ही, एक आलोचना की किताब भी लिखी है, जिसमे 60 लेखों में प्रसिद्ध गीतों का विश्लेषण किया है—The Philosophy of Song। उनके गीतों और संगीत को किसी एक विशेष परम्परा से जोड़ कर नहीं देखा जा सकता। हर तरह से वे सिर्फ़ बॉब डिलन हैं, अपने लिए भी और दुनिया के लिए भी।

सृजन और सम्भावना

पाँच कविताएँ

अरुण कमल

जो देश मुझे इतना प्यारा था

जो देश मुझे इतना प्यारा था
वहाँ इतनी धूल है पत्तों पर मानो बरसों से बारिश नहीं हुई
और रात में भी रोशनी और हलचल से भरी सड़कें इतनी स्याह सुनसान जैसे
बरसों से कोई कभी रहा नहीं
कभी कभी लगता है मेरी आँख कमजोर हो रही है
एक जाला मुझे घेरता जा रहा है
लेकिन जब अचानक कोई नज़र आता है पुराना
और उसे नाम से पुकारता हूँ वह चला जाता है बिना ताके
जैसे कि बदल गया हो उसका नाम

टूट चुके हैं पुराने शिवाले अश्वत्थ और देवीस्थान
एक विशाल गुम्बद है चौंध और शोरों से गूँजता
वहीं बस गया है देवों का नया नगर
कहाँ होगी शिवमणि जिसने देह के पहले स्पर्श पर कहा था वह संन्यासिन बनेगी
उसे जब भी देखता भीतर से छोटा महसूस करता उँगलियाँ अँगूठियों से कसे
घूमता फिर रहा हूँ गलियों तिराहों से
अब कहीं भी न तो टमटम हैं न बैलगाड़ियाँ न धूल के रास्ते
फिर भी इतनी धूल है चारों तरफ
आखिरी बस सात बजे जाती है
मुझे अभी अपना पहला स्कूल देखना है

बाज़ार के पीछे आम के बगीचे के किनारे
लेकिन अब वहाँ कुछ नए बने उदास कमरे हैं
और मेरे बचपन के टूटे धँसे खपरैल छप्पर
मेरे सब साथी चुपचाप गुजर गए या बदल ली जगह
कोई अब वहाँ नहीं मरता जहाँ जन्मा
एक हरि रह गया था पुश्तैनी दुकान सँभालता
मैं गया वहाँ और उसे देखकर खुद अपनी देह पर पश्चाताप हुआ
मैंने तय किया जिसे तुम नया नया देख चुके हो उसे कभी बाद में मत देखना
नए दृश्य पुराने चित्रों को पोत देते हैं

तो अब लौटें और पकड़ लें अन्तिम बस
वही पुरानी बस उसी पुराने वक्त पर नए मुसाफ़िरों से भरी
पक्की सड़क पर

दुविधा

अब जब मुहूर्त आ गया है क्यों मेरा मन हिचक रहा है
क्यों यह जानने के बाद—
क्यों लग रहा है वो सब गलत था शुरू से
मैं कितना निश्चिन्त था उसके साथ और वह भी
खोल के अन्दर हरे दाने सा कितना आर्द्र आशान्वित
सृष्टि के सारे उपमान मैंने याद किए उसके साथ
और धुनता फिरा हवा हवा को
लगा हम परे हैं देश के काल के
हम ओस थे हम भोर थे हम सृष्टि के पहले जल

लेकिन अब यह दुविधा क्यों
क्यों यह जानने के बाद कि उसका परिवार भी शरीक था
उस हत्याकांड में?
क्यों बस इतना जानने से ऐंठने लगे हैं मन के बुरादे
दिशाओं को बदलते और उठती हुई देह ढह रही है बार बार
और लगता है सब कुछ ख़त्म हो जाएगा

मैं अपनी कोठरी में घुसूँगा,
लोहे की छड़ों वाला दरवाजा लगेगा, चाभी घूमेगी और सब खत्म?

बाहर

निकलो बाहर, उसने धकेलते हुए कहा और
दरवाजा भिड़ा लिया
रात थी ठंड और शीत से भारी, सड़कें खाली, दरवाजे बन्द
कहाँ जाऊँगा अनजान शहर में इस रात
खड़ा रहा कुछ देर देखता वह दरवाजा जो अभी तक
मेरी ओट था अँधेरे ठंडे अनजान शहर में;
मैं एक तरफ मुड़ा, नहीं मालूम किधर
ऐसी रात और ठंड में भी मिल जाते हैं कुछ कुत्ते बीच सड़क पर खेलते
कुछ भिखारी कुछ खानाबदोश कुछ मनमौजी लड़के एकाध औरतें बिजली
खम्भों की ओट में
रात के नागरिक
मैं वहीं बैठ गया जहाँ ईंट के चूल्हे में लकड़ी की आँच थी
आग से कितनी नजदीकी है देह की
अचानक मैं सड़क पर आ गया था
अचानक आराम और गरमाहट से बाहर
अचानक मेरे लिए कोई जगह नहीं इस संसार में
कूड़ें के लिए भी होती है जगह पर मैं गिर गया हूँ पृथ्वी से छूट कर अगोग
हिम अन्धकार में
मेरा जीना मेरा मरना सब दूसरों का खेल
मैं अनचाहा गर्भपात

कहाँ जाऊँ अब इतना घना कुहासा इतना अँधेरा
रात का वह पहर जब सबसे ज़्यादा रात होती है
और मैंने मौत का पहला स्वाद चखा
उस सूखे कुंएँ के पास बस याद रह गई है जल की
और एक नाग का जहर!

तलाश

मैं तुम्हारे साथ नहीं जा सकती
क़र्ज़ इतना चढ़ गया है कि उम्र बीत जाएगी चुकाते चुकाते
माँ के रोग में लिया था फिर आदमी का काम बन्द था
न माँ बची न आदमी ही साथ रहा
अब तो दोनों बच्चे भी समझो बन्धक ही हैं यहाँ
रास्ता क्या है
दिन रात खटती हूँ बच्चे भी लगे रहते हैं
न कहीं आना न जाना बहुत हुआ तो मालकिन के साथ फूलडोल लिए मन्दिर तक
पेट पोसा रहा है देह भी कहने भर अपना है

बोलो मैं क्या करूँ
जानती हूँ तुम सँभाल लोगे
देह हाथ ठीक है तो कहीं भी गुजर हो जाएगा
पर निकलूँ कैसे, वो बच्चों को साथ निकलने नहीं देती
और मैं उन्हें छोड़ नहीं सकती
देह का नाता भी ग़ुलामी है कैसे छोड़ दूँ
तुम्हारा भी तो अब कोई नहीं महामारी के बाद—
हम दोनों बन्द घरों की छत से देख रहे हैं एक दूसरे को—
कितना दिन और देखें, यह खोह कभी भरेगा नहीं गहरा होता जाएगा भीतर भीतर और एक दिन धँस जाएगा मुझको लिए दिए
फिर बच्चों का क्या होगा नहीं जानती
लड़का तो कुछ न कुछ कर लेगा, लड़का है, उसकी ज़्यादा फिकिर नहीं
लेकिन बेटी की चिन्ता है, इन लोगों का ज़रा भी भरोसा नहीं
यही सोचती हूँ
तुम पर एतबार हैं फूल पत्ती से लेकर पालदारी भी कर लोगे
लेकिन मैं तो नथी हुई भैंस हूँ
पूरा जीवन जेलखाना घूमते रहो उसी में

चलूँ, मालकिन आती होगी तुमको भी अभी बहुत काम बाकी है—
यह गुलाब कितना लाल है—

नहीं फूल मत दो पता चल जाएगा
नहीं, फूल तो छुपा लूँगी पर सुगन्ध का क्या करूँगी मेरे सुग्गा?

सबसे छोटा दिन

आज सबसे छोटा दिन है।
आज सुबह से एक ही घोड़ा ले निकला है दिनेश।
कम काम का सुस्ती भरा दिन। जल्दी शाम की लालसा भरा दिन।
जल्दी छुट्टी की घन्टी का दिन।
प्रकाश का कम, तम का अधिक यह दिन।
घना कुहरा है सुबह से। कुछ कुछ धूप है।
बड़ी होगी रात। बड़ी और अघोर अँधेरी।
तेज पछिया की रात। सुनसान रास्तों की रात। धूल भीगने की रात।
ऐसे सन्नाटे की रात कि दूर किसी घर में बच्चे का रोना भी पास लगे।
किसी घात किसी हत्या की रात।
सट के सोने की रात।
देह के जर्जर होने की रात।
मौत को पास बुलाती हुई रात।
ओस बरसाती हुई उदार रात।
आज सबसे छोटा दिन है। एक भूरे पिल्ले सा दिन।
लगातार देग में चाय की भारी भाप का दिन।
खेल बीच में रोक घर लौटने का दिन।
सबसे छोटी छायाओं का दिन।
अपना हिस्सा अगले दिन को भेंटता हुआ प्यारी फूलगोभी सा दिन।
आँवले के हरित नाद से भरा हुआ
सबसे छोटा दिन भी दिन ही तो है।

बाघ, एक रात

रवि बुले

डर से अगर आप डर गए तो वह पीछे लग जाता है। बाघ की तरह। तब वह आपके पीछे दबे पाँव चल पड़ता है। आपका शिकार करने के लिए। यह तर्क बेकार हो जाता है कि अगर आप उसकी आँखों में आँखें डाल कर देखते रहेंगे तो वह हार कर चुपचाप लौट जाएगा। मौका पाते ही वह आपके जिस्म में अपने पैने-लम्बे दाँत गड़ा देता है और खून में उतर जाता है। एक-एक बूँद में समा जाता है। फिर आप उससे कभी मुक्त नहीं हो सकते। वह पल-पल मौत की तरह सिर पर मँडराता है...वही ज़िन्दगी बन जाता है...! मौत से ख़ौफ़ज़दा ज़िन्दगी...!!

एक सीरियल किलर के पीछे लगे जासूस की कहानी पढ़ने में मुझे मजा आ रहा था कि बिजली गुल हो गई। मोबाइल फोन के स्क्रीन पर चमका, 01:52। रात आधी गुजर चुकी थी। जून की पहली बारिश के बावजूद गरमी का ताप शबाब पर था। उस पर उमस। पँखा बन्द होते ही बदन पसीना-पसीना। हर तरफ अँधेरा। खिड़की से नीचे झाँक कर देखा तो इक्का-दुक्का स्ट्रीट लाइटें जल रही थीं। सड़कें सूनी थीं। अचानक बिजली चले जाने से आस-पास की इमारतों में हल्का शोर मचलने लगा। क्या आपने महसूस किया कि अँधेरे में उठता शोर रहस्यमयी होता है! वह चौंकाते हुए कोई भी रूप धर सकता है। इसीलिए वह डराता है।

डर से अगर आप डर गए...। बिजली गुल होने से पहले पढ़ी पंक्तियाँ दिमाग में कौंधी तो मन में छुपे हुए एक रहस्य पर से बेखयाली में पर्दा उठ गया और अँधेरे में दो खूँखार आँखें मुझ पर टिक गईं।

बाघ की आँखें...!!

जी हाँ। आप शायद हँसें कि क्या मूर्खता है। मगर यही मेरा सबसे बड़ा डर है।

मैं अँधेरे कमरे में अकेला बन्द हूँ और सामने बाघ आ गया!!

यह कल्पना तक मेरा रोम-रोम सिहरा देती है...और अब तो डर मेरे कमरे में, मेरे सामने खड़ा है! आप सवाल कर सकते हैं कि महानगर की घनी आबादी

वाले इलाके में, ठेठ मुख्य सड़क से लगी बारह मंजिला इमारत के सातवें माले के फ्लैट के बन्द दरवाजे को पार करके, आधी रात को बाघ अचानक कैसे अन्दर पहुँच सकता है?

मैं तब भी कहूँगा कि क्या सचमुच आपको नहीं दिख रहा? गहरे अँधेरे में मुझे घूरते हुए बाघ की दो क्रूर आँखें क्या चमकती नहीं दिख रहीं? उसके पैने-लम्बे दाँत उसकी ही आँखों की रोशनी में चमक रहे हैं!

वह मेरे सामने खड़ा है...! उसकी नुकीली सुइयों जैसी लम्बी मूँछें और हल्की गुर्राहट...!!

प्लीज, मत कहिए कि यह मेरा वहम है?

लेटे-लेटे किताब को थोड़ी दूर खिसका कर, मैं उठ के बैठ गया और स्लाइडिंग विंडो के काँच को आशा भरी नजरों से देखने लगा। खिड़की के पार आसमान था और काँच पर छोटे-छोटे सितारों का डिजाइन था। कोई सामने की इमारत से टॉर्च की रोशनी फेंक रहा था और हल्के उजले गोल घेरे में पारदर्शी काँच पर एक छिपकली पतंगे के इंतजार में दम साधे थी। पंजों के सहारे काँच से चिपकी छिपकली का सपाट मुँह, गला, पेट और पूँछ नमूदार थी। आपने रबर की छिपकली कभी अपनी हथेली पर उल्टी रख कर देखी होगी! वह वैसी ही थी। नकली छिपकली जैसी... असली!! मैंने एक झटके से खिड़की खोल दी। छिपकली छलाँग लगा कर अदृश्य हो गई। हवा के झोंके के साथ तारों का हल्का प्रकाश कमरे के अन्दर आया तो बाघ धीरे-से सरक कर बाहर के कमरे में चला गया! यह किसी से छुपा नहीं है कि बाघ हमेशा घुप्प अँधेरे में आता है। अपनी गुफा तक में वह रोशनी की एक किरण को नहीं आने देता।

वैसे आप जरूर जानना चाहेंगे और मैं खुद भी जानना चाहता हूँ कि मेरे भीतर कब और कैसे यह डर पैदा हुआ कि मैं अँधेरे कमरे में अकेला बन्द हूँ और सामने बाघ आ गया! मुझे इस सवाल का जवाब आज तक नहीं मिला। एक लेखक होने के नाते मैंने इस पर कई बार गहराई से सोचा कि शायद किसी ने बचपन में मुझे इस तरह डराया हो! कभी किसी जंगल से मैं अकेला गुजरा हूँ! बन्द कमरे में डरा देने वाली बाघ की कहानियाँ सुनी हों! कभी मेरे स्कूल की विशाल इमारत में बाघ घुस आया हो! ऐसी कोई स्मृति मेरे पास नहीं है। सर्कस के रिंग में खुला घूमता और रिंग मास्टर के इशारों पर करतब दिखाता बाघ मैंने खूब देखा है। अलग-अलग शहरों में रहते हुए जाने कितनी बार मैं चिड़ियाघरों में गया और घंटों बाघ को निहारता रहा। वह मुझे हमेशा सुन्दर लगा। उसकी खूँखार-डरावनी आँखों में मुझे हमेशा खूबसूरती नजर आई!...और आप विश्वास करें कि एक दिन मैं बाघ को लेकर फिल्म भी बनाना चाहता हूँ। मेरे मन में उसके प्रति इतना आकर्षण है!

दुनिया के तमाम इंतजार उबाऊ, उदास और निराश करने वाले नकारात्मक लगते हैं लेकिन बिजली की प्रतीक्षा करना मुझे सकारात्मक लगता है। उसके आने के खयाल में जैसे सदियों की जानी-पहचानी राहत और अनजानी खुशी होती है। ऐसी ही उम्मीद से भरे पल को थामे मैं खिड़की से टिक कर बैठा था। दूर तक पसरे अँधेरे आसमान को देखता। कुछ तारे यहाँ-वहाँ छिटके थे। सन्नाटा हवा की सर-सर से टूट रहा था। दूसरे कमरे में चले गए बाघ की कोई आहट नहीं थी। वह जरूर घात लगाए हुए बैठा होगा!

इस डर में मैं सो कैसे सकता था?

...और तभी दरवाजे पर दस्तक हुई! तेज दस्तक!!

आपको शायद लगे कि इस बात से मैं और घबरा सकता हूँ। परन्तु नहीं, मैंने टीवी के लिए ऐसे कई काल्पनिक और सच्ची घटनाओं पर आधारित हॉरर शो लिखे हैं, जहाँ डर पैदा करने के लिए दरवाजे पर तेज दस्तक वाले दृश्य ऐन मौके खोज कर खास तौर पर रचे जाते हैं। ये बातें मुझे नहीं डरातीं क्योंकि मुझे पता है कि जल्द ही अब डर का रहस्य खुल जाने वाला है। जाहिर है कि रहस्य खुलते ही डर हवा हो जाता है।

धम् धम् धम्...

क्या यह तेज दस्तक मेरी कल्पना है...? बाहर घात लगाए बैठे बाघ को भुलाने की?

हो सकता है। लेकिन बार-बार की तेज दस्तक से साफ है कि कोई दरवाजे पर सचमुच हथेलियों से प्रहार कर रहा है।

मैं बिस्तर से दस्तक तक पहुँचने का हिसाब जोड़ने लगा। बैडरूम से निकल कर दस कदम का गलियारा। उसके बाद ड्रॉइंग रूम। वह खत्म होने पर पाँच कदम और। फिर दरवाजा। दस्तक जारी थी। मेरे फ्लोर पर तीन फ्लैट हैं। बाकी दो में कौन रहता है, मुझे पता नहीं! शायद उन्हें भी मेरा पता न हो! फिर कौन...? आधी रात के अँधेरे में...जबकि बाघ बाहर घात लगाए है...मैं कैसे निकल सकता हूँ?

लेकिन दस्तक बन्द होने का नाम नहीं ले रही थी। उसमें एक पुकार थी।

आखिरकार मुझे साहस जुटना पड़ा।

आप हँसेंगे कि एक से दूसरे दरवाजे के बीच दीवार को धीरे-धीरे टटोल कर बढ़ते हुए मैंने आँखें मूँद रखी थीं कि बाघ दिख न जाए! सोफे के नीचे या कुर्सी पर बैठे। लेकिन मुझे पता था कि वह दरवाजे पर नहीं हो सकता...क्योंकि दस्तक को बर्दाश्त कर पाना उसके लिए सम्भव नहीं। वह सन्नाटे में रहने का आदी है और उसे सिर्फ़ कच्चे माँस को चीरे और चबाए ज़ाने से पैदा होने वाली ध्वनि ही पसन्द है...सो, दस्तक से थरथराता दरवाजा उससे सुरक्षित था।

एक बार फिर जैसे ही दस्तक हुई मैंने दरवाजा खोल दिया..."कौन?"

"प्लीज...क्या आप मुझे अन्दर आने देंगे?" एक औरत की सहमी हुई आवाज़ थी।

मैं चौंका जरूर लेकिन दरवाजे से हट गया।

वह साए-सी भीतर आकर सोफे पर बैठ गई। घुटने मोड़कर सीने से चिपका लिए। अपना सिर उसने घुटनों पर रख लिया। वह डरी हुई थी। उसका चेहरा नहीं दिख रहा था और खिड़की से आ रही हल्की रोशनी में विशेष अनुमान लगाना सम्भव नहीं था। उसके बाल खुले थे। वह शायद कँपकँपा रही थी। मैं देखता रहा। दरवाजा बन्द करके मैं जहाँ का तहाँ खड़ा था। पता नहीं किस बात के इंतजार में। शायद इसके कि वह सिर उठाए और कुछ कहे। लेकिन वह तो बुत में बदल गई! मेरे पास चुपचाप सोफे पर बैठने के अलावा रास्ता नहीं था।

उसके अचानक इस तरह आने से मैं कुछ पल को भूल गया कि बिजली नहीं है! मेरा पूरा ध्यान उस पर केन्द्रित हो गया। कहीं कोई हादसा तो नहीं गुजरा...?

"आप ठीक तो हैं..." मैंने धीमी आवाज़ में कहा।

"हूँ..." उसकी आवाज़ आई। मैंने राहत महसूस की। सोचा पानी के लिए पूछूँ...पर बाघ किचन में हुआ तो?

चुप रहना ही सही था।

मैं बिजली का इंतजार छोड़ कर प्रतीक्षा करने लगा कि वह कुछ कहे। आवाज़ आई, "पानी मिलेगा...ठंडा?"

उसने मुझे डर की तरफ धकेल दिया। मैंने पूरी ताकत से डर पर काबू पाया और फ्रिज से पानी की बोतल लाकर उसके हाथों में थमा दी।

"थैंक यू..." पानी पीकर ढक्कन बन्द करते हुए उसने बोतल अपने पास रख ली।

"ऐसा पहली बार हुआ..." वह जैसे अपने आप से बोली।

"क्या..." मैंने पूछा।

"अक्सर देर रात को लौटती हूँ मगर पहली बार लाइट गई..."

"हूँ...मुझे भी याद नहीं कि ऐसा कभी हुआ हो...वेस्टर्न सबअर्ब्स में तो ये समस्या नहीं है..." मैंने कहा।

फिर लम्बी खामोशी छा गई।

"क्या काम करते हैं आप?" उसकी आवाज़ आई।

"राइटर हूँ..."

"क्या लिखते हैं?"

"टीवी सीरियल..."

"फिर तो आपसे बातें की जा सकती है..."

"सीरियलों की...सास-बहू वाली...!"

"नहीं...मेरा ये मतलब नहीं..." उसकी आवाज़ में हल्की-सी खनक आई। बोली, "ऐसा वक्त तो बातें करने से ही कट सकता है और साथ में अगर कोई समझदार इनसान न हो तब बातें दिलचस्प कैसे हो सकती हैं?" एक पल ठहर कर उसने फिर कहा, "क्या आप हर किसी से, बिना जान-पहचान के आसानी से बातें कर लेते हैं...?"

"हाँ...इसमें क्या मुश्किल है? लोग चाहे परिचित हों या अनजाने, लेखक दूसरों के अनुभव से भी अमीर बनते हैं।"

"अनुभवों में मुझे कोई दिलचस्पी नहीं। मेरी दिलचस्पी तो रोचक बातों में रहती है। मैं आपकी तरह लेखक नहीं हूँ ना..."

"तो क्या हैं आप...?"

वह खामोश हो गई। बातों की रोशनी गुल होने से सन्नाटा गहरा गया।

यह सवाल न करता तो अच्छा होता। लेकिन क्यों...? मैं उसे जानता नहीं और तब भी वह इस अँधेरे में यहाँ अकेली चली आई है! वह अजनबी है...पर मैंने उसे आने दिया। उसने मेरे बारे में जानना चाहा तो बता दिया।...और मेरे सवाल पर वह चुप है। आश्चर्य! लेकिन मैंने कोई गलत सवाल तो नहीं किया। पहले परिचय में सहज ही यह बात उठती है। वह चाहे तो न बताए। वैसे उसने कहा था कि अकसर देर रात लौटती है...!

मतलब?

ये मुम्बई है मेरी जान!! दिल जोर से धड़का। मैं उसे देखने लगा। वह खिड़की की ओर मुँह फेरे थी।

कौन है? फिर से पूछना ठीक होगा? वह बताना चाहती तो कह चुकी होती। लेकिन यहाँ क्यों आई? रात कट ही रही थी। इससे बतियाते हुए क्या होगा? जाने को कह दूँ? यहीं रहती भी है या नहीं? किस वजह से आई, इसने नहीं बताया? क्यों मैंने मूर्ख की तरह दरवाजा खोला? मगर मुझे क्या पता था कि कौन है...और क्या आप भी दरवाजे पर दस्तक होने पर यही नहीं करते?

"मैं स्ट्रगलर हूँ...फिल्मों में...महबूब स्टूडियो में एक शूटिंग थी। निकलते हुए लेट हो गई..." उसकी आवाज़ उभरी, "टीवी में भी छोटे-मोटे रोल मिल जाएँ तो कर लेती हूँ...कभी..."

"यह तो अच्छा है..."

"क्या अच्छा है...? स्ट्रगलर की ज़िन्दगी...!" उसकी आवाज़ में शिकायत जैसी थी।

"कम ज़्यादा करके सब यहाँ स्ट्रगल ही कर रहे हैं...जिन्हें लोग स्टार कहते हैं वह भी अन्दर से बड़े असुरक्षित हैं...," मैंने आराम से कहा।

"ये सिर्फ़ दिल को तसल्ली देने वाली बात है। स्ट्रगलर की ज़िन्दगी स्ट्रगलर

ही समझ सकता है...," उसने गहरी साँस ली।

"ऐसे तो आप जल्दी हार जाएँगी...कब से हैं यहाँ?" मैंने फिर सवाल किया।

उसने खामोशी ओढ़ ली। लगता है फिर बुरा मान गई। मैंने सोचा, शायद उसे लगा हो कि इससे मैं उसकी उम्र का अनुमान लगा लूँगा! हो सकता है। मैंने अभी तक इस बारे में सोचा नहीं लेकिन मेरे अन्दर उसे जानने की इच्छा तो पैदा हो ही गई है! इसमें गलत क्या है?

बैठे-बैठे क्या करें...करना है कुछ काम...शुरू करो अन्त्याक्षरी...लेकर प्रभु का नाम! बचपन के दिनों में बिजली गुल होने पर यह मेरा प्रिय शगल था। बड़ा हुआ तो अन्त्याक्षरियों में रूमानी अनुभव भी मिले।

नहीं नहीं...खामखाँ बात बढ़ सकती है।

"मेरा आपसे विनम्र अनुरोध है कि इस वक्त यहाँ से चली जाएँ...," अचानक मैंने बेहद ठंडे भाव से कहा।

उसने उतनी ही हठी प्रतिक्रिया दी। जैसे सुना नहीं। मैंने फिर कहा, "मुझे गलत मत समझिए लेकिन मैं नहीं चाहता..."

"मैं नहीं जाऊँगी..." उसकी दृढ़ आवाज़ आई।

मैंने साफगोई अपना ली, "देखो तुम एक औरत हो और मैं एक मर्द...समझीं... इस अँधेरे में अकेले..."

"अकेले नहीं, हम दो हैं..." उसने बात काटी और बोली, "अँधेरे में मुझे डर लगता है...और अकेले तो बिलकुल नहीं रह सकती। तुम समझ नहीं पाओगे लेकिन फिर भी बताती हूँ कि अकेले होने पर, कमरे के घुप्प अँधेरे में मुझे घूरते हुए बाघ की दो क्रूर आँखें चमकती दिखने लगती हैं! उसके पैने-लम्बे दाँत उसकी ही आँखों की रोशनी में चमकते है! यह मेरा सबसे बड़ा डर है कि मैं अँधेरे कमरे में अकेली बन्द हूँ और सामने बाघ आ गया। यह कल्पना तक मेरा रोम-रोम सिहरा देती है...", डूबती हुई आवाज़ के साथ उसकी बात खत्म हुई। फिर मानो वह बुदबुदाई, "तुम कैसे समझ सकोगे यह...?"

एकाएक मैंने महसूस किया कि कमरे का अँधेरा बेहद घना और गाढ़ा हो गया है। एक साथ सैकड़ों ठोस-पैनी-नुकीली सुइयाँ मेरे सिर में घुस गई हैं और उनकी तेज चुभन से मेरे सोचने की शक्ति सुन्न पड़ रही है। मेरी खोपड़ी और आँखों से खून की धारें बह रही हैं और मेरा चेहरा तर-ब-तर हो रहा है। कमरे के लगातार बढ़ते तापमान के बीच शरीर ठंडा पड़ने लगा। मेरा माथा, मेरी हथेलियाँ, मेरा सीना और मेरे बाजू भीतर से बर्फ की तरह जम गए मगर बाहर उन पर गर्म लपटें उठने लगीं। मुझे बुखार चढ़ गया।

अचानक वह हँसी। बोली, "डर गए क्या?"

"इसमें डरने जैसा क्या है?" खुद को सँभालते हुए मैंने झूठ कहा। लेकिन यह

कैसे सम्भव था कि हमारे डर बिलकुल एक जैसे हों? इससे ज़्यादा डरावना क्या हो सकता था! शरीर में सिरहन दौड़ गई। यह बाघ का षड्यंत्र तो नहीं? मुझे कमरे से बाहर निकालने के लिए उसने रूप तो नहीं बदल लिया? मैंने पढ़ा है कि बाघ के पास जादुई शक्तियाँ होती हैं। शिकार को लुभाने के लिए वह तरकीबें आजमाता है।

वाकई...?

मेरी पसलियों में दर्द उठा। पीठ में ऐंठन महसूस हुई। मैं उठ कर खड़ा हो गया।

"लाइट आते ही मैं चली जाऊँगी।"

"वह तो पता नहीं कब आएगी?"

"तब फिर बैठ जाओ..."

मैं चुपचाप बैठ गया। मैं घिर चुका था। मेरी नसों में बहते खून में बाघ का डर घुलने लगा। वह किसी भी पल छलाँग लगा कर दबोच सकता है। मैं हार गया। अब क्या करूँ?

प्रार्थना...!

लाइट आ जाए...!!

वह अपनी जगह से उठी और सोफे पर मेरे पास आकर बैठ गई। परफ्यूम की हल्की गन्ध उड़ी। वह थोड़ी-सी मेरी तरफ झुकी और बोली, "तुम क्या कह रहे थे...इस अँधेरे में हम..."

मैं चुप रहा।

"अकेले...!!" वह जैसे खेलने के अन्दाज में बोली।

"अकेले...? तुम्हें पता नहीं...हमारे साथ यहाँ बाघ भी है..." मैंने कहा।

अँधेरे में उसके होठों पर मुस्कान नाची। बोली, "डरा रहे हो!"

"नहीं...सच कह रहा हूँ।"

"तुम्हीं तो बाघ नहीं हो...पता नहीं कब झपट पड़ो मुझ पर!"

सीधा हमला करके उसने मुझे हैरत में डाल दिया। मैंने रक्षात्मक लहजे में कहा, "मैं वैसा आदमी नहीं हूँ..."

"तभी कह रहे थे कि इस वक्त चली जाओ...एक मर्द...एक औरत...क्या मैं ये इशारे नहीं समझती?"

"मैं तुम्हें समझा नहीं सकूँगा।"

"पर मैं समझना चाहूँगी..." उसके अन्दाज में शरारत शामिल हो गई। आवाज़ में थोड़ी लरज के साथ बोली, " क्या तुमने कभी औरत देखी है...अकेले में!!"

"बात बढ़ाने क्या मतलब। लाइट का इंतजार करते हैं..." मैंने रूखे स्वर में कहा।

वह खामोश हो गई। मुझे लगा कि बाघ ने मुझे चँगुल में फँसा लिया। अब वह किसी भी पल मेरा काम तमाम कर सकता है। आस-पास हल्के परफ्यूम की गन्ध में धीरे-धीरे पसीने की गन्ध शामिल हो रही थी। किसी तैयारी की उत्तेजना का हल्का

ताप उसमें घुला था। बाहर टॉर्चों की रोशनियाँ खत्म हो चुकी थीं और पारदर्शी काँच के सितारों वाले डिजाइन बुझ गए थे। मैंने सोचा कि कमरे की खिड़की खोल देनी चाहिए ताकि माहौल कुछ हल्का हो। मैं उठने को ही था कि वह बोली, "तुमने मेरी बात का जवाब नहीं दिया।"

"कौन सी...?"

"कि तुमने कभी औरत देखी है...?"

"तुम्हें इससे क्या...?"

"तुम्हारी फितरत पता चलेगी..."

"तुम बात बढ़ा रही हो।"

"फिर भी...कुछ तो कहो।"

"क्या कहूँ तुम्हें...दो महीने पहले तक मैं लिव-इन में था। मेरी गर्लफ्रेंड थी। तुम्हारे जैसी स्ट्रगलिंग एक्ट्रेस। हमारे बीच सब ठीक था पर वह बेहद मूडी थी। जब राइटर खुद मूडी होता है तो दूसरे का मूड सँभालना, तुम सोच सकती हो कि मेरे लिए कितना कठिन रहा होगा। फिर भी हम चार साल तक साथ रहे। मगर धीरे-धीरे उसका टेंपर हाई होता गया। मैंने कहा न कि स्ट्रगल तो यहाँ हमेशा है... परन्तु लगातार रिजेक्शन से उसके मूड स्विंग और टेंपर मिलकर इतने खतरनाक हो गए कि सँभालना मुश्किल हो गया। हमने काउंसिलिंग और मेडिकल हेल्प भी ली पर फर्क नहीं पड़ा। फिर वह सब छोड़ कर अपने घर चली गई।"

"तुमने रोका नहीं?"

"वह रुकी नहीं।"

थोड़ी देर वह खामोश रही। फिर बोली, "कुछ महीने में वह वापस आ जाएगी।"

"कैसे...?"

"मैं भी एक बार सब छोड़छाड़ कर चली गई थी। मगर फिर आ गई!" उसकी आवाज़ में ईमानदारी थी।

"इस शहर में जो आज़ादी है और किसी भी पल सपना सच होने की जो उम्मीद...वही ताज़िन्दगी चिपकाए रखता है इससे।" मैंने कहा।

"बिलकुल नहीं। यह सिर्फ़ दिल को तसल्ली देने वाली बात है। असल तो यह है कि जिसे ज़िन्दगी जीना है वह यहाँ आता ही नहीं। यहाँ वो आते हैं जिन्हें मर-मर कर जीने में मजा मिलता है। जिन्हें दूसरों को तिल-तिल मरते देखने में मजा आता है। एक किस्म का सैडिस्टिक प्लेजर जिसे कहते हैं, दो तरफा, उसमें यहाँ सबकी दिलचस्पी है। क्या है यहाँ...? कुछ भी तो नहीं। हर पल पागल दौड़। पता नहीं किस चीज के लिए। न सुबह का पता, न रात की खबर। आदमी खुद जी नहीं रहा। दूसरे को तड़पते-मरते देख कर साँसें ले रहा है। गजब है..."

"जब तुम जानती हो तो क्यों वापस आई?"

"यहाँ ज़िन्दगी नहीं, नशा है...नशे में डूबने के बाद कुछ पता नहीं चलता। एहसास मर जाते हैं...और उनके बिना जीने में कोई तकलीफ़ नहीं होती...इसलिए यहाँ लोग जीते रहते हैं...मर-मर कर जीते रहते हैं...," उसकी आवाज़ में दर्द छलका।

"गहरी चोट खाई है तुमने..."

"बिलकुल फिल्मी डायलॉग मारा तुमने..." कहते हुए वह जोर से हँसी।

रात लम्बी हो रही थी। मैं समझ चुका था कि वह बातों में माहिर है और ज़िन्दगी का अनुभव उसे है। परन्तु मुझे उससे क्या? वक़्त अब नहीं कट रहा था। गर्मी बढ़ गई थी। अन्दर के कमरे में जाने का कोई अर्थ नहीं था। मनहूसियत पसर रही थी। सोचिए कि एक मर्द और एक औरत, एक कमरे में अँधेरे में इतने नजदीक हैं कि उनकी साँसें टकरा रही हैं और मनहूसियत पसर रही है! यह संसार के सबसे नीरस क्षणों में होना चाहिए!

तो और यह क्या है!!

वह मुझ पर हमला ही क्यों नहीं कर देती? बैठे रहने से तो अच्छा होगा! तो मैं ही क्यों हमला नहीं कर देता? मैंने देखा, वह अपने में डूबी थी। लम्बा चेहरा। खुले बाल। गला पतला। हाथ लम्बे। कद औसत।

स्ट्रगलर...!!

एक ही शब्द नंगा कर देता है! कुछ छुपता नहीं। मुझे उस पर तरस आने लगा।

"तुम बोर हो रहे हो?" उसकी आवाज़ आई।

"नहीं तो..."

"मैं तुम्हें एंटरटेन कर सकती हूँ..." अबकी बार आवाज़ सधी थी।

"तुम बकवास कर रही हो..."

"तुम बेवकूफ हो..."

"क्यों...?"

"बिना सोचे समझे दरवाजा खोल दिया! कैसे राइटर हो...? कहीं पढ़ा नहीं कि औरत पर विश्वास नहीं करना चाहिए...त्रिया चरित्र...!!"

"सच्ची, भलाई का जमाना नहीं है..."

"...कि अकेली औरत देख कर ललचा गए?"

"तुम घटिया बात पर उतर आई हो...अरे! मैंने कोई तुम्हें देखकर दरवाजा खोला था?" मैंने तल्ख अन्दाज़ में कहा।

"एक आदमी मुझसे रेप के केस में अन्दर है मिस्टर..." अचानक उसका स्वर सख्त हुआ, "इसे मजाक मत समझना।"

मुझे जैसे जोर का करंट लगा। क्या मैंने जीवन की सबसे बड़ी गलती कर दी है? उसे अन्दर ले कर फँस गया। इससे तो अच्छा होता कि बाघ मुझे खा जाता। अब क्या हो सकता है? मैं पसीने से तर-ब-तर हो गया। यह सोचना कितना भयानक

है कि यह औरत किसी भी पल मुझ पर संगीन आरोप लगा सकती है।...और यह मजाक भी हो तो भद्दा है! यह चीखने-चिल्लाने लगी तो मैं क्या कर पाऊँगा? मेरी नसें शिथिल पड़ने लगीं।

"प्लीज आप चली जाइए..." मैंने ठंडे स्वर में कहा।

"अरे...मैं तो आपको एंटरटेन कर रही थी।" वह हल्के-से हँसी।

"देखिए, मैं आपको यहाँ देखना नहीं चाहता। रिक्वेस्ट कर रहा हूँ..."

"वैसे मैंने कुछ झूठ नहीं बोला...सचमुच...एक..."

"मुझे बकवास नहीं सुननी...आप जाइए।" कड़क आवाज़ में बात खत्म करते हुए मैं उठ कर खड़ा हो गया।

वह सुबकने लगी।

त्रिया चरित्र...!! उसने ठीक कहा था।

मैं ठहरा रहा। यह उसकी तरकीब है। उस पर और विश्वास नहीं करना चाहिए।

क्या मुझे ही बाहर नहीं निकल जाना चाहिए?

इससे क्या होगा?

बाघ उसे अकेला पाकर खा जाएगा!!

वह सुबकती रही। मैं चुपचाप खड़ा रहा।

"मैं कुछ कहना चाहती हूँ...ईमानदारी से..."

"मैं तुम पर भरोसा नहीं कर सकता..."

"मत करो लेकिन सुन तो लो। मैं नहीं जा सकती...मैंने कहा ना कि अँधेरे में अकेले बाघ..."

"मुझे भी बाघ से डर लगता है...अँधेरे में अकेले कमरे में होता हूँ तो लगता है कि अचानक वह कहीं से प्रकट होकर मुझे खा जाएगा...क्या करूँ मैं फिर...तुम नहीं आतीं तो वह अब तक मुझे खा जाता...तुम भी...जहाँ भी होतीं, वह वहाँ पर तुम्हें भी खा जाता...और यही ज़्यादा अच्छा होता...तुम...", मैंने लगभग चिल्लाते हुए कहा।

"ये तमाशा बन्द करो..." उसने अचानक मेरा हाथ पकड़ा और साफ शब्दों में कहा, "हम आराम से बैठ कर बात करते हैं, प्लीज..." आवाज़ में हल्का अपनापन-सा जागा। उसकी छुअन रेशमी थी। उसकी अँगुलियाँ कोमल थी। क्या वह सचमुच ऐसी है...नाजुक! उसने बैठते हुए मेरा हाथ अपनी नर्म हथेलियों में कस लिया। उसकी साँसें तेज थीं। वह सोच में पड़ी थी। शायद वह डर गई? शायद गलती का एहसास हुआ...या कोई नया पैंतरा आजमाने की तैयारी में थी!! देर तक वह चुप रही। मैं भी कुछ नहीं कहना चाहता था। हम जैसे किसी पाताल की गहरी काली गुफा के सन्नाटे में घुल रहे थे और संसार का अस्तित्व क्रमशः खत्म हो रहा था। अजीब-सी शान्ति छा रही थी। जो बेहोश कर देती है। होश की डोर टूटने को

थी कि उसकी मद्धम आवाज़ आई, "तुमने मछलियाँ देखी हैं...समुन्दर में...झुंड की झुंड तैर रही होती हैं कि छपाक से जाल गिरता है...और सब खत्म! कोई-कोई किस्मत वाली होती हैं जो फँसने से बच जाती हैं।"

"हूँ..."

"स्ट्रगल ऐसा ही है...लगता है कि सामने बड़ा खुला समुन्दर है...यहाँ नहीं तो वहाँ...वहाँ नहीं तो कहीं और...अभी नहीं तो कभी...लम्बी भटकन के बीच तभी अचानक कोई जाल गिरता है और आप फँस जाते हैं। ज़्यादातर के साथ यही होता है। जो यहाँ-वहाँ फँसते-उलझते कहीं पहुँचते भी हैं तो इसलिए कि किस्मत साथ देती है। मेरी किस्मत मेरे साथ नहीं थी।" उसकी आवाज़ उदास हो गई।

ज़्यादातर लोग अपनी कमजोरियाँ ढँकने के लिए दूसरों को, हालात को, किस्मत को कोसते हैं। जिसमें दमखम होता है, इच्छाशक्ति होती है, वह मुकाम बना ही लेता है। स्ट्रगल की हर कहानी में कमोबेश यह बातें रहती हैं। मैं नहीं जानता क्या? नया क्या है?

उसने कहा, "मुझे पाँच छोटे भाई-बहनों को पालना था। पढ़ाना-लिखाना था। पिताजी की छोटी-सी किराने की दुकान थी। हम वाराणसी में रहते थे। मेरा बड़ा भाई गलत रास्ते पर चल पड़ा था और पुलिस एनकाउन्टर में मारा गया..."

"फिल्मी कहानी सुना कर मुझे एंटरटेन कर रही हो?" मैंने छेड़ने के ढंग से कहा।

"मेरा सच तुम्हें फिल्मी लग रहा है?"

"फैमेली, क्राइम, इमोशन...एकदम साफ है!"

"ठीक है तो मैं बीच में से बताती हूँ," वह बोली, "सावन माथुर वाला केस पता है तुम्हें?"

"वो...फिल्म प्रोड्यूसर?" मैंने कहा, "वह तो खूब उछला मीडिया में। माथुर अन्दर है।"

"लेकिन क्या किसी ने उस लड़की को देखा है, जिसने उसे अन्दर कराया?"

"नहीं..."

"मैं वही हूँ..." उसने हल्की आवाज़ में कहा, "तुम्हारे सामने..."

मैं चौंक गया। अगर वह सिर्फ़ बात बना रही है तो चालाक किस्सागो है और सच कह रही है तो वाकई खतरनाक है।

दो महीने ही पहले सावन माथुर को पुलिस ने गिरफ्तार किया था। यूँ तो उसका नाम सफल फिल्म प्रोड्यूसरों में लिया जाता है मगर इंडस्ट्री में दबी जुबान में हमेशा चर्चा रही कि दर्जनों लड़कियों को फिल्मों में ब्रेक देने का वादा करके उसने बर्बाद किया। उसकी राजनीतिक साख ऊँची है, बिल्डर के रूप में वह अकूत धन कमाता है, अंडरवर्ल्ड से उसके कनेक्शन बताए जाते हैं। कभी किसी ने उसके खिलाफ मुँह नहीं खोला। मगर अचानक एक सुबह इस खबर ने हलचल मचा दी थी कि

बॉलीवुड के इस कामयाब प्रोड्यूसर को पुलिस ने सान्ताक्रूज हवाई अड्डे से गिरफ्तार किया। वह दुबई जा रहा था। एक युवती ने उस पर रेप और शारीरिक प्रताड़ना के आरोप लगाए। उस पर युवती को ड्रग्स लेने के लिए मजबूर करने का भी आरोप लगा। इससे उसकी मुसीबतें बढ़ गई। पुलिस को उम्मीद थी कि और लड़कियाँ भी, जिनकी मजबूरी का उसने फायदा उठाया था, सामने आएँगी। परन्तु यह नहीं हुआ। जबकि एफआईआर दर्ज कराने वाली युवती आरोपों पर कायम रही। हाँ, मीडिया में उसने चेहरा नहीं दिखाया। पुलिस ने भी उसकी पहचान उजागर नहीं की।

"अगर यह सही है तो दूध की धुली तुम भी कहाँ हो..." मैंने साफ शब्दों में कहा, "तीन साल से उसके दिए फ्लैट में रह रही थीं तो इसका मतलब भी क्या छुपा हुआ है? तुम अपने लालच की वजह से फँसी।" मैंने कहा।

"उसने मुझे लीड एक्ट्रेस का रोल प्रॉमिस किया था। क्या मुझे इंकार कर देना चाहिए था?" उसने तर्क किया।

"सबको पता है वह कैसा आदमी है। तुम्हें भी पता रहा होगा!"

"उतना नहीं, जितना बाद में पता चला..." उसकी आवाज़ में गर्मी आ गई। वह चुप हो गई। जैसे नाराज है।

गिरफ्तारी के बाद सावन माथुर के नाम पर खूब कालिख पुती लेकिन जिस युवती ने उसे फँसाया, उसकी भी बातें सामने आईं। वह नई-नवेली स्ट्रगलर नहीं थी। कुछ बॉलीवुड फिल्मों में छोटे-छोटे रोल कर चुकी थी। साउथ की तीन फिल्में उसने की थी। बॉलीवुड में बड़े मौकों की तलाश के दौरान एक सहेली के माध्यम से उसकी माथुर से मुलाकात हुई और इसके कुछ घंटों बाद वह उसके फ्लैट पर पहुँच गई थी। धीरे-धीरे वह उससे लगातार मिलने लगी और माथुर ने जुहू में अपना एक फ्लैट उसे रहने को दे दिया। खबरों में बताया गया कि माथुर के साथ वह बिजनेस ट्रिप्स और छुट्टियों पर जाने लगी और धीरे-धीरे ड्रग्स भी लेने लगी। बाद में उसे एहसास हुआ कि माथुर की उसके करिअर में कोई दिलचस्पी नहीं है। मगर तब तक दो बरस से ज़्यादा गुजर चुके थे। जाने कितनी बार वह उसे भोग चुका था। जब युवती ने आवाज़ उठाई तो माथुर ने उसे पीटना और धमकाना शुरू कर दिया। कहा कि अगर शोर मचाया तो दुबई के किसी शेख के हरम में भिजवा देगा। जहाँ से वह कभी निकल नहीं सकेगी। इसके बाद युवती को होश आया कि वह कितने बड़े खतरे में है! उसने खुद को सँभाला। हालात को परखा और आखिरकार पुलिस में सावन माथुर के खिलाफ रिपोर्ट दर्ज कराई।

उसकी बॉडी लैंग्वेज बदल चुकी थी। वह बिना हिले-डुले निढाल-सी बैठी थी। बिजली के इंतजार में इतना लम्बा वक़्त गुजर चुका था कि "टाइम पास" जैसी मन:स्थिति नहीं बची थी। उसने सच सामने रख दिया। मुझे गहरी निराशा हुई। वह

उदास स्वर में बोली, "उसने मेरा दिल दुखाया।"

मुझे हँसी आ गई। उसने हैरान होकर देखा।

मैंने कहा, "क्या ये लव स्टोरी थी? वह अपना मतलब साध रहा था। तुम अपना उल्लू सीधा कर रही थीं। जब तक तुम्हें लगा कि वह बड़ा ब्रेक दे सकता है, तुम चुप रहीं। उसके फ्लैट में रहीं। उसके इशारों पर नाचीं। साथ घूमी-फिरी... सब किया...फिर रेप का आरोप लगा दिया...कितना आसान है!"

"आसान...! तुम मर्द हो इसलिए नहीं समझ सकते," वह बोली।

"इसमें मर्द-औरत का तर्क बेकार है। तुम दोनों ही अपना-अपना स्वार्थ देख रहे थे..."

"बिलकुल झूठ। तुमने ध्यान से नहीं सुना कि मैंने क्या कहा...उसने मुझे लीड एक्ट्रेस का रोल प्रॉमिस किया था...प्रॉमिस समझते हो...वादा...यानी उसने जाल फेंका...फँसाने के लिए!!"

"चलो माना...पर तुम्हें तो समझदारी दिखानी थी।"

"कैसे...?? ऐक्टिंग मेरा प्रोफेशन है...मैं बेहतर से बेहतर करना चाहती हूँ... अच्छे से अच्छे रोल की उम्मीद करती हूँ...सबको पता है...और कोई इस बात का फायदा उठाए, मुझसे झूठ बोले तो क्या उसे सजा नहीं मिलनी चाहिए।"

"तुमने उसे हालात का...अपना फायदा उठाने दिया।" मैंने जोर देकर कहा।

"क्या मैंने तुम्हें इन हालत का...अपना फायदा उठाने दिया?" उसने सधी हुई आवाज़ में सवाल किया तो मैं अवाक् रह गया। उसने बोलना जारी रखा, "क्या मैंने कोई ऐसी हरकत की जिससे तुम्हें लगे कि मैं गलत हूँ...गन्दा काम करती हूँ...मैं अच्छी औरत नहीं हूँ।...और अच्छी औरत क्या होती है? अगर मैं उसके साथ रही, उसके साथ सोई तो अच्छी नहीं रही?" दो पल रुक कर फिर उसने जैसे जानबूझ कर चोट की, "तुम नहीं चाहोगे मेरे साथ सोना?"

कमरे का सन्नाटा पल भर में गहरा हो गया। अनुत्तरित प्रश्न की अनुगूँज सन्नाटे में तैरने लगी। मैं चुप रहा। कोई हलचल नहीं थी। खिड़की बन्द होने से कमरे में हवा भी नहीं आ रही थी। बस, उमस थी। जिसमें उसके आखिरी शब्दों के साथ एक अजीब गन्ध तैर गई थी।

क्या शब्दों की भी कोई गन्ध होती है?...और इस गन्ध का अर्थ शब्दों के अर्थ से भिन्न होता है?

वह मेरी तरफ देख रही थी। क्या उसके इस तरह देखने का भी कोई अर्थ था? कोई भिन्न अर्थ?

क्या मुझे उतना ही सीधा जवाब देना चाहिए, जितना सीधा उसने सवाल किया?

क्या आपसे कभी औरत ने इस तरह सीधे पूछा है? वह खेल रही है या सचमुच उसका इरादा है? वह क्या बताना चाहती है? माथुर ने उसके साथ जो किया वह

धोखा था और वह वाकई अच्छी औरत है! मेरे दिमाग में सिर्फ़ सवाल घूम रहे थे। उत्तर नहीं थे। परेशान करती गरमी और उमस के साथ उसकी इन हैरान करने वाली पहेलियाँ बुझाती बातों के बीच मुझे लगने लगा कि यह अँधेरा अब सदा के लिए है! रोशनी कभी नहीं आएगी। मन चिड़चिड़ा रहा था। मैं मना रहा था कि जो कुछ भी जैसा है, अभी की अभी खत्म हो जाए। यह कैसे हालात हैं? जैसे किसी भारी पत्थर के नीचे दबा हुआ हूँ। एक रत्ती भी हिल नहीं सकता।

"तुम्हें क्या लगता है कि मैं रेप के लिए बनी हूँ?" उसने धमाका किया, "... और किसी तरह देख नहीं सकते मुझे?" मेरा हाथ पकड़ कर वह मुझ पर झुक गई। हमारे चेहरे आमने-सामने थे। साँसें टकरा रही थीं। "क्या मैं यही चाहती हूँ... बस?" उसने अपने होंठ मेरे होठों पर रख दिए। फिर एक तड़प के साथ अपने करीब खींच लिया। उसकी बाँहों का घेरा मुझ पर कस चुका था। उसका चेहरा मेरे चेहरे को छू रहा था। उसके गालों पर आँसुओं की धारें थी। दिल में भावनाओं का ज्वार उछल रहा था। वह आक्रामक होने लगी। उसके दाँत और नाखून मेरे शरीर में चुभने लगे। उसने कहा, "अगर मैं प्यार करती हूँ तो क्या सिर्फ़ इसके लिए...?"

"सब एक जैसे नहीं होते," मैंने कहा।

"सब एक जैसे ही होते हैं...एक ही तरह से देखते हैं...वही हवस...वही नीच सोच...सिंगल है...? वर्जिन है कि नहीं...नहीं हूँ मैं वर्जिन...तो क्या? मुझे नहीं पसन्द कि एक्स-रे जैसी नजरों से देखो...मुझे यहाँ-वहाँ घूरो...तुम्हारी इच्छा के कपड़े क्या...मैं कुछ भी नहीं पहनना चाहती, फिर...? ऐसे ही घूमना चाहती हूँ..." कहते हुए झटके से टी-शर्ट उतार फेंकी।

उसने ब्रा नहीं पहनी थी!

"तुम पागल हो गई हो।" मैंने कहा।

"पागल तुम हो...तुम्हें प्यार और धोखे में फर्क नहीं पता।" उसने मुझे सोफे से नीचे धकेला और ऊपर सवार हो गई।

"यह जबरदस्ती..."

"और जब तुम करते हो तब?" उसने बात काटी और अधिकार भरे स्वर में कहा, "आगे एक शब्द मत बोलना।" उसकी आवाज़ को जैसे कमरे की हर दीवार ने, कमरे में रखी एक-एक चीज़ ने आदेश की तरह माना और चुप हो गई। सन्नाटा कमरे के अँधेरे से एकमेक हो गया। जैसे किसी और शै का अस्तित्व नहीं रहा। सिर्फ़ वह, मैं और हमारी साँसें! उसकी छुअन का रोमांच धीरे-धीरे जिस्म को जगाने लगा। जज्बात की हल्की तरंगों का संगीत भावनाओं में पैदा हुआ। साँसों में चिंगारियाँ मचलने लगीं। वह माहिर थी। मेरी पराजय तय थी। यह नहीं कि इस खेल में मैं कच्चा था। मगर जब पता ही न हो कि सामने कौन है और उसके इरादे क्या हैं, तब क्या मजा? क्या ऐसे भी खेला जाता है? मगर उसे जैसे इस बात से कोई

मतलब नहीं था। उसके नाखून मेरी त्वचा के भीतर उतर रहे थे। वह रो रही थी। वह पागल थी? मैंने उसे बाँहों में कस लिया। उसने मुझसे अधिक ताकत लगाई। इतनी कि मेरी पसलियाँ टूट भी सकती थीं। उसके बाल खुल कर बिखर गए और हमारे शरीर पर कुछ बाकी नहीं रह गया। क्या वह यही चाहती थी? अपने बारे में मैं अब भी संशय से भरा था। लेकिन जिस्म हमारे काबू में नहीं थे! तूफ़ान तेज था और एक-दूसरे की बाँहों में डूब कर ही यह पार हो सकता था। वह रोए जा रही थी। आँसुओं के साथ नाखूनों की धार और दाँतों का पैनापन तेज हो गया था। दर्द को सहने का मेरा धैर्य जवाब दे रहा था। अचानक उसने दाँत गर्दन में गड़ा दिए। मैं तड़प उठा। उसके नाखून मेरी पीठ पर खरोंच बनाने लगे। उसका बर्ताव बदल गया। वह जानवर में तब्दील हो रही थी। उसकी आँखों में चमक रहे बिन्दु आग के लाल रंग की तरह सुर्ख हो उठे। उनमें क्रूरता साफ झलक रही थी। मैं उसे अपने शरीर से अलग करने के लिए जितना जोर लगा रहा था वह उससे दुगनी शक्ति के साथ मेरे शरीर में नाखून और दाँत गड़ा रही थी। उसकी साँसों में गुर्राहट का शोर था।

क्या वह मुझे खत्म कर देना चाहती है?

मैंने पूरी ताकत से खुद को छुड़ाया और पलट कर उसे अपनी बाँहों में जोर से कस लिया। जैसे किसी जानवर को काबू करते है। उसे पुचकारने लगा। उसकी गर्दन। उसके गाल। उसकी पलकें। उसके होंठ। उसके स्तन। वह कसमसाई। मगर मैंने बन्धन ढीला नहीं किया। वह छटपटाने लगी। उसकी चुनौती से मेरे भीतर भी हिंसा जाग उठी थी। वह कैसे हार मानती? थोड़ी ही देर में वहाँ दो जानवर गुत्थमगुत्था थे। एक-दूसरे पर प्रहार करते, चोट पहुँचाते, टकराते, काटते, गुर्राते। उमस में पसीना-पसीना। दर्द से कराहते। अपने नंगे जिस्म से बहते गर्म रक्त की धारों को महसूस करते। कभी एक-दूसरे से दूर छिटकते और कभी एक-दूसरे में समा जाते। घृणा और प्रेम साथ दिखाते। पता नहीं यह कितनी देर चला। अपनी पूरी ऊर्जा निचुड़ जाने के बाद दोनों निढाल पड़ गए। एक-दूसरे का शिकार कर के। एक-दूसरे का शिकार बन कर। रात ठहरी थी। हवा निश्चल थी। रोशनी का एक कतरा तक नहीं था। सन्नाटा ऐसे गुजरा कि उसके पीछे एक अजीब खालीपन पूरे घनत्व के साथ सिमट आया। एक गहरा स्याहपन काली फ्रेम में जड़ा हो जैसे।

मृत्यु...!

होश खो देने से पहले मेरे मस्तिष्क में अन्तिम शब्द कौंधा।

आँखें खुली तो रोशनी का सैलाब कमरे में था। फर्श पर पड़े बदन में नशे की खुमारी जैसी थी। सिर में हल्का दर्द। खरोंचों के निशान ताजा थे। हरी-नीली रेखाएँ उभरी थीं। उनमें मीठी जलन सुलग रही थी। बदन भारी था। वह सपना था या हकीकत...? सब कुछ अपनी जगह सलामत और स्थिर था। क्या जिस्म की गवाही झूठी थी?

देर तक मैं पड़ा रहा। जड़। चाहे जो रहा हो! कुछ सोचने की इच्छा नहीं थी। दिमाग में एक खाली रील चल रही थी। कुछ नहीं दिख रहा था। आँखों ने कहाँ कुछ देखा था? लेकिन जिस्म में एहसासों की यादें बिखरी थीं। रह-रह कर टीस रही थीं। धीरे-धीरे सिर हिलाया। गर्दन हिलाई। करवट बदली। देर तक बन्द खिड़की, छत और दीवारों को देखता रहा कि अचानक सोफे के नीचे कुछ दिखा! नजरें ठहर गईं।

क्या है...?

मैं उठ कर बैठा। सोफे की तरफ खिसका।

एक टी-शर्ट थी और थी लैगिंग्स!

दोनों पर बाघ के शरीर जैसी धारियाँ!!

टाइगर स्ट्रिप्स...!!!

रोशनी का सैलाब अचानक मद्धम पड़ गया। नजरें और साँसें डूबने लगीं। सन्नाटा घना हो गया। मुझे लगा कि मैं मर भी सकता हूँ। क्या दुनिया खत्म हो रही है? अगर नहीं, तो क्या इसे इसी पल खत्म नहीं हो जाना चाहिए? मृत्यु और जीवन के विचारों के बीच निर्वाण जैसी अजीब भावना मन में जागी! टी-शर्ट-लैगिंग्स को सँभाले लड़खड़ाते हुए मैं बैडरूम की तरफ भागा। जरूर अन्दर होगी।

वह नहीं थी!

बाघ भी गायब था।

झूठे थे वे माफ़ीनामे!

मधु कांकरिया

अम्मा जी आसमान बन चुकी थी धरती पर लावारिस सी पड़ी उनकी डायरी पर एकाएक मेरी नज़र पड़ गई थी। डायरी का पहला पृष्ठ खोला। उसके बीचो बीच लिखा हुआ था,

"वापस लेती हूँ उन माफियों को जिन्हें मुझे परिवार से मजबूरन माँगनी पड़ी, पर सच्चे मन से मैंने कभी नहीं माँगी वे माफियाँ क्योंकि मेरी जिन आवाज़ों को दबाया गया वे सिर्फ़ सच्चाइयों की बुलन्द आवाज़ थी, लेकिन दवाब में मुझे अपनी सच्ची आवाज़ के लिए भी 'सॉरी' कहना पड़ा लेकिन वे सिर्फ़ मेरे अल्फ़ाज़ थे रूह से निकले जज़्बत नहीं।

फिर जिया जमीर का एक शेर था—

दर्द की धूप ढले ग़म के ज़माने जाएँ
देखिए रूह से कब दाग़ पुराने जाएँ

डायरी क्या कुछ आत्मस्वीकृतियाँ थी। रूह पर लगे कुछ पुराने दागों का जिक्र था जो अनन्त की राह पर उड़ने से पहले गाहे बगाहे लिखे गए होंगे। अम्मीजी मतलब मेरे पति की माँ। मैं डायरी को कचरे में फेंकने जा ही रही थी कि डायरी के सुनहरे कवर ने मुझे ऐसा करने से रोक दिया। कवर को देखते देखते उत्सुकतावश मैं डायरी को उलटने पलटने लगी कि मुझे अपना नाम दिख गया। अब तो मैं जैसे पतंग देखते देखते आसमान देखने लगी थी।

मैं उत्सुक हो उसे पढ़ने लगी। पढ़ते ही स्मृतियों के ठहरे जल में जैसे एकाएक भूचाल उठ गया, लहरें मचलने लगीं।

पहले पृष्ठ पर ही लिखा था—गाढ़ी रोशनाई से लिखी यह डायरी, डायरी नहीं, मुहब्बत से भरा मेरा वो रेशमी रुमाल है जो हर दिन मेरी आत्मा की जमीन पर लगे मेरे रोजमर्रा की ज़िन्दगी के गर्दगुबार को पोंछ डालता था।

दूसरा पृष्ठ—बचपन में कभी पढ़ा था—सत्य सदैव सुन्दर होता है। लेकिन ऐसा नहीं होता है। गृहस्थ जीवन का सबसे बड़ा सच है—झूठ, सबसे चटक रंग। ज़िन्दगी में मेरे झूठ का रंग न होता तो हार जाती मैं वो जंग!

बदली तारीख में फिर लिखा था—धरती सपनों में खोई हुई थी। पूरा संसार सो रहा था पर मैं जाग रही थी, डूबते सूर्य की उदासी मचल रही थी मेरे भीतर। दु:ख का मोगरा महक रहा था था। बुढ़ापे में हर इनसान एक टेढ़ी लकीर हो जाता है पर मैं लगातार सीधी लकीर हो रही थी।

कुछ कटी लाइनों के बाद फिर लिखा हुआ था—

काश मन का भी होता कोई घर तो रह लेती पल भर वहाँ। जानते हो क्यों?क्योंकि इस दुनिया को समझते समझते और झूठ बोलते बोलते मैं पक गई हूँ। मैंने आज फिर एक बार बोला 'सॉरी' जो सिर्फ़ मेरे अल्फ़ाज़ थे मेरे मन के जज़्बात नहीं, झूठ मूठ का वह सॉरी मुझे चाकू की तरह चुभ रहा था। मैंने गंगा से चिरौरी की, "न समझे जाने की आदिम पीड़ा से गुजर रही हूँ गंगे! मेरे इस झूठ को अपने साथ बहा ले जा, इसका कोई भार मुझ पर न रहे!"

एक जगह लिखा था—बेचैनियाँ और दुश्चिन्ताएँ कभी शान्ति से सो नहीं सकती इसलिए मैं भी आज जल्दी से ही उठ गई और सोचने लगी क्या है जीवन?जीवन न समझे जाने की आदिम पीड़ा है! झूठ का गुलदस्ता है!

मेरे जीवन में सॉरी शब्द उसी तरह शामिल था जैसे जल में मछली, प्रेम में आवेग।

कुछ सॉरी मेरी आत्मा से निकले तो कुछ बेरूह सॉरी जिनका कोई मतलब नहीं था। ये वे सॉरी थे जो झूठ और सिर्फ़ झूठ थे जिन्होंने मेरी आत्मा को गढ़ने की बजाय मुझे आत्महीन ही ज़्यादा बनाया।

यही यथार्थ है। अपने सही होने को नकारना! अपने को नकारना!अपने इन झूठे सॉरी पर जब मैं दुखी होती तो मेरी सहेली मुझे समझाती, "जब ज़िन्दगी उस मुकाम तक पहुँच जाती हैं कि हम कह सकें कि हमें कुछ फर्क नहीं पड़ता, सही जानो कि तभी ज़िन्दगी में फर्क पड़ता है।

लेकिन मैं ज़िन्दगी को अपनी नज़र से देखने वाली, उस मुकाम तक न पहुँची थी न पहुँचना चाहती थी। यदि मैं कुछ कहूँ तो उसका मुझ पर फर्क पड़ता था और पड़ना भी चाहिए था। जीवन मेरा भले ही कितना भी साधारण क्यों न रहा हो पर मैं इसे पूरी ईमानदारी के साथ जीना चाहती थी। पर मेरी बिडम्बना यह थी कि मेरी ज़िन्दगी का कुछ हिस्सा जिनसे जुड़ा था वे मुझसे अलग दुनिया के वाशिन्दे थे—मी, माय और माइसेल्फ की दुनिया के नागरिक जिनका जीवन दर्शन था—मनी, मीडिया और मार्केटिंग।

इस कारण उस दुनिया में अपनी जगह सुनिश्चित करने जब जब मैं झूठ

मूठ का सॉरी बोलती मुझे लगता जैसे मेरी रंगशाला का कोई रंग उड़ गया है। और इस प्रकार एक एक कर उड़ते गए रंग और जाल समेटने की बेला तक मेरी रंगशाला बेरंग हो चुकी थी। मन बेघर हो चुका था। पंख कमजोर और नाव जर्जर हो चुकी थी।

ऐसे में मेरी सहेलियाँ समझाती मुझे, उन्हें क्षमा कर दो जिन्होनें मुझे झूठ मूठ के सॉरी बोलने को विवश किया। यह भी कहा उन्होंने कि जिस जैन धर्म से हूँ मैं उसमें तो क्षमा को ही परम धर्म माना गया है। बल्कि उसके लिए एक दिन भी नियत है जब सब आत्मीय जाने अनजाने हुई अपनी भूलों के लिए 'खमत खामणा' कहते हैं। पर मुझे जैनियों का सवंत्सर पर्व जरा भी प्रेरित नहीं करता था। व्यवहार में वहाँ भी झूठ ही हवा की तरह फैला हुआ था—सिर्फ़ औपचारिक क्षमा याचना। जिनके हम सचमुच के गुनाहगार थे उनसे तो हम बात तक नहीं करते थे, घर में दिन रात पसीना बहाने वाली, घर को चकाचक रखने वाली बाइयों का, ड्राइवरों का, चौकीदारों का हर दिन हम दिल दुखाते थे पर क्या हमने कभी कहा उन्हें—सॉरी!

पर कोई मेरे भीतर दबे पड़े इन मोहनजोदड़ो को खोदे तो उसमें से निकलेंगे झूठे माफीनामे के उड़ते सूखे पत्ते।

जाने अनजाने अम्मी जी किसी रहस्यमयी चिड़िया की तरह खरामा खरामा मेरे भीतर अपने पंख फैलाने लगी थी।

कुछ कविताओं के बाद फिर कुछ ऐसा लिखा मिला जो मुझमें दिलचस्पी जगा रहा था, सॉरी के इतिहास से भरे हुए हैं ज़िन्दगी के पन्ने! दरअसल जैसे किसी हल्की चीज को जबरदस्ती पानी में डूबो कर रखें तो क्या होगा? जैसे ही दवाब हटेगा, चीज सतह पर आ जाएगी। मेरे साथ भी यही होता, जैसे ही बच्चों का दवाब हल्का पड़ता मैं अपने पर आ जाती, कुछ ऐसा कर बैठती कि बच्चों को असुविधा होने लगती, वे नाराज हो जाते या अबोला शुरू हो जाता। दिन बीत जाता, रात के ढलने की प्रतीक्षा जानलेवा हो जाती, भोर के दीए सी मैं बुझने लगती तो उस मारक अबोले की घुटन से बचने के लिए मैं कह बैठती सॉरी, ऐसी सॉरी जिसमें सिर्फ़ लफ़्ज़ होते जज़्बात नहीं!

मन की मुँडेर पर स्मृतियाँ चुग रही है दाने! ऐसी ही एक स्मृति!

एक शाम ने सरगम रची। घर में नई गाड़ी आई थी। अब भला कौन ऐसी माँ होगी जो बेटे की इस उपलब्धि पर खुश नहीं होगी। हिसाब से जितना खुश होना चाहिए था मुझे, मैं हुई भी पर मुझे उस समय असभ्य हँसी आ गई जब पुत्र और काबिल बहूरानी दोनों गाड़ी की मुँह दिखाई के लिए गाड़ी के मुँह पर स्वस्तिक बना, उस पर गुलाब फूल की माला चढ़ा भगवान के यहाँ ले गए। यहाँ तक तो फिर भी

गनीमत थी। हद तब हुई जब पंडित जी सँकरे से गलियारे में गाड़ी को इस प्रकार खड़ी करने को कहने लगे कि भगवान की मूरत का चेहरा और गाड़ी का अग्रिम भाग आमने सामने हो जाए। जिससे भगवान जी गाड़ी को निहार लें और गाड़ी को अपना आशीर्वाद दे दें। इस सर्कस में सत्रह मिनट चालीस सेकंड और लग गए। मैं हाथों में नारियल लिए खड़ी थी, कि भगवान की नजर गाड़ी पर पड़े तो नारियल की सद्गति हो। पास में ही दो कुत्ते कुत्ती मस्ती की पिनक में जमकर सहवास कर रहे थे, जिनके पीछे कई और कुत्ते भौं भौं करते कतार में खड़े थे, मैं अजीब सी आदिम लज्जा और संकोच से घिरी जा रही थी कि कहीं पुत्र और मेरी नजर एक साथ इस खुलल्मखुल्ले प्रेम दृश्य पर न पड़ जाए। विचार बेकाबू हो बन्दर की तरह उछल कूद मचाने लगे इसलिए उतावली मचाते और झल्लाते हुए मैंने कहा, "अरे इतने विराट भगवान जिसने चाँद, सूरज, पर्वत, सागर और नदियाँ बनाई उन्होंने क्या पिद्दी सी गाड़ी नहीं देखी होगी? छोड़ो यह मुँह दिखाई का चोंचला!"

जैसे बिजली गिर गई हो। सबके चेहरे पर काले बादल घिर आए। ललाट पर जाने कितनी सिलवटें! बेटे ने धीरे से दाँत किटकिटाते हुए कहा, "बिना रंग में भंग किए मेरी कॉमरेड माँ को चैन कहाँ पड़ने वाला था।" उसने कहा और मेरे दिल में हाहाकार मच गया—या रब वे न समझे हैं, न समझेंगे मेरी बात! बहुरानी ने कहा तो कुछ नहीं पर अपने गले की एक लड़ी मोती की माला को डुलाते हुए जिन तल्ख नज़रों से घूरा मुझे कि मेरी तो दिमाग की नसें ही तड़तड़ाने लगी। भीतर फिर एक जंगल उगने लगा।

झर झर आँसू!

काश इस मन से उस मन तक पहुँच पाती मैं!

रेत रेत बिखर गया मन! मैं फिर नहीं समझी और पुत गया गोबर मेरी नवजात खुशियों पर! अपनी नज़रों के नूर की नज़रों से उतरना कैसा होता है! वे चढ़ती धूप, उनकी धूप से बचने के लिए मुझे छाँव चाहिए थी। इस छाँव के लिए मैं गाड़ी के रूप लावण्य की प्रशंसा के पुल बाँधने लगी। वे निरपेक्ष रहे, बल्कि यह भी हुआ कि गुजरते पलों के साथ उनकी अदृश्य धिक्कार मेरी चीत्कार में बदल गई। हे भगवान! मैं कैसे भूल गई कि उनका क्या दोष, वे तो बस अपने वक़्त के टुकड़ा थे। मुखड़ा थे। अपना अंश होते हुए भी अब हमारी मिट्टी अलग अलग हो गई थी। भूल गई कि अब वे दो बच्चे बच्चे नहीं रहे थे वरन मेरी बगिया के दो ऐसे मदमाते फूल थे जो अपनी ही महक से बौराए रहते, दूसरों के विचारों की खुशबू से उनका कोई लेना देना नहीं था। हमारे खूबसूरत से घर में सबकी इज़्ज़त थी लेकिन विचारों की नहीं थी। वे किसी कोने में पालतू कुत्ते की तरह दुम हिलाते पड़े रहते थे। वैसे भी मैं घर की गाड़ी का अतिरिक्त पाँचवाँ पहिया थी जिसकी परिवार को बहुत कम जरूरत रह गई थी। लेकिन एक माँ के भीतर जाने कितनी माएँ समाई रहती है

कि भीतर की ममतामयी माँ उन दारुण और टूटे हुए पलों में कसमसा उठी—क्या जरूरत थी ज्ञान पेल रंग में भंग करने की। कनखियों से देखा, मेरी चोंच के निशान बेटे के चेहरे पर साफ़ नजर आ रहे थे!

दिन भर बेचैन रूह के परिन्दे सी आत्मधिक्कार के पोखर में डूबती उतराती रही। जब ज़िन्दगी बन्दगी बन जाए तो गले में फाँस की तरह चुभने लगता है अपना ही कहा अनकहा। कुछ पलों बाद ही समझौते की लड़ी पिरोते हुए, दिल में सॉरी का नक्शा बनाते हुए, शब्दों की फिजूलखर्ची से बचते हुए मैंने कहा—सॉरी!

माफ़ीनामा तो बनता ही था!

एक और दाना!

बहूरानी को दिन चढ़े थे। देश में कोरोना चढ़ रहा था। ज़िन्दगी के रंग और स्वप्न लगातार उतर रहे थे। हर घर पर जैसे कौआ ही बैठ गया था। ऐसे में एक सुहानी शाम बेटे ने कहा—हमारा खाना नहीं बनेगा।

"पर क्यों? किस ख़ुशी में!"

"हम बाहर, खाना खज़ाना में डिनर लेंगे।"

"ऐसे कोरोना समय में?" थोड़ा विरक्त हो कहा मैंने।

"अम्मा, मैंने रिसर्च कर लिया है, वहाँ सब ठीक है।" सुलझा दिमाग फिर उलझे दिमाग से उलझ गया। मेरे मुँह से अनायास ही निकल गया,

"रिसर्च? खाना बनते देखा है क्या? खाने की भी रिसर्च होती है क्या?अरे कुछ दिन नहीं जाओगे तो क्या हो जाएगा, बहूरानी को इस हालत में यूँ भी बाहर का नहीं खाना चाहिए फिर कोरोना ऊपर से।" उसने फिर कहा,

"मम्मा, वहाँ सबकुछ हाईजिनिक है।" उनकी फरर फरर अँग्रेज़ी के सामने अकसर मेरी हिन्दी शर्मा जाती थी इसलिए मैंने भी दमक कर कहा।

"मैन बिलीव्ज़ व्हाट ही लव्स टू बिलीव।" (आदमी वही विश्वास करता है जो वह करना चाहता है।

बस, अब तो घर में नि:शब्द कुहराम ही मच गया। घर अब घर नहीं गर्म तवा था। मैंने कितनी बड़ी गुस्ताखी कर डाली थी, कामयाब जोड़े को हिदायत दे डाली!अब तो जो मैंने नहीं कहा था वह भी उनके द्वारा सुन लिया गया था।

कितना मजेदार समाँ था। जितना बड़ा घर, उतनी ही बड़ी मनाही सवाल करने की और भूल से कर लिया तो उतनी बड़ी सॉरी! जैसा देश था वैसा ही मेरा घर हो गया था। आप कहीं भी सच्ची बात नहीं कह सकते थे। ऐसे में मेरा पथ बुहारने वाली मेरी निडरता भी मेरा साथ छोड़ भाग खड़ी हुई थी। इसलिए जो कहा नहीं गया था वह भी सुन लिया गया था। एक उदास हँसी और साथ ही जेहन में चमक गए बशीर बद्र—

जो कहा नहीं वो सुना करो
जो सुना नहीं वो कहा करो।

मैंने इस शेर की पहली पंक्तियों को दिल में उतार लिया और वो सब भी सुन लिया जो उनकी सज्जनतावश मुझे कहा नहीं गया था।

वे गए तो नहीं पर घर में जैसे बारूद बिछ गया। घर की दीवारें भी जैसे रूठ गई मुझसे। मेरी बनाई हुई चाय तक नहीं पी सुपुत्र ने। सदैव की तरह मेरी आँखें तो बदली सी नहीं ही बरसी पर यह जरूर लगा जैसे मेरी समूची पृथ्वी पर वे दोनों ही फैले हुए हैं, यह भी कि बुढ़ापे की भी अपनी पराधीनता होती है जो इन दिनों दिनों दिन अपना जलवा दिखाने लगी थी। टैगोर का एकला चलो भी बस कहने की ही बात लगी। असली बात दिल की यह चिन्ता थी कि बिन्दु भर जगह जो थी मेरे पास, आज की घटना के बाद कहीं उसमें भी न हो जाए सुराख!

फिर जिस तेवर से गया वह कि मेरे दिन का सारा उजाला और रात की सारी चाँदनी भी लेता गया अपने साथ। गर्म गर्म साँस भरती घायल शेरनी सी अपने बन्द कमरे में पूरे तेईस घंटा और सत्ताईस मिनट चक्कर काटती रही। रिश्तों की माया ने मन को साँकल में जकड़ रखा था। किसी तरह खुद को दिलासा दिलाती रही कि जब बुद्ध और गाँधी तक यहाँ चैन से नहीं मर पाए तो मेरी क्या औकात। वैसे भी अपने आप में मैं थी भी क्या, सिवाय एक शून्य के। काश! कालिदास की तरह मैं भी किसी बादल को दूत बना भेज देती जो बेटे के कान में कह देता—सॉरी और मैं कहने से बच जाती। पर ऐसा न हो पाया। अबोले का दंश इतना तीखा और कुरकुरा था कि मेरा अंश अंश खुद से ही विद्रोह कर बैठा। अन्तत: अपनी औकात का अपने हाथों ही गला घोंटते दूसरी शाम सॉरी बोलने की छोटी सी मानसिक रिहर्सल के बाद सन्धि पत्र पेश करते कहा—सॉरी।

मुम्बई की एक सुबह! एक दर्दनाक कविता!

बेटा "ममा, क्या तुमने हाउस मैनेजमेंट को फ्लैट नम्बर 10-डी की आन्टी के विरुद्ध कोई शिकायत दर्ज की है?"

"हाँ एकदम! बहुत ही जालिम हैं वे?"

"क्या किया है उन्होंने?"

"उन्होंने अपनी बाई ऊषा के डेढ़ महीने के वेतन को देने से इंकार कर दिया क्योंकि ऊषा के हाथ से उनका एक मरियल सा काँच का गिलास टूट गया था जिसे वे इटालियन क्रॉकरी के सेट के बर्बाद होने से जोड़ रही थी। इसलिए मुझे मजबूरन उनकी शिकायत मैनेजमेंट से करनी पड़ी।"

"क्या सबूत था तुम्हारे पास कि मैडम ने उसको डेढ़ महीने का वेतन नहीं

दिया?मेड झूठ भी बोल सकती है।"

"वह अपने घर समेत चार घरों में काम करती है, उसने किसी पर भी यह आरोप नहीं लगाए। फिर उसने मुझसे नहीं कहा कि मैं उसकी मालकिन से उसका वेतन दिलवाऊँ, वह तो अपनी दूसरी मेड को अपनी व्यथा कथा कह रही थी, यह तो मैंने सुन लिया फिर उससे खोद खोद कर पूछा तो सच्चाई सामने आई, फिर उसके यहाँ काम करनेवाली दूसरी बाई से बात की तो उसने भी इसी सच्चाई की पुष्टि की कि उसने भी मैडम और ऊषा की बात सुनी थी।

और इसी आधार पर तुमने लिखित शकायत ठोक दी?जानती हो मेरे पास मैनेजमेंट की चार पेज की लम्बी शिकायत आई है कि आपकी माँ सोसाइटी में वैमनस्य फैला रही है, झूठ का साथ दे रही है, वे या तो सबूत दें या अपने इस झूठे आरोप के लिए फ्लैट नम्बर 10 की मैडम से माफ़ी माँगे! कितनी बार तुमको समझाया है मम्मा कि जितना मदर टेरेसा बनना है बनो, लेकिन घर से बाहर! घर में चिल करो। अब लिखो छोटा सा माफ़ीनामा!"

"वाह! इसे कहते हैं उल्टा चोर कोतवाल को डाँटे! मैंने कोई गलती नहीं की, क्यों माँगू माफी?स्वर्ण से पीले पड़े इन चेहरों को श्रम से पीले पड़े चेहरे कहाँ दिखते हैं!"

"सवाल बहुत करती हो तुम मम्मा!" कहते हुए उस मधुर सम्भाषण पर विराम लगा अपने रिबॉक के जूते को ठक ठक ठक ठकाते वह यह जा वह जा!

खुदा मेहरबान तो गधा पहलवान!

दिन निकला पर डूबा रहा मेरा मन। धधकता रहा कलेजा मणिकर्णिका के घाट सा। तपिश ऐसी की पूरा समुन्दर उँडेल दूँ तो भी न घटे। पचास मन के करीब बोला होगा कम बोलने वाला वो, मेरा खून, मेरी आत्मा का अंश लेकिन सारांश तीस ग्राम जितना भी न था। सॉरी कहूँ तो मन की साँकल और कस जाए, नहीं कहूँ तो बेटा! आत्मा झूठ बोलने से रोकती रही और जीवन सत्य बोलने से। भरपूर पाकर भी अतृप्त रह जाना शायद इसे ही कहते हैं। किसकी सुनूँ, मन की, आत्मा की या कि जग की। मैंने सॉरी नहीं लिखा। कर दिया खुदको हवाओं के हवाले।

रात आई पर गई नहीं। खाने के बाद घर के मुगल-ए-आज़म ने पूछा—जवाब दिया मेल का?अभी तक नहीं? मिचमिची आँखों से मेरी ओर देखा उसने। संकोच का कोई छोटा सा बादल पल भर के लिए आकर बैठ गया माँ बेटे के बीच। उसे जबरन परे ठेलते हुए कहा उसने, "अभी तक नहीं? अरे! लिखने से आप छोटी हो जाएँगी क्या!"

उसके महीन गुस्से की उफनती दाल में सॉरी के दो बूँद तेल डालते हुए कहा मैंने, "तथास्तु!"

लिख दिया माफ़ीनामा। ओढ़ ली ख़ामोशी की चादर। समझा लिया खुद को

कि सबकी जीवन दृष्टि एक सी नहीं होती। किसी के लिए वेद गड़ेरियों के गीत हैं तो किसी के लिए जीवन दृष्टि! पर क्या समझा पाई खुद को?

रात! धरती चाँदनी की चूनर ओढ़े सो रही थी और मैं आग सी दहक रही थी। कोने कोने से आती एक ही आवाज़—तुम कुछ नहीं हो! तुम कुछ नहीं हो!

झड़ गया जीवन से एक और रंग, बेसुरा हो गया एक और सुर।

एक और मजेदार घटना फुदक रही है—लिखो, मुझे भी! मुझे भी!

बेटे का दोस्त और दोस्त की पत्नी आए थे, न्यूजर्सी से। बचपन से ही बेटे का दोस्त आता रहा था, इसलिए महफ़िल में मैं भी शामिल थी। उनकी शादी को आठ साल हो चुके थे। मैंने एकाएक पूछ लिया—"कितने बच्चे हैं?" उन्होंने जवाब दिया,

"दो बिल्लियाँ हैं।" मैं ढपोरशंख! मैंने जवाब दिया,

"बेटियों को बिल्लियाँ कह रहे हो," और हो होकर हँस दी।

वे संजीदा हो गए, "आन्टी! वे सचमुच की बिल्लियाँ ही हैं"...बोलते हुए वे हँसे, एक सावधान हँसी। फिर उन्होंने मोबाइल से उनकी तसवीरें भी दिखानी शुरू कर दी। कहीं उनके बिस्तर पर धमाचौकड़ी मचाती बिल्लियाँ, तो कभी स्टडी टेबल पर गम्भीर छात्र की तरह बैठी कोई एक बिल्ली। तो कभी दूध पीती बिल्लियाँ। कभी अपने छोटे से साफ सुथरे जालीदार घर में आराम फरमाती बिल्लियाँ।

पता नहीं, मुझे क्या हुआ कि मुझे दूर बचपन में पढ़ी रामधारी सिंह दिनकर की एक कविता याद आ गई—श्वानों को मिलता दूध वस्त्र, भूखे बालक अकुलाते हैं...मेरी यादों को भी उसी पल बदला लेना था मुझसे। मुझे सोमालिया, इथोपिया, कालाहाँडी और बांग्लादेश के भूखे नंगे, कुपोषित, फुले हुए पेट और सींकिया हाथ पैरों वाले बच्चों की याद आ गई। मैं थोड़ी अवसादित और थोड़ी रोमांचित हुई। फिर उनके चेहरे देख मैं भी हँस दी, एक असावधान हँसी। बहू थोड़ी नाराज होकर बोली,

"मम्मा, बहुत सेक्रीफाइस किया है उन्होंने बिल्लियों के लिए। जब से पाली हैं उन्होंने बिल्लियाँ, कभी एक साथ घर से बाहर नहीं निकले कि बिल्लियों की रखवाली कौन करेगा? इसीलिए इतने साल भारत भी नहीं आए। इस बार आए, जब उन्हें एक अच्छा कैट केयर मिल गया और वह भी कितना महँगा!

मैं फिर हँस दी, एक असभ्य हँसी। ओंठ भी शायद थोड़े विद्रूप हो टेढ़े हो गए थे। मेरे मुँह से अनायास ही निकल गया,

"सेक्रीफाइस तो बिल्लियों का है। आपने तो जबरदस्ती उनकी आज़ादी छीन इनसानों के साथ रहने को मजबूर किया हुआ है उन्हें...सोचिए यदि आपको जबरन क़ैद कर बिल्लियों के साथ रहने को मजबूर किया जाय तो कैसा लगेगा आपको? काश किसी इनसान के बच्चे को ले लेते गोद तो उसका भी भला होता और बिल्लियों का भी।"

मेरे बोलते न बोलते बम फूट गया। सबकी निगाहों की नुकीली नोक पर टँग गई मैं। साफ तिरस्कार! राख में दबा आक्रोश फिर सुलग उठा। घर फिर देश बन गया। ज़िन्दगी से फिर बाहर निकल जाना पड़ा मुझे। वैसे भी ज़िन्दगी मेरी भीतर बाहर का खेल ही रही मुझसे। कुछ दिन भीतर रहती फिर कुछ निकल जाता ऐसा, घरवाले हो जाते नाराज और मैं फिर ज़िन्दगी से बाहर!

अपने समय से पराजित मैं! खुद को दिलासा देती रही—घर में रहते बेघर रहना ही तो निर्वाण है, मुक्ति है।

हा! हा! निर्वाण! मुक्ति!

दो दिन के दमघोंटू और जानलेवा अबोला के बाद मैंने बर्फ तोड़ी और कहा—"सॉरी!"

आसपास सुन्दर रहे तो मन भी सुन्दर रहता है। धारा के विरुद्ध तैरने की ताकत भी रहती है। याद आए गाँधी जी। चम्पारण की घटना पर जज ने कहा—"आप माफी माँग लीजिए सब ठीक हो जाएगा। गाँधी जी ने कहा—"मैंने आपका कानून तोड़ा है पर वह कानून ही गलत था इसलिए मैंने कोई गलती नहीं की, मैं माफी क्यों माँगू?आपसे बढ़कर ईश्वर का कानून है मैं उसे मानता हूँ।" जज की सहानुभूति थी गाँधी जी के साथ। लेकिन कानून अपनी जगह। लाचार जज ने गाँधी जी पर एक रुपये का जुर्माना लगा दिया—ठीक है माफी न सही, आप एक रुपया का जुर्माना ही भर दें।

गाँधी—"मैं वह भी नहीं भरूँगा। जुर्माना भरना मतलब अपने अपराध को मान लेना है।"

आखिर जज ने अपनी तरफ से ही जुर्माना भर दिया।

मेरा दुःख, मैं गाँधी नहीं बन पा रही थी क्योंकि मेरे पंख कमजोर थे, नौका जर्जर थी और मेरा आसपास सुन्दर नहीं था जो आसपास था वह मुझे बिना अपराध के ही झुकना, माफ़ी माँगना और दबना सिखा रहा था। बहुत पहले मेरी हमउम्र बहन ने कहा था कि अब मेरे घर में मेरी वह स्थिति आ गई है कि यदि मुझे सम्मानपूर्वक अपने घर में रहना है तो बुद्ध बनकर ही रहना होगा।

"बुद्ध बनकर?" मैं पिनपिनाई।

"हाँ हाँ! बुद्ध बनकर। बुद्ध मतलब निर्लिप्त, निरासक्त, निरपेक्ष, निस्संग! मैंने तो कल की कहासुनी के बाद बुद्ध बनने की कवायद शुरू भी कर दी।"

"बुद्ध या बैल?" मैंने ठिठोली की थी।

आज यह ठिठोली खुद मेरे साथ हो रही है।

दो पृष्ठों के बाद लिखा था—

ज़िन्दगी की ही तरह कुछ कहानियाँ कभी अपनी मंजिल तक नहीं पहुँचती। ताउम्र अधूरापन ही भोगती रहती हैं। इस कहानी के भाग्य में भी रहता यही अधूरापन, पर कहानी का भाग्य कि बचपन के पचपन बरस बाद ही सही कहानी को उसका दूसरा सिरा मिल गया और इस प्रकार यह कहानी पूरी हुई।

निगाहें घूम गई दूर बचपन में। मैंने सोचा था कि वह घटना बीत गई लेकिन आज महसूस कर रही हूँ कि बीतता कुछ भी नहीं है, सबकुछ ठिठका पड़ा रहता है भीतर के अँधेरे तहखानों में। हल्की सी थपथपाहट और हिल जाता है पर्दा! निकल आती है अधूरी छूटी हुई अनकही कहानी।

तब सारा संसार मेरे खिलाफ खड़ा था लेकिन मैं अपने साथ थी।

लेकिन आज सारा संसार मेरे साथ है लेकिन फिर भी मैं कुछ नहीं हूँ क्योंकि मैं वह नहीं हूँ जो मैं हूँ। अपने खिलाफ खड़ी हूँ मैं!

मैं रही हूँगी कोई आठ वर्ष की...उन दिनों मैं लहरों को सुनती थी, तारों के साथ खेलती थी, तितलियों को पकड़ती थी, परियों की कहानियाँ दादी से सुनती थी।

वह भी एक खूबसूरत सी शाम थी, परिवार के साथ डाइनिंग टेबल पर हल्की हल्की हवा में सामने लगे ऊँचे से पेड़ के हिलते हिलते पत्तों को देख रही थी कि अचानक घर के सिरमौर्य मेरे फूफा जी ने कहा, "बड़ों को लात नहीं लगाते।" मैं समझी नहीं, मुझे क्यों कह रहे हैं ऐसा। माँ ने सुना, बुआ ने सुना, सब ने सुना। बुआ ने कहा—कोई बात नहीं फूफा जी को बोल दो 'सॉरी'। मैंने कहा, "जब मैंने लात लगायी ही नहीं तो क्यों माँगू 'माफी' क्यों बोलूँ 'सॉरी'। अम्मा ने कहा, "तो क्या फूफा जी झूठ बोल रहे हैं?" मैंने जबाब दिया, "यदि मेरा पैर उन्हें लगता हो मुझे भी तो महसूस होता, मेरे दोनों पैर अपनी जगह से हिले ही नहीं।" अम्मा डाँटने पर उतारू हो गई "एक तो लात लगा दी ऊपर से माफ़ी माँगने में भी छोटे बाप की हुई जा रही है, हिम्मत देखो।" बुआ ने कहा, "ठीक है तुमने लात नहीं लगाई पर बड़ों से माफ़ी माँगने में हर्ज ही क्या है?" मेरी बाल बुद्धि मुझे सन्तुष्ट नहीं कर पाई, जो अपराध मैंने किया ही नहीं क्यों माँगू उसके लिए माफ़ी? मैंने माफ़ी नहीं माँगी। अम्मा ने मेरी ढीठता में अपना अपमान देखा, उनकी अच्छे बच्चों की माँ की छवि धूमिल हो रही थी। गुस्से से फुफ्कारते हुए उन्होंने मुझे तीन चपत लगाई पर मैं फिर भी टस से मस नहीं हुई। उस सारी शाम सब मजा करते रहे और मैं उस पूरी शाम सबसे अलग थलग अपने 'स्व' से जूझती बरामदे में खड़ी रही। मैं नहीं चाहती थी कि दुनिया मेरे आँसू देखे इस कारण मैं घर की सुनसान छत पर चली गई और अबोध की तरह बुझती रही उस घटना के आलोक में अपने होने का अर्थ... मैंने उस दिन किसी की न सुनी सिवाय अपने मन की, अपने अन्त:करण की। मुझे

सत्य बोलने का दंड मिला था मेरे अपने ही लोगों द्वारा। मैं समझ गई कि मैं एक अच्छी लड़की नहीं हूँ, कम से कम वैसी तो हरगिज नहीं जैसी मेरे घरवाले चाहते हैं।

उस शाम मेरी माँ पर तो जैसे भूत सवार था बेटी की हेकड़ी को ठिकाने लगाने का। उसने आधा घंटे के लिए मुझे एक कमरे में बन्द कर दिया था—जब तक नहीं बोलेगी सॉरी, नहीं निकल पाएगी। मैं भी बन्द कमरे की खिड़की से सामने खड़े नीम के पेड़ के हिलते पत्तों को देखती रही, वह भी जैसे उसी के साथ पागलपन पर उतर आया था। पेड़ों से गुजरती हवाओं का पागल संगीत भी जैसे कह रहा था—"दुनिया न सही, हम हैं तुम्हारे साथ!"

लेकिन मुझे तो कोई परवाह ही जैसे नहीं थी दुनिया से अपने रिश्तों की। तब कुछ नहीं था मेरे पास पर सब कुछ था। आज सबकुछ है पर कुछ नहीं है। तब मुझे परवाह थी तो सिर्फ़ यही कि झूठ नहीं बोलना है क्योंकि मुझे क्लास में यही सिखाया गया था। मैं न झुकी, न टूटी बस बिसूरती रही। आखिर हार कर अम्मा ने अन्तिम विकल्प रखा, "ठीक है मन से नहीं बोल, लिखकर ही दे दे 'सॉरी'"

मैंने गर्दन हिला दी, "झूठमूट का क्यों लिखना?"

चटाक! चटाक! अम्मा का धैर्य अब जवाब दे चुका था।

वह आन्तरिक मुक्ति की पहली आवाज़ थी!

पहला आँसू!

पहली पीड़ा!

उस बात को और बचपन को गए आज हो गए पचपन साल। आज वह युवती एक माँ है, एक खूबसूरत बहू की सास है। सीख गई है वह आज दुनिया से अपने रिश्ते निभाना। सीख गई है वह—घर को एकजुट रखना। आज बात बात पर दिन में दसियों बार उसे रोना पड़ता है और बार-बार बोलना पड़ता है उसे सॉरी, उन गलतियों के लिए जो उसने की और उन गलतियों के लिए भी जो उसने नहीं की। क्योंकि उठकर चल देने का विकल्प नहीं है उसके पास। लेकिन जब जब वह बिना किसी कारण बोलती है सॉरी, दूर पीछे से मुँह चिढ़ाती नजर आती है वही दस साल की छोकरी।

तूफानी लहरों से गुजर कर किनारे लगा बन्दा शायद ज़्यादा देखता है पीछे मुड़कर। उन्हीं ठिठके हुए क्षणों को।

कई बार वह जिद्दी लड़की झाँकती है मेरे भीतर से। अपने तमाम रंगों और तेवरों के साथ...आँखें तरेरते हुए कहती है 'सॉरी कोई मन्दिर का घंटा नहीं कि सोचे बिना सोचे, बात बिना बात बजा दिया उसे' पर तभी सयानी हुई, दुनिया देखी भाली वह औरत मुस्कुरा देती है, एक उदास मुस्कराहट—नहीं हो पाया, नहीं धर पाई। चदरिया ज्यों की त्यों!

डायरी के अन्तिम पृष्ठ पर लिखा था—सुन रही हूँ झड़ते पत्तों की आवाज़, झड़ जाना है मुझे भी, टूट जानी है देह की मीनार भी। बरसों से बन्द थी जो रूह, उसे न गीतों में गा सकती थी न माला में मोतियों सी जड़ सकती थी सो लिख दिया उन्हें डायरी के इन पन्नों पर अपनी आत्मा और उसके संगीत को बचाने के लिए। मैं धरती पर गिरा फूल ही सही पर जबतक चन्द पँखुड़ियाँ भी बची है मुझमें, जारी रहेगा प्रतिकार अपनी तरह से।

कुछ खाली जगह...फिर लिखा था—कभी मैं भयंकर रूप से बीमार भी पड जाऊँ तो ही मेरी शल्य चिकित्सा मत करवाना मेरे बच्चों क्योंकि जब मेरी देह पर चाकू लगाया जाएगा तो मेरी देह से लहू के फब्बारे नहीं झूठे माफ़ीनामे फूटेंगे जो तुम्हें लज्जित कर देंगे।

ये तो चावल के कुछ दाने ही थे जिसका जिक्र किया है मैंने, ऐसे कई प्रसंग और भी हैं। सोच रही हूँ कि यह तो संयोग ही था कि मैंने पढ़ ली यह डायरी। बहुत सम्भव था कि यह डायरी रद्दी में बिकती। काश उनके जीते जी लग जाती यह डायरी मेरे हाथों तो रिश्ते इतने रेगिस्तानी होने से बच जाते! उन्होंने तो उस पार जाने के पहले अपनी चादर ज्यों की त्यों धर दी, बचा लिया अपनी आत्मा के संगीत को। पर मैं क्या करूँ?किस घाट जाकर रोऊँ? पाँच वर्ष हुए इस डायरी को पढ़े हुए पर इसकी उदास छाया से आज भी घिरी हुई हूँ। सपनों में मेरे आज भी आती है यह डायरी। अजीब सा सपना आता है जिसमें घर और बुजुर्ग इस डायरी को हाथ में लिए दरवाज़े के बाहर खड़े दिखाई देते हैं। बुज़ुर्ग की शक्ल देखते देखते मेरी शक्ल में बदल जाती है।

ए पार बांग्ला ओ पार बांग्ला

मधु कांकरिया

इस सदी की सबसे खूबसूरत तसवीर।

यह तसवीर अफगानिस्तान सेना के एक जाँबाज़ शहीद मेजर अब्दुल रहीम की है। वर्ष 2020 में काबुल में हुए एक बम विस्फोट में मेजर अब्दुल रहीम शहीद हो गए थे। बम निरोधक विशेषज्ञ मेजर अब्दुल रहीम ने 2012 में बम डिफ्यूज करते समय अपने दोनों हाथ खो दिए थे। करीब दो हजार से अधिक बम डिफ्यूज करने वाले अब्दुल को तीन साल बाद भारत में नए हाथ मिले। ये हाथ उन्हें कोच्चि के टीजी जोसेफ से दान में मिले थे। जोसेफ सड़क हादसे के बाद ब्रेन डेड हो गए थे। उनके परिवार ने अब्दुल रहीम की मदद के लिए अंग दान किया था। कोच्चि में अमृता इंस्टीट्यूट ऑफ मेडिकल साइंसेज में डॉ. सुब्रह्मण्य अय्यर के नेतृत्व में डॉक्टरों ने हाथों की प्रत्यारोपण प्रक्रिया को सफलतापूर्वक अंजाम दिया था। ठीक होने के बाद अब्दुल फिर से सेना में शामिल हो गए थे। तीन धर्मों का समावेश था उस प्रत्यारोपण प्रक्रिया में। हाथ दान देनेवाला ईसाई, पाने वाला मुस्लिम, लगाने वाला डॉक्टर हिन्दू।

जाते जाते यह भी देखना था। ढाका से अब दाना पानी उठने के दिन आ गए थे। हमने सोचा था कि इस बार ढाका में दुर्गा पूजा देखने निकलेंगे। ढाका प्रवास की अन्तिम पूजा। पर 7 सितम्बर, 22 की एक खबर जो ढाका के प्रतिष्ठित अखबार 'प्रथम आलो ' में छपी थी उसने हमें सोचने को मजबूर कर दिया कि हम पूजा देखने जाएँ या नहीं।

खबर इस प्रकार थी—नई आतंकवादी गतिविधियों में संलग्न आठ युवाओं ने हिजरत के नाम पर घर छोड़ा। लॉ एनफोर्समेंट एजेंसी के पास खबर थी कि प्रतिबन्धित इस्लामिक संगठन 'अंसार अल इस्लाम' से प्रेरित होकर ये सातों युवा जो 17 से 23 वर्ष की उम्र के हैं जिनमें अधिकतर कॉलेज छात्र हैं, और उनमें से कुछ कुमिल्ला में

रहते थे, कुछ सिलहट में रहते थे, इन्होनें अपना घर छोड़ दिया था। इनमें से एक तो, निहाल अब्दुल्लाह कुमिल्ला के सरकारी कॉलेज के कक्षा 12 का छात्र है। आठवें छात्र की पहचान स्थापित नहीं हो पाई है। इन युवाओं के माता पिता ने बताया कि सभी 23 अगस्त से एक ही समय से अपने घरों से लापता हैं। इन सातों में से छह के परिवार वालों ने मिसिंग की रिपोर्ट लिखवाई है। इसमें दो युवाओं के पिता ने यह भी जानकारी दी है कि इनके पुत्रों का सम्पर्क तब्लीगी जमात के नेताओं से था। जिनसे मिलने वे चिल्लाह जाते थे। एक के पिता ने बताया कि उनका पुत्र कोचिंग सेंटर से तब्लीगी का भाषण सुनने गया और फिर लौट कर नहीं आया।

लॉ एनफोर्समेंट एजेंसी ने अपनी तरफ से अलर्ट जारी कर दिया है। यह खबर इसलिए भी चिन्ताजनक थी कि छह साल पहले ढाका में जो भयंकर आतंकवादी हमला हुआ था, होली आर्टिसन बेकरी में, उस समय भी ठीक इसी तरह कुछ कॉलेज के छात्र घर से मिसिंग थे। बाद में उन्हीं छात्रों ने होली बेकरी के खूनी खेल को अंजाम दिया था। बांग्लादेश के इतिहास में उससे भयंकर जेहादी हमला गैर मुस्लिमों पर पहले कभी नहीं हुआ था जिसमें 24 विदेशियों को मार डाला गया था। इस बार जो युवा लापता थे वे सभी अंसार अल इस्लाम के सदस्य हैं। अंसार अल इस्लाम खुद को अल कायदा का बांग्लादेशी विंग कहता है।

अल्पसंख्यक होना गुनाह हो गया है आज की दुनिया में। पिछले सप्ताह अफगानिस्तान में तक़रीबन सौ से अधिक हाईस्कूलिया बच्चों को बम ब्लास्ट में मार दिया गया था। ये बच्चे अल्पसंख्यक समुदाय से थे। इनमें लड़कियों की संख्या अधिक थी।

इन दो ख़बरों ने फिर एक बार जो भी सत्य और सुन्दर बसा था आत्मा में उसे पतझड़ के पत्तों सा झाड़ दिया।

लेकिन दुर्गापूजा तक आते आते हमपर इन ख़बरों का प्रभाव जैसे घटते घटते लगभग शून्य पर आ गया था। हम निकल ही गए पूजा देखने। बनानी का पूजा मंडल। हर जगह चाक चौबन्द सुरक्षा। दोनों ही समुदाय के लोग। सजे धजे, बने ठने। एक तरफ खाने और आइसक्रीम के स्टॉल। लगा संस्कृति धर्म से ज़्यादा ताकतवर है। लगा नहीं कि मुस्लिम देश में हूँ। ढाका की दुर्गापूजा में धार्मिकता का आधिक्य था जबकि कोलकाता की दुर्गापूजा में उत्सवधर्मिता का। उत्सवधर्मिता का आलम यह कि बड़े बड़े होर्डिंग्स लगाने के लिए बड़े बड़े पेड़ों को काटने से भी कोई गुरेज नहीं। एक डेढ़ किलोमीटर के अन्दर चार चार पूजा। करोड़ों का खर्च, क्लबों के बीच प्रतिस्पर्धा!

उत्सवधर्मिता के साथ वहाँ की पूजा में सर्वधर्म समभाव का भाव भी शामिल था। पिछले साल कोलकता के श्री भूमि स्पोर्टिंग क्लब द्वारा दुबई के बुर्ज खलीफा

के मॉडल पर दुर्गापूजा का पंडाल बनाया गया। इस साल दुर्गापूजा का पंडाल वैटिकन सिटी की शक़्ल में बनाया गया है तो उससे भी पहले पशुपतिनाथ के मन्दिर की शक्ल में बनाया गया था। यही तो पश्चिम बंगाल की ताक़त है..."सृष्टि रूपेण संस्थिता।"

कोलकाता की एक विशेषता यह भी है कि वहाँ धर्म और कलाओं का सम्मिलन है, जो धर्म के सौन्दर्य को सार्वभौम बना देता है। इसलिए वहाँ दुर्गा देवी से ज़्यादा एक उत्सव है—सामूहिकता का उत्सव। वहाँ दुर्गापूजा जन उत्सव है। इसमें प्रत्येक परिवार आर्थिक चन्दा देता है। प्रत्येक मंडप के आसपास मार्क्सवादी साहित्य की बिक्री की दुकानें लगी होती हैं। विभिन्न दलों के स्टॉल भी हैं जिनमें इन दलों के नेता स्थानीय जनता के साथ सम्पर्क-सम्बन्ध बनाने का काम करते हैं। इस आयोजन में कम्युनिस्टों से लेकर काँग्रेसियों की शिरकत सहज देखी जा सकती है। दुर्गापूजा के मौके पर की गई खरीददारी पर पश्चिम बंगाल का समूचा बाजार टिका होता है। अरबों-खरबों रुपयों की आम जनता खरीददारी करती है। इस अर्थ में दुर्गापूजा संस्कृति, सभ्यता और बाजार का परमानन्द है। जबकि ढाका की दुर्गा पूजा में धर्म और थोड़ी संस्कृति का सहमेल है।

चल खुसरो घर आपने!

लौट रही हूँ अपने महबूब देश। पर क्या सचमुच वो देश बचा हुआ है मेरे सपनों के देश के रूप में? क्या सचमुच धरती पर बचा हुआ है कोई ऐसा देश जो आपमें यह अहसास भर दे कि हम सभी एक हैं—अपनी धरती के लोग! एक ही हवा, माटी और पानी के हिस्सेदार!

आते आते महमूद भाई ने पूछा—"क्या लेकर जा रही हैं आप हमारे मुल्क से?"

क्या कहती, कभी लगा ही नहीं कि ग़ैर मुल्क में हूँ। जब भी अपनी तुला पर तौला ढाका को, विशेष परिस्थितियों को छोड़कर इसे अपने देश सा ही पाया। गई रात बांग्लादेश संग्राम पर एक मार्मिक फिल्म 1971 देखी थी जिसे सर्वश्रेठ नेशनल अवार्ड भी मिला था, जिसमें दिखाया गया था कि 1971 के हमारे 70 जाँबाज़ सैनिकों को बन्दी बनाकर पकिस्तान, दुनिया से, रेडक्रॉस से ह्यूमन राइट्स आर्गेनाईजेशन...सबसे छिपाकर अमानवीय परिस्थितियों में उन्हें पकिस्तान की भिन्न भिन्न जेलों में ठूँसा हुआ था। अपना देश उन्हें भुला चुका था। दुनिया की निगाह में वे मर चुके थे। एकबार जब रेड क्रॉस ह्यूमन राइट्स के साथ मिलकर किसी की शिकायत पर पाकिस्तानी जेलों का मुआयना करने आती हैं तो उन सब को चकाला जेल में रख दिया जाता है जहाँ उनको छिपाया जा सके। 14 अगस्त का दिन है, जेल में पकिस्तान की आज़ादी के जश्न का माहौल है। मौके का फायदा उठाते हुए उनमें से छह जाँबाज़ सैनिक किसी प्रकार चकाला कैम्प के

जेल से भाग खड़े होते हैं। घटनाओं के घात प्रतिघात के संयोग से वे पकिस्तान की एक मशहूर गायिका की गाड़ी का इस्तेमाल करते हैं। गायिका को जब पता चलता है कि वे pow हैं तो वह उनसे गुजारिश करती है कि वे उसे बेहोश न करें, वह उनके लिए रेड क्रॉस से बात करेगी। जरूर बात करेगी। जब भारतीय कैदी उसका सहजता से यकीन नहीं करते हैं तो वह कहती है—हो सके तो मेरे मुल्क से थोड़ा-सा यकीन ही लेते जाओ।

मैंने भी उनके शब्दों में अपने शब्द जोड़ते हुए कहा—मुट्ठी भर भाईचारा, चुटकी भर माटी और भरोसा लेकर जा रही हूँ आपके मुल्क से। बांग्लादेश जिन्दाबाद!

'हिन्दुस्तान जिन्दाबाद!' जवाब देते हैं महमूद भाई।

विदा मेरी देशी राग! मेरी नन्हीं देवियाँ! मेरे अपने चित्त का प्रतिबिम्ब तुम दोनों! जब जब तुम बजती, यहाँ की धरती, आसमान, चाँद तारे सब अपने बन जाते! हवाएँ ठंडी हो जाती। फूल खुशबू देने लगते। तुम्हारी घनी सतरंगी छाँव में मेरा बिगड़ा मन मिजाज सँभल जाता। तुम धरती का नमक, तुम मेहनत की महारानियाँ! हमारे जीवन पथ को बुहारने वाली तुम! अब शायद ही फिर कभी फिर मिल सकूँ तुम दोनों से। जा रही हूँ तुम्हारे कर्जे के साथ भर रखी है मैंने अपनी झोली तुम्हारी हँसी के फूलों से, जब कभी उदास होगा मन, खेला करूँगी इन्हीं हँसी के फूलों से! घूम आया करूँगी स्मृतियों की इन्हीं बस्तियों में!

विदा ढाका! मेघेर ढाका ढाका (मेघों से घिरा ढाका)!मेरे बंगाल का ही प्रतिरूप ढाका! मेरे नायकों की जन्मभूमि! साझी स्मृतियों और साझे सपनों का ढाका! ढाका और चटगाँव के बिना भी अधूरी रहेगी भारत की महागाथा।

नहीं जानती कि तुमने मुझे कितना रचा, तराशा और बदला। बस इतना भर जानती हूँ कि मैं ही ढाका में नहीं रही तुम भी मेरे भीतर रहे, मेरे मन के भीतर। थोड़ी बहुत ढाका तो वैसे भी मैं हो ही गई हूँ। बेटा तो कई बार चिढ़कर कहता भी है कि तुम्हारी हँसी ढाकाई होती जा रही है।

कितनी विचित्र बात कि बस आधे घंटे की हवाई यात्रा और मुल्क बदल जाएँगे। तुम अपने वतन में रह जाओगी और मैं उदास हवाओं के उस पार तथाकथित अपने वतन में। बदल जाए वतन, माटी तो फिर भी एक ही रहेगी हमारी! जमीन पर खिंची इन रेखाओं का खेल हम क्यों माने? मालिक ने तो हमें एक ही धरती दी थी! इसकी आँच, मिट्टी और हवाएँ सदैव रहेगी याद मुझे!

मैं संगीत का वह राग हूँ जो सरहद को नहीं मानता है, जो जहाँ भी बजता है बस एक जैसा ही बजता है। काश! हम एक ही वतन के होते! तुम हिन्दुस्तान की होती या मैं बांग्लादेश की होती या प्रवासी परिन्दे ही होते हम तो यूँ न बिछुड़ना पड़ता हमें। बहती हवाओं और बहते पानी की तरह कभी बहते बहते आ

जाना मेरे द्वार भी! तब जब तुम आओगी देखोगी कि मैं खुद को तुमसे बतियाते देख रही हूँ।

देखो ये हवाएँ भी चुपके से गुनगुना रही हैं—

धीरे चल रे
कहरा
देखी लेबै
बाबुल के बहियार
(धीरे धीरे चल कहार, जिससे देख लूँ बाबुल के खेतों को)

खुली हुई है गाड़ी की खिड़की। खुली ही रहने देती हूँ मैं, सहला रही है मुझे यहाँ की धूल, माटी और पुरवैया। आँसुओं की झिलमिल के पार देख रही हूँ इस माटी को, फिजाओं को, ऊँचे-ऊँचे दरख्तों को, हिलते पत्तों को। सुन रही हूँ इन बहती हवाओं को। इंशाअल्लाह! जैसा छोड़ के जा रही हूँ वैसा ही मिले मुझे ढाका, नहीं बिके इसकी धूप, इसकी हरियाली, इसकी नदियाँ, इसकी पहाड़ियाँ। बेटा कहता है अब दुबारा नहीं आना होगा, शायद नहीं हो लेकिन मैं अपने सपनों को दाना देती रहूँगी। इसी माटी में मेरी पोती सो रही है। गहरा सम्बन्ध है इस धूल माटी से...कभी शायद फिर लौट पाऊँ इन फ़िज़ाओं में जैसे लौटती हैं पत्तियाँ पेड़ों पर। उड़ती है कोई तितली ख्यालों की, कि तभी बेटे की आवाज़ गूँजती है—बन्द करिए खिड़की के ग्लासों को, कितनी धूल आ रही है भीतर।

मैं सुना अनसुना कर देती हूँ। और जल्दी जल्दी जितनी हो सके भर लेती हूँ इन हवाओं को अपने भीतर।

टिक टिक बीत रहा है समय। सुन रही हूँ अपने को, अपने एकान्त को जो बरस रहा है बाहर, पानी की तरह टप! टप!

फिर भीग रही है पलकों की झालर!
समझ नहीं पाती कि ढाका में मैं हूँ या मुझमें है ढाका।
संस्कृति का रखवाला!
विचारों का संग्रहालय!
भरोसों का गठबन्धन!
आधुनिकता की आब और परम्पराओं की ताब वाला,
युग युग तक जीओ मेरे ढाका!
कभी व्याकुल हो उठूँ तुम्हारी यादों में तो थाम लेना मुझे बाँह फैलाकर!

नहीं जानती कि ये मेरी दुआएँ थीं या थी अजान! याद आ रहे हैं अमीर खुसरो

जो कह गए थे अपनी रंगरेज़िन से—ऐसे चढ़े इसका रंग कि कभी छूटे ही नहीं... धोबिया धोए चाहे सारी उमरिया...सही, ऐसी गाढ़ी रोशनाई से लिखा गया है ढाका मेरे ज़ेहन में। काश! इसके गौरव में एक ईंट अपनी तरफ से मैं भी लगा पाती। ढाका! तुम हमेशा रहोगे मेरे मन के आकाश में, मेरे स्वप्न समय में जैसे भोर के उजास में रह जाता है थोड़ा-सा चन्द्रमा!

पाँच कविताएँ

सविता सिंह

सृष्टि के रूप

अभी अभी जो दिखा दृश्य
वह क्या था
पत्तों का आपसी खेल
या हरे रंग के बदलते रूप
कितना हाथ हवा का था इसमें
इसे यूँ होने देने में

वह चमक जो उभरी थी पत्तों पर
कहाँ से उतरी थी
हृदय के किस कौंध से होकर आई थी
पत्ते पर झलकी किसी स्मृति सी
जो आती है कभी-कभी होठों पर
पल भर के लिए बस
आख़िर किस स्रोत से आती है रोशनी
हम पर उतरने

एक स्त्री ने जब इस पर ग़ौर किया
उसे लगा सृष्टि के कई रूप हैं
अपने हर रूप में वह पूर्ण है
उसके होने के कई स्रोत हैं जो उसी के हैं, उसे ही मालूम

यह जान वह स्त्री भर गई एक ही साथ भर गई हर्ष और दुःख से
जो दिख रहा था उसे उसमें
बहुत पीड़ा थी
जो छिपा था उसमें
जिज्ञासा उल्लास से भरी

जैसे आज की सुबह
अभी-अभी की सुबह
जिसमें एक बयार है
यानी सृष्टि आज ऐसी है
अपने अनेक रूपों में एक साथ

क्यों, एक कोयल भी तो कूक रही है अभी
एक गिलहरी अपने दो बच्चों के साथ हरे नीम के पौधे पर चढ़ रही है
इन सारी चीजों पर कहीं से एक रोशनी पड़ रही है
देखने में कोई रहस्य नहीं जान पड़ता था अभी
मगर रोशनी तो एक रहस्य है
जिस तरह वह चीज़ों को दिखा रही है

जैसे चीज़ें होती हैं आँखों और हृदय, दोनों को लिए।

बारिश और गिरते पत्ते

पहाड़ पर बारिश हो रही है
जिसे हम नहीं देख रहे
घने जंगल के मध्य शाल के पत्ते गिर रहे
हम उन्हें भी नहीं देख रहे
रेगिस्तान में चलते अंधड़ को भी
आसमान देख रहा है
या फिर रेत खुद इस पल
हम उस नियम को भी नहीं देख रहे जिसके तहत पत्ते गिरते हैं
आँधियाँ चलती हैं

हृदय में पीड़ा के भी रसायन को कौन जानता है
देखता भी कौन है
और कौन इस बात को कि
इस पृथ्वी की तरह कई और ग्रह हैं जो पृथ्वीनुमा हैं, कई पृथ्वी
जिस पर हमसे अलग जीव रहते हैं
जिनके भी हृदय होते हैं
और उसमें पीड़ा
वहाँ जाने के भी नियम होंगे ही
शरीर छोड़कर ही वहाँ भी जाया जाता होगा

यह जानना भी कितना सुकूनदेह है कि
बिना रहस्य के कुछ भी नहीं है इस कायनात में
कि जो अलख्य है वह भी नियमबद्ध है

हवाएँ

कितनी तरह की हवाएँ होती हैं
जो हमसे होकर गुजरती हैं
आख़िर आज मैंने जाना

कुछ मन को गीला करती है
कुछ उसे सुखा देती हैं
वे हवाएँ जो पठारों से होकर आती हैं
वे जो जंगलों में रुकी रहती हैं
उनके बारे में जाना

आख़िर मैने विश्वास किया उस स्त्री का
बचपन में बताया था
कुछ ही हवाएँ जानी जा सकती हैं
बाकी सब अनजान रहती हैं
जब कोई ऐसी हवा आकर लगे तुमसे
बाहें खोल देना

वह तुम्हारी पिछले किसी जन्म की प्रेमिका हो सकती है
उससे बातें करना
प्रेम के बारे में अब भी वह तुम्हें
कुछ बता सकती है

बारिश की आवाज़

एक स्याह रात थी वह
स्याह से थोड़ी अलग
सभी जागे थे
देखना चाहते थे इसका रंग बदलना

अभी भी यह एक बैंगनी रात थी
थोड़ी देर बाद हल्की नीली रह जाएगी
जब यह सफेद होगी शायद तब कुछ लोग सोने जाएँ
लेकिन तब तक तेज बारिश शुरू हो जाएगी

कुछ लोग बारिश की आवाज़ सुनने के लिए
फिर भी जागे रहेंगे

आज का दुःख

आज के दिन
हमारे पास क्या कहने को कुछ ऐसा है
जिसे सुन गिलहरियाँ प्रसन्न हो जाएँ
वे इंतजार में खा न जाएँ तुलसी के सारे मोजर
कूद-फाँद करती हुई नष्ट न करें उद्यान
आज के दिन हमारे पास
क्या हैं
उल्लसित होते भ्रम
कि धरती कभी नष्ट न होगी

प्रेम बचा रहेगा उसके हृदय में अपने असंख्य जीवों के लिए

आज के दिन कौन सा दुःख है
जो साठ ग्रीष्म बाद भी टीसता है
किस सदी में हैं हम
जहाँ से नदियाँ जा चुकी हैं
गिलहरियाँ जब तुलसी के मोजर में रुचि नहीं दिखाती

रघुवंश

चौदहवें सर्ग के कुछ अंश

कालिदास

अनुवाद—राजकुमार

रघुवंश महाकाव्य के 'सीतापरित्याग' नामक चौदहवें सर्ग के कुछ विख्यात श्लोकों को हिन्दी में लाने का उद्यम है यह। अनुवाद कहना तो ठीक नहीं होगा; इन्हें पुनर्रचना अवश्य कहा जा सकता है। उल्लेखनीय है कि सीता का परित्याग राम ने राजा के रूप में किया था। इसलिए सीता का प्रत्युत्तर भी व्यक्ति के रूप में है 'पत्नी के रूप में नहीं। इस प्रत्युत्तर में राम की आलोचना भी है। बाल्मीकि की भूमिका भी कम अहम नहीं : क्रौंच पक्षी के दुःख से दुःखी होने वाला व्यक्ति मनुष्य के दुःख से कैसे दुःखी नहीं होता!

1

पहुँच कर वहाँ
कह देना उस राजा से
अग्नि परीक्षा में जिसे शुद्ध—निष्कलंक पाया था तुमने
त्याग दिया उसे सिर्फ़ लोकापवाद के भय से!
शास्त्रों के अनुरूप था यह आचरण?
या प्रसिद्ध सूर्यवंश के अनुरूप!

2

सबके कल्याण की कामना करते हो आप
किन्तु मनमाना व्यवहार किया मेरे साथ!
नहीं करनी चाहिए शंका ऐसी!
जन्म जन्मान्तर के पातकों का विपाक है यह!
असह्य बज्रपात!!

3

सदा के लिए हुआ वियोग आपसे
व्यर्थ तुच्छ हो गया यह जीवन!
उपेक्षा ही कर देती मैं इसकी
अपनी जान लेकर
यदि गर्भ में मौजूद
रक्षणीय तेज तुम्हारा बाधक न होता।
कहना है मनु का
रक्षा करना वर्णाश्रम की
धर्म है राजा का।
निर्वासित कर दिया मुझे सिर्फ़ लोकापवाद के भय से
मैं भी रक्षणीय थी
अन्य तपस्वियों की तरह।

4

लक्ष्मण ने कहा सीता से
ये सभी बातें आपकी
मैं अवश्य कहूँगा राम से।
लक्ष्मण के ओझल होते ही
दु:खाधिक्य से फूट पड़ा
सीता का रुदन
जैसे फूटा था कुररी का रुदन।

5

सीता का रोना सुनकर
मोरों ने नाचना छोड़ दिया
पेड़ों ने फूल गिरा दिए
घास खा रही हरिणियों ने
अपने मुँह की घास गिरा दी
सीतासम दु:ख व्याप गया वन में
विलपने लगा वन।
दु:खाधिक्य से
ऐसा ही रुदन
फूट पड़ा अयोध्या में

6

कुश और लव लकड़ी लेने
आश्रम से निकले
बाल्मीकि
सीता का रुदन सुनकर
लौट आए।
क्रौंच के दु:ख से
दु:खी हुए थे जो इतना
कि शोक श्लोक बन गया था जिनका।
पक्षी के प्रति करुणा थी जिनमें इतनी
वह भला मनुष्य के रोने को कैसे सह पाते!

7

प्रसन्न नहीं मैं राम से
तीनों लोकों के शत्रुओं को उखाड़ फेंकने वाले
अपनी प्रशंसा स्वयं न करने वाले
राम से प्रसन्न नहीं मैं।
तुम्हारे साथ अकस्मात ऐसा

गर्हित व्यवहार करने वाले
राम से क्रुद्ध हूँ मैं।

8

लक्ष्मण के मुख से
सीता का सन्देश सुनते ही
भर आईं राम की आँखें।
ओस से धूमिल हो जाता पौष मास का चाँद जैसे
राम का मुख हो गया मन्द...

पंडित जी

विभूति नारायण राय

दीपावली कहना हमेशा मुश्किल सा लगता है। दीवाली ज़्यादा सहज स्वाभाविक ढंग से बोलचाल में निकलता है। इस दीवाली पर न जाने क्यों इंटरमीडिएट के अपने संस्कृत अध्यापक पंडित जयानन्द मिश्रा याद आ रहें हैं। उम्र के इस पड़ाव पर स्मृतियों का क्या? आगे पीछे दौड़ती हैं। पिछली दीवाली की चीज़ें धुँधली हैं पर अचानक पचास वर्ष पूर्व कालिदास के रघुवंशम को रस लेकर पढ़ाते हुए अपने अध्यापक का चेहरा पानी में आधा डूबता आधा उतराता सा दीखता है। इस समय उनकी याद आने की दो वजहें हैं। एक तो मिथिला के किसी सुदूर अंचल से बनारस जैसे बड़े शहर में आए मिश्र जिस तरह संस्कृत में रमे रहते थे उसमें तद्भव के लिए यह आग्रह कि उनके छात्र दीपावली की जगह दीवाली कहें कुछ कुछ असंगत लगता था पर उनकी टोका टाकी अवचेतन पर आज भी ऐसे दर्ज़ है कि मुँह से दीपावली निकलने पर घबरा कर चारों तरफ़ देखता हूँ कि पंडित जी सुन तो नहीं रहे। दो वर्ष ही उन्होंने मुझे पढ़ाया और दोनों वर्ष दीवाली की छुट्टी के पहले वाले दिन वे हर साल की अपनी आदत के मुताबिक़ दीयों के त्योहार पर पूरे घंटे बोले। उसी विद्यालय में अध्यापक हो गए उनके कुछ वरिष्ठ छात्र निर्दोष आनन्द ले ले कर उन के उद्बोधन के लगभग प्रत्याशित आदि, मध्य और अन्त बताते चलते थे। उनका एक प्रिय विषय था कि अन्तरतम के कूड़े करकट की सफाई बाहरी साफ-सफाई से ज़्यादा महत्त्वपूर्ण है। छात्र कितना सीखते थे, यह कह सकना तो मुश्किल है पर बाहर निकलने के बाद ठहाके लगाते हुए अन्दरूनी सफाई की व्याख्या ज़रूर बड़ी दिलचस्प होती। उनका दूसरा प्रिय विषय सुशासन था, जो अयोध्या वापसी के बाद राम द्वारा स्थापित शासन प्रणाली से था और जो जनता के सारे दुःख दर्द की दवा था। यही दूसरा विषय एक कारुणिक प्रसंग में आज मुझे सता रहा है।

वर्षों बाद जब मैं अपनी सेवा के दौरान बनारस में नियुक्त हुआ तो अचानक

एक दिन मुझे पंडित जी का सन्देश मिला कि वे मुझसे मिलना चाहते हैं, अस्वस्थता के कारण ख़ुद नहीं आ सकते, क्या मैं उनके घर आ सकता हूँ? ग्लानि हुई कि इतने वर्षों में कितनी बार इस शहर से गुजरा पर मुझे ख़ुद अपने इस प्रिय शिक्षक की याद क्यों नहीं आई। दीवाली दो दिन बाद थी। मिठाई का एक डब्बा लेकर उसी शाम उनके यहाँ पहुँच गया। मेरे पिता मानते थे कि बिना संस्कृत पढ़े हिन्दी नहीं आती इस लिए सालों तक गर्मियों की छुट्टियों में हम संस्कृत का ट्यूशन पढ़ते। इसी चक्कर में दो तीन साल उनके घर भी आया था। समय के साथ शहर में बहुत कुछ बदला था पर उनकी गली वैसी ही थी। एक मध्यवर्गीय आबादी की बसावट वाली इस गली को ढूँढ़ने में प्रयास नहीं करना पड़ा। पुराने ख़स्ताहाल मकान में समय जैसे रुक सा गया था। जिस मोटी सी कुंडी को खटखटाने पर अन्दर आपकी सूचना पहुँचती थी, वह अभी भी यथावत थी पर उसके बगल में ही एक कॉल बेल लगी दिखी। दबाते ही एक लड़का बाहर निकल आया।

सालों बाद भी एक परिचित सी सीलन का झोंका नाक से टकराया। घुसते ही एक छोटा सा कमरा, फिर आँगन जो हमेशा की तरह गीला था, सामने एक बरामदे को घेर कर बनाई गई रसोई और उसके बगल से ऊपर जाने वाली तंग सीढ़ी। कुछ भी बताने की ज़रूरत नहीं थी, मैं बिना किसी इशारे के ऊपर चढ़ता गया। ऊपर के दो छोटे कमरों को मिला कर यह मकान बनता है और इनके बाहर का बरामदा हमारे संस्कृत ट्यूशन का केन्द्र था जहाँ एक आसनी बिछा कर पंडित जी पालथी मार कर बैठे होते और सामने एक कम्बल को तहाकर जो आसन बनता था उस पर छात्र बैठते थे। उन दिनो तनख़्वाहें इतनी कम थी कि ज़्यादातर अध्यापक ट्यूशन पढ़ाते थे, हालाँकि अभी तक शिक्षा व्यवसाय नहीं बनी थी। छात्र एक या दो के बैच में आते और गुरु शिष्यों को नम्बर से नहीं वरन नाम से पहचानते थे। सीढ़ी से छत पर पहुँचते ही आदतन नज़र बरामदे पर गई और धक्क से रह गया। गुरु की आसनी और शिष्यों के बैठने की व्यवस्था ग़ायब थी और उस स्थान को एक झिनगा खटिया भर रही थी। बिना किसी औपचारिक घोषणा के मैं समझ गया कि एक समय के तेजस्वी काया के गौरवर्णी पंडित जयानन्द मिश्र एक कृषकाय पीतवर्णी ढाँचे की शक्ल में लेटे हुए हैं।

वे देर तक अपने बगल पड़ी कुर्सी पर बिठा कर मेरा हाथ पकड़े सहलाते रहे। समझ में आया कि उन्हें अपने 'योग्य' शिष्य पर गर्व है और भी इसी तरह की औपचारिक बातें जिन्हें यहाँ दोहराने का मतलब नहीं है। जो मुझे साझा करना है वह दीवाली और सुशासन से जुड़ा प्रसंग है। वे स्मृतियों की भूल भूलैया में यात्रा कर रहे थे और अचानक उन्होंने जो कहा उससे मैं हिल गया। बुदबुदाते हुए उन्होंने कहा कि पहले तो वे दीवाली कुत्ते की तरह मनाते थे। मैंने घबरा कर कान उनके मुँह से लगभग सटा दिया। उन्हें जवानी के दिनों की संस्कृत पाठशाला याद आ रही थी

जिसमें वे चालीस रुपये मासिक पर अध्यापक नियुक्त हुए थे। उन्हीं दिनों एक बार विद्यालय का मुआयना करने डिप्टी साहब पधारे। मिथिला की जलमग्न धरती पर डिप्टी साहब नाव से उतरे तो उनकी अभ्यर्थना के लिए खड़े युवा जयानन्द को दो चीज़ें अब तक याद हैं। एक तो उनकी अफ़सरी का प्रतीक सोला हैट और दूसरा उनके साथ नाव पर सफ़र करता बछड़े जैसे आकार का कुत्ता। कुत्ते की ज़ंजीर पकड़े एक नौकर भी था और स्वाभाविक तौर से ये दोनों भी छात्रों और अध्यापकों के भय मिश्रित उत्सुकता के पात्र बने।

मुआयने भर चलन के मुताबिक़ डिप्टी साहब मास्टरों को डाँटते रहे और जैसे ही मौका पाते कुत्ते के सेवक को डाँटने लगते कि वह गरीबी और गन्दगी में लिथड़े बच्चों को टामी नामधारी कुत्ते को छूने दे रहा है। अफसर को खुश करने के चक्कर में किसी अध्यापक ने पूछ लिया कि श्रीमान कुत्ता खाता क्या है? एक स्निग्ध मुस्कान के साथ डिप्टी साहब ने नौकर को बुलाकर उससे दिन भर के श्वान भोजन का मेन्यू पूछा। नौकर ने मुँह बाए अध्यापकों के सामने सुबह से रात तक के सामिष और निरामिष भोजन की जो सूची पेश की उससे ज़्यादातर को उस प्राणी से ईर्ष्या तो हुई ही—पर असली दिक्कत तब खड़ी हुई जब मुआयना ख़त्म होने के बाद गणित के अध्यापक ने जोड़ कर बताया कि कुत्ते पर लगभग डेढ़ रुपया प्रतिदिन खर्च होता था यानि अध्यापकों के वेतन का लगभग ड्योढ़ा। इतना कहकर पंडित जी हँसे। पता नहीं क्यों उस कमजोर शरीर से लहरों में आती हँसी मुझे रुदन की तरह लगी।

कुछ दिनों पहले आक्सफ़ैम के आँकड़े जारी हुए कि एक प्रतिशत भारतीयों की सम्पत्ति शेष निन्यानबे प्रतिशत की सम्पत्ति से अधिक है तो मुझे लगा कि जब देश के महाशक्ति बनने की घोषणा करने वाले इन आँकड़ों को ईसाई षड्यंत्र कहकर हँसते होंगे तो क्या वे सचमुच हँसते ही होंगे?

दो कविताएँ

कृष्ण किशोर

एक मनःस्थिति

यह ताम्बई रंग का चाँद कब ऊपर उठेगा?
कब खिलेगा पूर्ण गोलाकार चाँदी का कमल आकाश में
कब मुझे ऐसा लगेगा कि मैं सुरक्षित हूँ
कि अब कोई नहीं आवाज़ देगा मुझे कहीं से भी
और मैं दूर तक आकाश जैसा फैल जाऊँगा
रिक्त होकर बिखर जाऊँगा
अपने ही चारों तरफ या कहीं भी
और उस आकार को धारण करूँगा जो मेरा है
जिसे पहचानता हूँ सिर्फ़ मैं ही।
वही आकार, जिसमें पहुँचकर
मैं सारी उम्र अपनी एक क्षण में
लाँघ जाता हूँ
एक क्षण में ज़िन्दगी, आकर्षक या
भोंडे चित्र जैसी ज़िन्दगी
सिमट कर एक नन्हे बिन्दु जैसी
तैर जाती है हवा में
कुछ नहीं रहता
न तुम, न मैं, न कोई और
जिनकी वजह से मैं ज़िन्दगी को
जिस्म के आकार का ही मानने को विवश हूँ
उस समय तक जब तक

यह ताम्बई रंग का चाँद क्षितिज से ऊपर नहीं उठता
पूर्ण गोलाकार चाँदी का कमल
आकाश में पूरा नहीं खिलता
यूँ ही खुली छत पर बैठकर बतियाता रहूँगा मैं किसी से भी
या सड़कें नापता फिरूँगा ज़िन्दगी के मोड़ गिनता।

यात्रा-1

निस्पन्द और आहत होने के लिए
एक विशेष दिन चुना था क्या उसने
या बस यूँ ही दमकते सूरज से गरमाए आकाश की तरफ देखते हुए
घर से निकलना
और साँझ ढले वापस न आना
निर्जन में खड़े पेड़ के एक हिस्से जैसा कर गया था उसे
एक पेड़ जिस का आखिरी पत्ता
कुछ देर पहले ही टूट कर गिरा हो पतझर में
या फिर जैसे पेड़ का सूखा तना एक वस्त्र की तरह
पहन लिया हो उसने
दूर से देखा तो यही लगा था
पास जाकर देखा
तो पेड़ में इनसान की आकृति जैसा उभरा कुछ लगा
निश्चल आकृति—छूकर देखा
माँस मज्जा की पूर्ण उभरी हुई आकृति!
छूने पर भरपूर निर्मल आँखें खुली
इतनी धीरे जैसे शिला द्वार खुलते हैं
भीतर आने का निमंत्रण देते हुए
दो जीवित इनसानों का इतने पास होकर इतनी देर मौन बने रहना
हवा के बिलकुल रुक जाने जैसा लगा
कभी-कभी होता है जैसे उमस भरे दिन बारिश के बाद
लेकिन हवा का ज़्यादा देर रुके रहना
आतंक जैसा सरसराता है शिराओं में
मेरे मुँह से कोई भी अस्फुट सी ध्वनि

उस तक पहुँची या नहीं
लेकिन मुझे लगा
कुछ अस्थिर, कुछ बेचैन घटा है
मेरे आस-पास।
कुछ पहुँचा है मुझ तक
मुझे छूता हुआ
क्यों नहीं देख पाया मैं
उसका वह अशरीरी सा मेरी ओर बढ़ता हुआ हाथ
पेड़ की मुरझाई टहनी जैसा नहीं था वह स्पर्श
शिराओं में बहते रक्त की तरह
जीवनदाई था उसका मेरी त्वचा से सम्पर्क
मैं शान्त खड़ा रहा उस स्पर्श को
अपने भीतर सहेजता
जैसे प्रात: के सूर्य को आत्मसात करता
किस अँधकार से जन्मा उसका यह गुलाबी स्पर्श
और किस वेदना ने कर दिया
उसे एक पेड़ की तरह अचल
पतझरी पेड़ की तरह निराश
लेकिन आश्वस्त करता
उसका स्पर्श एक सन्देश की तरह
छू गया था मुझे
नई कोंपलें फूटने में ज़्यादा देर नहीं
ऐसा एहसास भीतर उगा था मेरे।